"全球史与澳门"系列编辑委员会

主任：许敖敖

委员（以姓氏笔画为序）：
许敖敖　余秋雨　吴志良　陈乃九　张曙光　唐嘉乐　钱乘旦

澳门科技大学人文社会科学研究丛书

本丛书获澳门基金会资助 谨此致谢

社会科学文献出版社
SOCIAL SCIENCES ACADEMIC PRESS (CHINA)

澳门研究丛书 MACAU STUDIES
"全球史与澳门"系列
主编 钱乘旦

蠔镜映西潮
屏蔽与缓冲中的清代澳门中西交流

SEEING IN AN OPAQUE MIRROR
Reflections of the West in Early Modern Macau

周 湘　李爱丽
江滢河　蔺志强 ／著

社会科学文献出版社
SOCIAL SCIENCES ACADEMIC PRESS (CHINA)

总序　全球史与澳门

钱乘旦

本系列研究包括两个主题，一是"全球史"，二是"澳门"，这两个主题都不新鲜，但把二者对接起来进行研究结果会怎样？这是个有趣的问题。

"全球史"已经出现几十年了，在中国也早就成为人们熟悉的话语。但什么是"全球史"？仍旧需要简单地阐述。

巴勒克拉夫（Geoffrey Barraclough）说过："现代意义上的世界历史绝不只是综合已知的事实，或根据相对重要性的次序来排列的各个大洲的历史或各种文化的历史。相反，它是探索超越政治和文化界限的相互联系和相互关系。"他非常推崇 R. F. 韦尔的说法：当人们用全世界的眼光来看待过去时，"历史学便成为对相互关系的研究，而不是对事实的研究：研究文化的、社会的和商业的相互关系，以及外交的和宗教的相互关系"。他认为这种历史叫"世界史"（world history）。[①]

威廉·麦克尼尔（William McNeill）说："交流的网络支撑了每一个社会群体，也渗透全球一切语言与文化的疆界；专注于这个网络，就能在世界范围内理解我们独一无二的历史。"[②] 他认为

---

① 杰弗里·巴勒克拉夫：《当代史学主要趋势》，杨豫译，上海译文出版社，1987，第 257、258 页。
② William McNeill, "An Emerging Consensus About World History?" www.hartford-hwp.com/archives/10/041.html.

交往与互动是世界历史的主要内容，他把它称为"整体史"（ecumenical history）。

杰里·本特利（Jerry Bentley）说："全球史观要求超越对某个社会的研究，而考察更大的地区，考察各大洲的、各半球的，乃至全世界的背景。全球史观还要考察那些对不同社会中人们之间的交流有促进作用的网络和结构。最后，全球史观要求关注各地区、各民族和社会之间的互动交流所带来的长期影响和结果。以全球史观来研究世界历史，旨在寻找一种理解过去历史的方法，为当代世界提供一个意义深远的背景。"① 他认为这样的历史是"全球史"（global history）。

无论"世界史""整体史"还是"全球史"，其表达的内涵实际上是一样的，② 就是把世界作为整体的对象，写各地区、各文明、各种群、各群体之间的影响与互动。如王晴佳所说："全球史强调文明、区域和群体间的交流和互动，这是全球化在历史观念上的体现。全球史的写作是要为全球化在人类的历史进程中定位，在这个意义上，全球史是'大写历史'的复苏和再生。"③

作为历史的一个部分，全球史其实是客观存在的，并不是人们虚幻的想象。相当长期以来，历史学家习惯于做"国家"的历史，而把历史研究置于"国家"的框架之内，所有课题似乎只有在"国家"范围内才有可能存在，"超国家"和"超地区"的问题似乎不可想象。④ 但"超国家"和"超地区"的历史确实是存

---

① 杰里·本特利、赫伯特·齐格勒：《新全球史》，魏凤莲等译，北京大学出版社，2007，第9-10页。
② 有一些学者分析了三种表达方式的差异，在此不赘述。
③ 教育部社会科学委员会秘书处组编《国外高校人文社会科学发展报告2009》，高等教育出版社，2010，第445页。
④ 如果有"超国家"的课题，那也只是在外交史或国际关系史这样的领域，其他历史都被纳入"国家"框架内了。

在的，近几十年国际学术界的进展表明：这一类事例大量发生过，而且继续在发生。然而在过去，它们几乎完全被忘记，或者没有被意识到。① 举一个简单的例子：美洲的发现给世界各地的生活方式带来变化，比如粮食结构发生变化，这个变化引起人口增长，人口增长对世界很多地区的经济、政治发生影响，可能影响到这些地区的历史过程，造成制度和机制的演变。这些演变如果只放在"国家"的框架中加以研究，那么"国内的"原因是人们关注的主题；可是放在"全球史"的框架中，情况就变得复杂得多。类似例子其实很多，"蝴蝶效应"② 在历史上司空见惯，世界上任何一个地方发生的事，都可能造成超出其地域范围的意想不到的影响，只是这些影响在以"国家"为框架的历史研究中被埋没了，"全球史"则要把它们重新发掘出来。由此看来，"全球史"并非只是一种方法，也不仅仅是"史观"；它既是方法，也是史观，并且也是客观的历史存在。

我们一般把麦克尼尔的《世界史》③ 和斯塔夫里阿诺斯（L. S. Stavrianos）的《全球通史》④ 看做全球史的起点；1978 年，英国历史学家巴勒克拉夫在为联合国教科文组织主持出版的《社会科学和人文科学研究主要趋势》丛书撰写的历史学卷中，把它们说成是"用全球观点或包含全球内容重新进行世界史写作的尝

---

① 相关的情况我曾在《探寻"全球史"的理念——第十九届国际历史学科大会印象记》中有过介绍，见《史学月刊》2001 年第 2 期。
② "蝴蝶效应"是说某地方一只蝴蝶拍动翅膀，都可能在远方的喜马拉雅山上引起反响。
③ W. H. McNeill, *A World History*, Oxford University Press, USA, 1967.
④ 斯塔夫里阿诺斯（L. S. Stavrianos）的《全球通史》包括两部分，上卷《全球通史——1500 年以前的世界》（*The World to 1500, a Global History*）第 1 版，1970，下卷《全球通史——1500 年以后的世界》（*The World since 1500, a Global History*）第 1 版。1966。1988 年上海社会科学院出版社将两卷同时推出称《全球通史》，2005 年北京大学出版社根据英文第 7 版重新翻译出版。

试中"最有影响的两本书。① 这两本书的特点是打破自启蒙以来西方史学传统中以"国家"为基础的编纂体系，尽可能抛弃西方中心论，而把"世界"作为历史写作的对象，强调各文明、地区之间的影响与互动。在当时的学术界，造成很大的轰动。

此后，全球史的观点慢慢扩大影响，而逐渐被越来越多的历史学家所接受，更多的人开始用全球史的观念与方法探讨历史问题，发表了越来越多的研究成果。1995年和2000年，两届国际历史科学大会都把全球史定为大会主题，引起全世界历史学家的普遍注意。国际历史学界已成立专业性的全球史学术研究团体，也出版全球史专门学术刊物，如本特利任主编的《世界史》杂志。一时间，全球史在西方学术界形成风气，许多人都以做全球史为时髦。

国内学术界在2000年左右开始注意全球史，有一些文章发表，介绍全球史的观念与方法。② 这以后的几年中，随着知识的传播，全球史逐渐为国内学者所知悉，最终也有人开始尝试用全球史的方法研究一些问题。③ 首都师范大学组建了国内首个"全球史研究中心"，并出版定期刊物《全球史评论》。2011年夏，以全球史为主旨的美国世界史学会（World History Association）与首都师大合

---

① 杰弗里·巴勒克拉夫：《当代史学主要趋势》，第245-246页。
② 我所查到的最早介绍全球史的文章包括：钱乘旦《探寻"全球史"的理念——第十九届国际历史学科大会印象记》，《史学月刊》2001年第2期；于沛《全球化和"全球历史观"》，《史学集刊》2001年第2期；王林聪《略论"全球历史观"》，《史学理论研究》2002年第3期；多米尼克·塞森麦尔《全球史——挑战与束缚》，《山东社会科学》2004年第6期；伊格尔斯、王晴佳《文明之间的交流与现代史学的走向——一个跨文化全球史观的设想》，《山东社会科学》2004年第1期；陈新《全球化时代世界历史的重构》，《学术研究》2005年第1期。
③ 比如首都师范大学出版的定期刊物《全球史评论》第2期（中国社会科学出版社，2009）上发表的专题研究有：何平《中世纪后期到近代初期欧亚大陆的科学和艺术交流》；刘健《区域性"世界体系"视野下的古代两河流域史》；赵婧《葡萄牙帝国对印度洋贸易体系的影响》。

作，在北京召开第 20 届年会，有数百名中外学者参加。

但实事求是地说，中国历史学界之于全球史，迄今仍停留在介绍阶段，真正用全球史来做研究的成果少而又少，几乎可以忽略不计。很奇怪为什么情况会是这样，也许归根究底，一个原因是人们对全球史是什么及怎么做仍感陌生，甚为茫然；第二个原因可能是大家对全球史的意义还是未理解，没有看出它对以往历史研究的空白方面所具有的填补作用。因此，相对于国际学术界，国内的全球史仍处于初步摸索阶段，真正拿出全球史的研究成果，尚需付出巨大努力。

下面谈第二个主题：澳门。

澳门是中国一个特殊的地区，如果不是 15 世纪中叶发生在世界上的某些事件，至今它都会和它周边的广阔地域一样，是广东沿海的一个小海角，不会那样引人注目。

澳门史研究澳门的历史，澳门史之所以值得研究，是因为从 15 世纪中叶起，澳门成了葡萄牙在远东的立足点。由于这种特殊情况，澳门史研究和一般的中国史研究不同，它有三个支脉：1）中国的澳门史研究，2）葡萄牙的澳门史研究，3）其他国家的澳门史研究。

中国的澳门史源头可追溯到 18 世纪中期，若不算县志，最早的文献是印光任、张汝霖的《澳门纪略》。[①] 但真正的研究要到 20 世纪才开始，起初集中在粤澳划界问题上，后来才慢慢扩大到其他方面，1911 年出版的《澳门历史沿革》可能是第一部"澳门通史"。然而在三分之二个世纪中，澳门史研究并没有很大进展，1900－1979 年，只有 27 种与澳门史相关的图书出现，其中有一些没有学术意义。改革开放以后澳门史研究迅速发展，据统计，1980－2005 年，共出版澳门史著作 218 种，其中包括通史、专著、

---

① 印光任、张汝霖：《澳门纪略》，广州萃经堂，1751。

普及读物、档案集等,① 可说进入大繁荣时期。

葡萄牙的澳门史研究从 19 世纪中期以后经久不衰,按吴志良博士的说法,其中重要者有法兰萨（Bento da França）的《澳门史初探》（1888），徐萨斯（Montaltode Jesus）的《历史上的澳门》（1902），科龙班（Eudore de Colomban）的《澳门史概要》（1927），文德泉（Manuel Teixeira）的《澳门及其教区》（16 卷，1940－1979），雷戈（António da Silva Rego）的《葡萄牙在澳门的影响》（1946），白乐嘉（J. M. Braga）的《西方开拓者及其发现澳门》（1949），高美士（Luís Gonzaga Gomes）的《澳门历史大事记》（1954）等,② 其中有一些已经翻译成中文。葡萄牙的澳门研究比较集中于澳门的葡人群体，比如他们的政治治理、经济活动等。

其他国家的澳门史研究也是一个重要的分支，1832 年瑞典人龙思泰（Anders Ljungstedt）的《早期澳门史》首开先河，后来也有其他国家的澳门史著述问世，其中以英国、荷兰和德国为多。

总体而言，澳门史研究可以分为两大类，一类把澳门史放在中国史的背景中进行研究，因此是中国史的一个部分（澳门地方史）；一类把澳门史放在葡萄牙史的背景中进行研究，因此是葡萄牙史的一个部分（海外领地史）。中国的澳门史研究基本上属于第一类，葡萄牙的澳门史研究基本上属于第二类，其他国家的澳门史研究可能二者兼有之，但会偏向于第二类。除此之外偶或可见一些视野更宽阔的作品，比如潘日明（Benjamim Videira Pires）的《16－19 世纪澳门至马尼拉的商业航线》（1987），但这种情况极为稀少。

以上两类研究都放在国别史视野下，除这两种视野外，是否还有其他视野？是否可以把澳门史放在"世界"的视野下进行观

---

① 相关统计数字可参见王国强《澳门历史研究之中文书目》，《澳门史新编》第 4 册，澳门基金会，2008，第 12 章。
② 详情见吴志良《生存之道：论澳门政治制度与政治发展》，澳门成人教育学会，1998，第 4 页。

察？16世纪中期以后，澳门就处在新形成的世界贸易体系的一个关键交接点上，它连接了欧洲海上贸易网和中国陆上贸易网两大贸易体系，起着东西方文化社会对冲与沟通的作用，中西文明最早在这里接触，并开始博弈。因此澳门的历史地位非常特殊，而澳门的历史也就有了第三个背景，并且是更大的背景，即世界历史的大背景。一旦把澳门的历史放在世界历史的大背景中进行观察，就一定能发现一个新的澳门，即世界历史中的澳门。换一个方向说：如果把澳门作为观察世界史的窗口，那么世界历史也会呈现出新面孔。于是，我们设计了"澳门在全球化和东西方文化交流中的历史地位、独特作用与现实意义研究"系列课题方案，其目标是：在全球史视野下重新审视澳门史，并以澳门为基点观察全球史。

大约十年前，我和现任澳门基金会行政委员会主席吴志良博士在上海一家咖啡馆喝茶，聊到澳门历史，我们都觉得澳门历史很特别，它既属于中国史，又属于世界史，澳门在近代以后的世界上也有过特别的作用，它既属于中国，又属于世界，因此澳门的特殊之处就在于它沟通了中国与世界，在中国与世界之间搭起一座桥。这样看待澳门，我们就觉得澳门的历史需要用一种新的框架来研究，什么样的框架呢？就是全球史框架。

全球史在当时刚刚被国人所接触，在国外也兴盛不久。全球史明显是一个新的学科领域，有很大的发展空间。中国的世界史学科正处在发展的机遇期上，它在观点、方法、视野等方面，都需要有新的尝试。那一次谈话对我的启发很大，我觉得用全球史来做澳门史，一定能打开一个新局面。两年后，我们的设想付诸实行，我们确定了一个真正意义上的全球史课题："15-18世纪澳门在全球贸易体系中的作用"，希望把它做成一个真正的"全球史"。这是本套书中第一个子课题。

再过一两年，澳门科技大学许敖敖校长到北京开全国政协会议，我去看望他，他当时在考虑如何推进学校的学术研究，希望能做出一些有特色的研究工作。我向他叙述澳门与全球史的关系，他听得很认真，尽管他是天文学家，与文科接触不多，但他非常敏感，很快就意识到课题与思路的超前性。当时他说他会回去想一想，想好了与我联系。不久，他就告诉我已决定要做一套全球史，一方面是追回澳门的国际地位，把遗忘的历史找回来；另一方面要推动一个新学科，让全球史也在中国结果。作为一个科学家，他的判断特别敏锐，他认识到文科和理科其实一样，要走学科前沿，才有发展空间。

这样，在2008年，由澳门基金会资助、澳门科技大学立项的"澳门在全球化和东西方文化交流中的历史地位、独特作用与现实意义研究"项目正式启动，共设11个子课题，现在，这11个子课题都可以问世了。回想项目研究的三年多时间，给我们印象最深的是许敖敖校长始终在亲自过问项目的进展，课题组成员曾多次在澳科大开研讨会，每次开会，许校长都从头听到尾，尽管他对历史的细节并不熟悉，但他对把握全球史的理念却紧抓不放——书必须做成全球史，这是他始终不渝的要求。

但正是在这个问题上，作者们面对最大的困难。尽管作者都是历史学专业出身，受过很好的史学训练，但对于什么是全球史，以及如何做全球史，确实心中无数。但一定要把这套书做成全球史，又是大家共同的心愿。所以我们花了很多时间去理解全球史，不断地讨论，相互交流，探讨每一个子课题怎样才能放到全球史的视野下。这些讨论对每一个人都有很大帮助，大家都感到：通过做这套书，自身得到很大提高。

尽管如此，各书之间还是有差异，对全球史的把握各有不同，有些把握得好一点，有些则略显弱。但所有作者都是尽心尽力做这件事的，而且都努力把书做成全球史的成果。迄今为止，中国学术界对全球史仍旧是说得多，做得少，我们希望这套书可以开始改变这个局面。

目录 CONTENTS

导 言 ·· 1
    一　"蠔镜"如何映"西潮"——解题 ····················· 1
    二　"跕舌"与"华言"——文化交流的翻译难题 ········ 10
    三　黑奴、唐婿与华夷之辨——族群认同的难题 ········ 21

近代早期中英关系中的澳门因素

    ——以 1793 年马戛尔尼使团和 1816 年
        阿美士德使团为中心 ··· 41
    一　1793 年马戛尔尼使团与广州—澳门贸易体制 ······ 42
    二　1816 年阿美士德使团与天朝外交体制 ·················· 67

英国人在澳门的生活空间变迁

    ——以马礼逊时代为中心 ··· 88
    一　澳门对中英早期非商往来的屏蔽 ························· 90
    二　日常生活空间的变迁 ··· 100
    三　精神生活空间的变迁 ··· 116
    结　语 ··· 137

清朝对澳门的海关管理：从澳门总口到拱北海关（1684–1887） 139

    一　明朝政府对澳门贸易的管理 139

    二　清朝前期粤海关对澳门的海关管理和澳门总口的

        沿革（1684–1744） 146

    三　澳门总口委员设立后的海关管理体制

        （1744–1843） 165

    四　鸦片战争后澳门海关体制的变化（1843–1887） ... 175

  结　语 196

"女婚男嫁"与"贵女贱男"

    ——试论清代澳门诗中所见之性别想象与再现　198

    一　《广东新语》与"女婚男嫁"说之缘起 198

    二　"女婚男嫁"诗的遣词与文体 205

    三　"交印"与"番人"婚俗 220

    四　"贵女贱男"的建构 226

"百千夷女纷成群"与"谁料人多张丽华"

    ——清人作品中所见澳门女性 240

    一　澳门"夷女"发饰之华夷视角 241

    二　清人诗中所见澳门"夷女"之声色 258

    三　"珠娘佳丽"与"西方美人" 285

后　记 297

导　言

周　湘

　　本书以《蠔镜映西潮：屏蔽与缓冲中的清代澳门中西交流》为题，尝试讨论文化交往的难题及其表现。这是集体合作的成果，各位作者从各自的研究领域出发，以若干专题的讨论来说明澳门在清代中西交往中发挥的作用之"阻力"的一面。由于各位作者分别提取素材，独立撰写论文，故而本书的各个章节的题材差异颇大。是篇"导言"，力图将本书所要表述的主旨先行概述，俾能使读者对本书的研究取向有一初步之了解。

一　"蠔镜"如何映"西潮"——解题

　　言及明代中叶以后的中西海路交通，论者多以为澳门发挥了"桥梁"的作用[1]，亦有称其为中西文化交流的"门户"的。[2] 无

---

[1] 如黄启臣的著作名称即是《澳门是最重要的中西文化桥梁》（香港天马出版有限公司，2010），汪海也著有论文称《澳门：中国和拉丁世界交流的桥梁》（澳门《行政》第 5 卷第 15 期，1993，第 201 - 209 页）。至若新闻报道上的文字，为通俗易懂计，以"桥梁"来形容澳门在中西交通中的作用的场合更是不胜枚举。
[2] 如金国平、吴志良的《过十字门》（澳门成人教育会，2004），即以澳门外洋的"十字门"为喻，说明澳门在中外关系史中的门户作用。

论是"桥梁"还是"门户",都是为了强调它的"可通过性"(accessibility)。① 从目的效用的角度来看,这些说法有其合理性。然而设若把问题的探讨延伸到了工具性及认知过程的层面,这些说法必须满足以下条件方可成立:交往的双方(或多方)必须认同他们面前的是可跨越的空间。"桥梁"或者"门户"之类的说法,忽略了在这个中介两侧的双方很可能由于历史的及社会建构的差异而无法融通的可能性。是的,"桥梁"也具有自身的建构性(constructionism),② 作为文化交流的"桥梁",其建构的参与者更不可能只有单一的面向。"桥梁"的社会建构性意味着,我们对于"桥梁"亦即中外交往的部分的认知是:1. 建立在一个包括社会空间与想象空间在内的时空关系下;2. 建构的知识是对于外部世界的再现(representation)而非外部世界本身。在这样的前提下,重新审视文化交往的参与者会面对的问题:当他们面对与本位文化有着较大差异的异文化时,桥梁的"可通过性"将面对阻碍,于是对外部世界的反映可能会更倾向于想象的层面,因为异文化的知识结构有相当部分可能不在本位文化的社会建构过程的考虑当中。比如对异文化的社会互动仪式、个人情感表达等方面的理解很可能出现偏差。③ 由此,相应的偏差导致了人们对异文化的认知并非是所谓的透明的镜子,能够反映出"真实的世界",相反,由于认知的障碍,他

---

① 所谓文化的可通过性(cultural accessibility)是指为尽可能多的人所可认知的文化特质。既然是"可通过",就可见其与"空间"的密切关系,并且强调了克服空间距离的能力。参见 D. G. Janelle, D. C. Hodge eds., *Information, Place, and Cyberspace: Issues in Accessibility* (Berlin: Springer – Verlag, 2000), pp. 3 – 4。
② "constructionism"是指社会性的建构,"constructivism"指的是个人认知过程的建构,有时这两个词汇会通用。"constructionism"一词社会心理学的研究中比较常见。关于社会建构性的概括性研究,可参考 Vivien Burr, *An Introduction to Social Constructionism* (New York and London: Routledge, 2nd edition, 2003)。
③ 关于知识的建构性,福柯的研究征引者众。对此已有不少的探讨,此处不作专门的讨论。可参见 Andrew M. Koch, *Knowledge and Social Construction* (Lanham: Lexington Books, 2005), pp. 6 – 8。

们看到的很可能是一面不透明的镜子，于是，对外部世界的观照，愈发倾向于内省式的自况。① 行文及此，笔者不由觉得，也许澳门的古称"蠔镜"更能反映它在中西文化交流中的独特作用。

澳门古称"蠔镜澳"（或曰"濠镜""壕镜"），有关这个名称的来源，众说纷纭，莫衷一是。② 本书的题目撷取"蠔镜"二字，

---

① 美国著名文艺批评家艾布拉姆斯（M. H. Abrams）认为，在浪漫主义的文学创作，人们是用自己内在灵魂的光芒来照亮外部世界。〔美〕艾拉布姆斯著《镜与灯：浪漫主义文论及批评传统》，郦稚牛等译，北京大学出版社，2004。借用他的说法，我们大概可以认为，当对异文化的观照在"可通过性"上面临障碍时，人们或许会从本位出发来进行知识的建构。

② 较有代表性的说法如戴裔煊支持"蠔镜"说，认为"蠔镜是蠔的外壳的一部分，平滑如镜，故名"。见氏著《〈明史·佛郎机传〉笺正》，中国社会科学出版社，1984，第52-53页。此说颇为流行，至今不少网络的文章均持此说，如百度百科的"蠔镜"词条称，蠔镜是澳门的古称，"意为海湾如明镜，盛产蠔"。URL：http://baike.baidu.com/view/1344659.htm，浏览日期，2012年11月9日。持"濠镜"说的如谭世宝，他认为"此'蠔镜'与蠔是相异的两物，而且此'蠔镜'显然是上述诸书所说的'海镜'同一物的音转异写。因此，澳门之所以有海镜及濠镜之称，当因为海、濠音义皆相近而互。作蠔则音近似而义远离，故为讹转。"见氏著《澳门历史文化探真》，中华书局，2006，第198-199页。假如当年最早给澳门命名的人都具有如此充分的汉语知识的话，谭氏此说或亦不谬，至少文献上的证据貌似更充分。不过，他忽略了文献互相转抄的状况而又将之作为实况的描写，并且，也忽略了文献的虚构性，甚或小说家言的部分。即他认为海镜是有小蟹寄居的蚌之名，但若如是，这个蚌就只是寄居蟹的栖身的空壳而不是某种海产了。以寄居蟹的侵略习性，且贝壳的肉本身就是它"热爱"的美食，颇疑其能与贝壳和平相处也。笔者以为，所谓寄居其中的"小蟹"，大概指的是某些贝壳内红色的肌肉。从生物分类学的角度，若有"海镜"这种动物，当属于双壳纲，与牡蛎（蠔）是一样的，双方的差异，未必那么巨大。纯粹依据古人著述的分类标准来进行讨论，也未必可靠。至若说"濠""蠔"发音相近，故"蠔"是"濠"的讹转，则需要提供更充分的历史语言学材料方能成立（比如，今天闽南话中"蠔"与"濠"发音就相差很大，但这是现在的情况，历史上的状况未必相同。我们缺乏澳门方面的历史语言学资料证据，无从进行判断）。笔者在"蠔""濠"的使用上没有任何偏向性，本文讨论的不是澳门古名的起源问题，因此选用"蠔镜"而非"濠镜"，是为了强调"蠔镜"一词的象征意味，也就是谭世宝说的"从俗称"了。

是为了突出它的象征意味：名为"镜"而不能照物，观者览之而无像可显，名实之联系因而受阻，于是构成了认知的障碍，其或双方跨文化沟通（cross cultural negotiation）也无法实现。[①] 于是"蠔镜"在一定程度上"屏蔽"了认知实现的可能性。关于这一现象，在本书的第四、第五章，笔者都尝试通过一些个案的讨论来加以说明。也正是因为这个原因，本书的作者们均认为，虽然在清代文献中，"濠镜"的出现频率要远大于"蠔镜"，但若从沟通中的认知难题来考虑，"蠔镜"是更加切合本书主旨的选择。

西人东来，梯航万里，海路交通是最重要的路线。海潮起伏处，漂洋而来的不仅有多样的货物、各色的人等，而且还包括了林林总总的生活方式、文化观念等。其人来自西洋，故后人将他们对中国的影响以"西潮"目之，亦可称贴切。蒋梦麟的《西潮》将故事的开端放在了1842年香港被割让之时，以见近代中国之命运，于其个人而言是家国之慨，其源有自；然而于中西交往之渊源而言，则难免有半途截流，未见其端的困窘。[②] 蒋氏认为，"香港在中国欧化的早期历史中，恰恰是现成的里程碑。"[③] 在此，笔者无意于讨论蒋氏有关现代化的观点，不过，要指出的是，假如像他认为的那样，香港的割让是中国历史的"转折点"，是"质变"的临界点，那么"量变"的起点无疑是澳门。正是包括澳门在内的"广州体系"（Canton System）的败落，才导致了以英国为首的西方列强迫切地希望建立新的贸易体系，由此导致了鸦片战争的爆发。

---

① 笔者选择使用 negotiation 一词而非 communication 一词，是为了强调交往双方通过不断的往来在认知上达到共识层面而非仅仅关注交往的过程。关于跨文化交往的研究，在全球化的背景下，日渐具有了重要性，可参阅 Larry A. Samovar, Richard E. Porter, Edwin R. McDaniel, *Communication between Cultures*, six edition，影印本，北京大学出版社，2009。
② 蒋梦麟：《西潮·新潮》，岳麓书社，2000。《西潮》一书描写的是从1842年到1941年这100年里中国的命运，或曰"欧化"的过程。
③ 蒋梦麟：《西潮·新潮》，第13页。

澳门可以说是在世界近代史的背景下，中西交往的"西潮"初现处。人们对蠔镜澳的关注，也是肇始于西潮涌动之时。

罗家伦在给《西潮》作序时，颇为感慨地说道："一重一重世间的层峦叠嶂激湍奔涛，都在我们民族和个人的生命中经过"。① 也许在他心目中，"激湍奔涛"正是"西潮"的写照。蒋梦麟也认为，西方科学文化的种子，使中国"厚蒙其利"。② 他无疑是认为历史必然向着更科学的生活、更进步的观念的方向前进，似乎"西潮"波及处，"西化"的进展自然是顺理成章的。然而，蒋梦麟氏及后来借用《西潮》概念的很多人都忽略了一个现象——正如潮水有起也有伏那样，中西的交往也会在陆海交接处受阻。作为"西潮"初现之地，澳门当然也会是"西潮"退隐之处。

海床从大洋深处向着大陆缓缓抬升，缓和了潮水的冲击力。澳门在面向南中国海贸易中的优越地位使得它对于西方各国商人而言是相对理想的立足地；而它离权力中心相对隔绝的状态（在当时的交通条件下，珠江三角洲河网密布，从澳门搭乘小舢板前往广州，通常要2-3天。因为一般而言，外国人只能根据指定路线行船，海盗的横行也使他们不敢随意更改线路），加上葡萄牙人的经营，在当地营造了相对西化的生活氛围及文化环境，又使得它成为了缓和中西矛盾的最佳处所。前辈研究者已经有不少人注意到了澳门在中西关系中的"缓冲"作用，称之为中西关系的"缓冲地"。③

---

① 蒋梦麟：《西潮·新潮》，第3页。
② 蒋梦麟：《西潮·新潮》，第14页。
③ "缓冲地"（buffer zone）是现代政治背景下产生的概念，指的是两个国家或地区间的相对隔绝的地带，用以避免政治冲突、保护贸易环境或防止灾害发生等目的，其使用的范围已经延伸到了文化保护的领域，如世界文化遗产保护的"缓冲区"，可见这个概念有着非常宽泛的适用范围。法国历史学家阿兰·佩雷菲特（Alain Peyreitte）在他的著作《停滞的帝国》中，就以"澳门：衔接两个世界的缓冲地"为第六章的标题。见〔法〕阿兰·佩雷菲特著《停滞的帝国：两个世界的撞击》，王国卿等译，生活·读书·新知三联书店，1993，第51-57页。

需要指出的是，使用文化"缓冲"（buffer）的概念，往往意味着主体的"策略性"需求。比如在社会心理学的研究中，有的论者认为，人们以自尊（self-esteem）作为对抗焦虑的缓冲手段。在这样的假定下，策略的施行者是被放在相对被动地回应文化焦虑的地位上。而我们看到，在澳门展开的中外文化交流，双方的关系不能纯粹建立在"文化休克—焦虑缓冲"（cultural shock - anxiety buffer）这样的建构模式上。毕竟双方的关系是双互的，主客体的关系也不是一成不变，而且澳门的文化氛围是在中外双方的共同作用下建立起来的，不会有"文化休克"的人士所体会到的完全陌生的氛围。① 因此，笔者认为如果把澳门看作是中外文化交往的"缓冲区"，那么发展过程大概以文化间的互相协调（cultural mediation）来看待会更恰当一些。② 在 Vygotsky 看来，"文化协调"并

---

① "焦虑缓冲"的概念主要用于社会心理学的"恐惧管理理论"（Terror Management Theory），可参见 Jeff Greenburg, Sander Leon Koole, Tom Pyszcynski eds., *Handbook of Experimental Existential Psychology* (New York: The Guilford Press, 2004)。尤其是该书的第 3 章。"文化休克"之说，是由人类学家 Kalvero Oberg 提出的，是指置身于新的文化环境时面对陌生的生活环境及生活方式时茫然无措的焦虑状态。可参见 Gary P. Ferraro, Susan Andreatt, *Cultural Anthropology: An Applied Perspective* (Belmont: Wadsworth, 2010), pp. 109 - 110；以及 Paul B. Pedersen, *The Five Stages of Cultural Shock: Critical Incidents Around the World* (Westport: Greenwood Press, 1995), pp. 1 - 2。笔者认为，这两种说法若引入到文化交往的研究当中，其过于强调主客体关系的特性必然会导致对文化互动性的忽略。

② "文化协调"同样是来自心理学的概念，提出者是 20 世纪初期苏联的儿童心理学家 L. S. Vygotsky，他的看法对社会理论有较大的影响。Vygotsky 认为，人心（human mind）是文化—历史过程的直接产物。在文化心理学中，他的主张通常被看作是"文化—历史方法"（cultural - historical approach）。见 Michael Cole, *Cultural Psychology: A Once and Future Discipline* (Cambridge: Harvard University Press, 1998), pp. 104 - 115。Vygotsky 的主张也认为协调或调适是工具性的，不过他以儿童的认知发展过程中与文化环境及教导者之间的互动为例，强调了文化塑形过程的双互作用，而不是坚持主客体的纷争。参见 Lev Semenovich Vygotskii, edited by Michael Cole, *Mind in Society: The Development of Higher Psychological*

导　言

非指田园牧歌式的水乳交融，它并没有否定冲突存在的状况，相反，"文化协调"的工具性正表明了它可以成为缓解冲突的方式。①

Vygotsky认为，文化的问题，是具有社会性的，我们大概可以理解为，可以用社会的手段解决文化的问题，文化与社会的互动在认知发展过程中发挥着很大的作用。清代澳门的中西关系中，文化上的冲突最后以制度的调适来进行解决，即是相应的例证。本书的第一章与第三章都涉及了清朝对外关系中的制度建构问题，无论是英使遣华还是海关的管理，从其深层表现而言，都是从制度出发而面向"文化协调"。

综上所述，"屏蔽"是指文化交往过程中认知方面的困境，"缓冲"是指文化交往中的"协调"过程，这就肯定了交往实现的可能性。而文化交往，其实可以看作是符号系统的交换，是发生在一定的时空关系下的。② 以"西潮"形容澳门的文化交往中"外"的一面，亦可体现出交往的时间性。

  Process (Cambridge: Harvard University Press, 1978), pp. 38 – 77。就这一点而言，笔者认为从他的理论引申而来的"文化协调"理论更适用于对清代澳门中西关系的观察与分析。有关mediation的概念讨论，可以参见James V. Wertsch的相关论文，载Harry Daniels, Michael Cole, James V. Wertsch eds., *The Cambridge Companion to Vygotsky* (Cambridge: Cambridge University Press, 2007), chapter 7 "Mediation"。
① 例如，文化交往带来的身份认同上的矛盾，并非以单纯的认同转移来解决，因为行动者可能具有多面向的认同，不同面向的认同会带来不同的矛盾，因而，其认同的塑造可能是以"连续性的冲突"的方式来得以实现的。参见Dorothy Holland及William Lachicotte, Jr. 的论文，载Harry Daniels et all (2007), chapter 4 "Vygotsky, Mead, and the New Sociocultural Studies of Identity", pp. 101 – 135。
② 据爱德华·霍尔（Edward T. Hall）说，"把生活的各个方面都当作交流时，我们有一个涵盖许多交流事件的广阔领域，有可能观察到时间长短不一的完整讯息，有些短，不到一分钟，有些长，可长达许多年。一般说来，文化研究的对象是较短的事件；在文化和社会背景中，个体的心理则表现为较长的交流事件……"，载〔美〕霍尔著《无声的语言》，何道宽译，北京大学出版社，2010，第76页。

西来的物质与精神，若统以"西潮"目之，那么我们还要留意到海潮的特性——海潮是有着不同的层面且有时间周期性的。法国历史学家布罗代尔在论述历史的时间性时指出，对历史时间性的观察可以有以下三个角度：

> 一种几乎静止的历史——人同他周围环境的关系史。这是一种缓慢流逝、缓慢演变、经常出现反复和不断重新开始的周期性历史。
>
> 一种……节奏缓慢的历史。人们或许会乐意称之为社会史，亦即群体和集团史，如果这个词语没有脱离其完整的含义。
>
> 传统历史的部分，换言之，它不是人类规模的历史，而是个人规模的历史。……这是表面的骚动，是潮汐在其强有力的运动中激起的波涛，是一种短促迅速和动荡的历史。[①]

由是观之，我们对"西潮"的观察，不仅是一个空间的话题，而且也是一个糅合着不同的时间周期层面的问题。

在清代澳门的特定时空环境下，中外文化互相砥砺，清人游历至此，在澳门观西方文化，可谓是以"蠔镜"观西潮，"镜"中所现，非是"西方文化"的实景。并且，当他们以文字将见闻记录下来时，由于文字本身的"象征性"（symbolization），[②] 因此，当我们以相关文献为媒介来观察清代澳门的中西交往时，甚至不

[①] 〔法〕费尔南·布罗代尔（Fernand Braudel）著《菲利普二世时代的地中海和地中海世界》，唐家龙、曾培耿等译，第一卷，"第一版序言"，第 8 - 9 页，商务印书馆，1996。

[②] 关于语言的象征性，比较简明的表述是，"作为一个象征系统，语言是对其他事物的主观表述（representation）"。而书写文字是对口头语言的进一步象征化，因此，书写语言的表述更为复杂。见 Edward Finegan, *Language: Its Structure and Use*, fifth edition (Boston: Thomson Wadsworth, 2007), pp. 504 - 505。爱德华·霍尔称书写文字是"符号中的符号"（symbolization of symbolization），见《无声的语言》，第 76 页。

能因为"蠔镜"一词而简单地引申出"镜像"之说。① 但"镜像"一词在本书并非毫无意义,以"镜像自我"的角度来考虑,清人在诗文作品中讨论澳门"番人"的生活特点,其初衷或是记录异闻,但最终的认知取向却是以"华"俗来规矩"夷"俗,以想象来完成"镜像"的塑造。② 在考虑清代澳门的中外文化交往时,这种认知的取向在进行文本分析的时候是不可忽略的。

以"蠔镜"的混杂的文化(hybridity of culture)来考察中西交流,本身就是不同象征符号之间的沟通,③ 这可以看作是对交往图景的"表征"(representation)。④ 如本书第二章讨论的英国人在澳门的生活空间问题,就涉及了对空间塑造与认知的差异问题,部分地与"表征"的探讨有关,部分地与制度建构有关,说明文化认

---

① 假如"镜像"只是取其"相对于一根与之交错的轴或者与之交错的平面为颠倒的东西"的定义的话,那么显然不适用于澳门的文化交流现象,"中"、"西"这样的概念,并非互相对照的依据。
② 相关的讨论见本书第四章。
③ 正因为如此,以"镜像"观察中西文化交流是有危险的,据意大利符号学家艾柯(Umberto Eco)认为,"镜像"并非符号,因为离开了镜外之物,"镜像"就不存在了,并且,"镜像"也不是可以阐释的。见 Umberto Eco, *Semiotics and the Philosophy of Language* (Bloomington: Indiana University Press, 1986), pp. 202-217。因为纯粹以"镜像"涵盖文化交流的现象,则否定了文化交流中符号系统交换的层面。
④ 这里所说的"表征",不仅具有符号学上的意义(关于这一点,可参阅罗兰·巴特的作品),而且能够体现出历史—文化的建构过程。相关的讨论,见霍尔《表征》,第一章,"表征的运作"。"表征"这个概念在社会科学领域被广泛使用,有论者将之被使用的领域归纳为"符号学与社会科学"、"叙事"、"视觉"等几个领域。见 Louis Marin, *On Representation* (Stanford: Stanford University Press, 2001)。正因为使用者众,目前这个概念并没有被广泛认同的定义,但这并非意味着它的适用范围可以漫无边际,有论者以为,至少从17世纪以来,这个概念的使用是有着相对稳定的涵义的。参阅 Hanna F. Pitkin, *The Concept of Representation* (Berkeley and Los Angeles: University of California Press, 1972), pp. 1-13。由于这个词汇丰富的含义,使相关的中译也林林总总,不一而足。笔者尽量在使用不同的字眼指代这个词汇时,附上英文,以免读者阅读时会不明就里。

知不能独立于制度建构之外而单独讨论。所谓"表征",在本书的相关研究中,至少包含了以下两个方面的讨论:一是指清人在观察澳门文化时,将自身的认知投射到他者之上,因而塑造出了文化的他者;一是指文字作为符号系统对认知符号的表达。因此,"表征"可以被看作是文化认知的反映,书名的"映"字即由此而来。

在澳门独特的时空环境下孕育出来的文化现象被清朝的人士看作是西方文化的代表,对于他们而言,澳门文化代表的就是西方的文化。于是,"西潮"已经不是其本来的面貌,而是"蠔镜"映照下的景象。本书的书名"蠔镜映西潮",就是为了表明清代澳门中西文化交流的过程中面对的制度与认知上的困难。

以上,是为解题。

下文将就清代澳门中外文化交流中的语言、文本及族性等问题略加阐释,以见其中的认知困境,俾使读者对"蠔镜映西潮"之景象有初步的了解。

二 "䫌舌"与"华言"——文化交流的翻译难题[①]

文化交往的基础,在于作为符号系统的语言的交换。在双语的环境中,从语言的翻译到文化的翻译已经是让交往的双方倍感困扰,遑论澳门的多语言情境,其由于跨语言的认知问题而造成的交往困境,不难想见。

然而有意思的是,在游历澳门的清朝诗人的作品中,论及澳门"夷语"诘屈聱牙者甚少。在乾隆中叶之前的澳门诗词作品中,

---

① "䫌舌"与"华言"之说,取自释迹删的诗作《游澳门宿普济禅院赠云胜师》,句云:"行逐鲛人趁番市,渐闻䫌舌杂华言"。载《咸陟堂诗集》,道光重刊本,第十三卷,第4页。据章文钦考证,这首诗歌作于康熙三十一年(1692),见章文钦《澳门诗词笺注·明清卷》,澳门特别行政区政府文化局、珠海出版社,2003,第85-86页。

导　言

比较明确提到澳门的"夷语"问题的，以笔者所见，只有三五之数，如吴历和迹删二人即是。除了与本节标题相关的诗作外，迹删在另外一首诗歌中咏道："番童久住谙华语，鹦母初来学鴂音"。① 以"鹦鹉"的"鸟语"来衬托"番童"的华言，迹删显然对于澳门番人中尚且有人可以与他沟通表示高兴。但如果初来此地的鹦鹉都是首先学习"鴂音"，那么可以想象此间的语言环境，华言未必占绝对优势。于是，适当地学习"夷语"也许是必要的，吴历的诗歌正是提到了这种情形。其诗句曰：

> 灯前乡语各西东，未解还教笔可通。
> 我写蝇头君写爪，横看直视更难穷。（西字如蝇爪，横行，读之，尖疾者上）②

这首诗歌说明了外语学习的"难穷"之困，不过，书写的差异和语音的差异两者相较，在吴历看来，书写比口语更难掌握，恰恰说明了两个符号系统之间的差异。吴历对于西文的认知尚称真切，而清人之中，不乏对西文知之甚少而肆意评点之人。如乾嘉年间的顺德士人廖赤麟就在其《澳门竹枝词》中称：

> 海外车书万国同，清时橐笔拟陈风。
> 吟成俨比图王会，蛮语何人笑郝隆？③

---

① 迹删的诗作《寓普济禅院寄东林诸子》，载《咸陟堂诗集》，第十四卷，第7页。据章文钦考证，这首诗歌作于康熙三十六年（1697），见《澳门诗词笺注·明清卷》，第88页。
② （清）吴历《墺中杂咏》，第二十六首。转引自《澳门诗词笺注·明清卷》，第34页。这首诗歌当作于康熙十九年至二十二年（1680－1683）之间。其时吴历在澳门的三巴寺学习天主教教义。
③ （清）廖赤麟：《湛华堂佚稿》，同治刊本，第一卷，第15页，《澳门竹枝词》十首之十。

显然，廖赤麟对于"番文"的了解大致是出于其"盛世"的想象，"车书万国同"的大同盛世，与其说是直书实况，不如说是士人的浪漫之语。

吴历的诗歌也许道出了外语翻译的难题，但显然还有未尽之意，在文化交流的过程中，语言不仅是工具性的，它本身就是文化的载体。而且，翻译也不仅是语言上的沟通，还包括了文化符号系统的转换，假如说语言的翻译已经困难重重，那么文化的翻译则更是容易让人感觉到有心无力。

以吴历的身份，他确实有学习西语的需要，毕竟这是神职人员应该掌握的工具。不过，对于大多数到澳门游历的人而言，短时间的居留观光，没有必要也没有条件学习外语。有意思的是，他们置身于"华夷杂处"的澳门，却鲜少抱怨语言上的麻烦，甚至连"鴂音"这样取笑西洋话的内容也不常见于清人诗词作品中。直到晚清时期，何绍基游历了澳门与香港之后，其诗作中的"言语侏离文字异"之句，已经是对这两地的语言文字大异于中华之处最具体的描述了。[1] 关于这种现象，大致有几种解释，诸如：

一则西语"咿呀"难明[2]，清人充耳不闻，何况番语之"侏离"，人所皆知，未必是入诗的好素材。

二则或者是因为"华夷杂处"，以澳门的华人人口之优势，他们不会有流落异乡的无措。

---

[1] （清）何绍基：《东洲草堂诗钞》，同治刊本，第二十五卷，第 6 页。诗题名为《乘火轮船游澳门与香港作，往返三日，约水程二千里》，何绍基是湖南道州人，曾数度赴粤，但同治二年的旅程应是他首次前往澳门。

[2] 以"咿哑"一词来形容澳门番语的，见清代东莞士人张其淦的诗作《初到澳门，用陆放翁〈初到荣州〉韵》，句曰："华夷杂处声咿哑，高台戍兵吹胡笳"。诗载张氏的《梦痕仙馆诗钞》，光绪刊本，第十卷，第 26b–27a 页。据章文钦考订，这首诗歌作于光绪三十一年（1905），见《澳门诗词笺注·晚清卷》，第 280 页。

导 言

  三则他们若要与西人款接，多会有"重译"之人相贻，自己倒是不必花工夫去应付了。如蔡显原的《听西洋夷女操洋琴（有序）》中提到，他去三巴寺参观礼拜的场面，但是西僧之梵唱"咿嚶可厌如秋蚓"，于是"译者解意导我去，使我耳目为一新"。①可见当时的译者，还身兼导游之责。李遐龄在澳门碰到一个"番雏"，两人言语上无法沟通，李称自己是"独惭非郝隆，侏离昧一切，蛮语况不习，欲应舌籥闭"，于是只有请"航海客""详译代传递"的人，"航海客"，也就是从事海上贸易的人。②无论是"译者"还是"航海客"，他们对异文化的翻译，都是有其目的性与选择性的，同时也取决于他们的阅历与知识。比如，早在玥朝，香山即有译者为行旅之人服务。为汤显祖的澳门之行做翻译的人士，提及海外的情形，其最远处，也不过是言及"三佛国"，其于欧洲本土文化之所知有限，可以想见。③

  最后，也可能是因为游澳人士多为粤人，他们自己所谙熟之广东方言也有让外地士人抓耳挠腮之时，虽然不至于与"澳番"同病相怜，但这确实不是让人乐于随意置喙的话题。

  无论是何种因由，都在一定程度上屏蔽了清人对西语认知的渠道。他们在诗歌中对西语用了"鴂舌""咿哑""咿嚶"等词语来加以形容，④均指其难于听懂。然则若以鸟兽之声形容他人的语

---

① （清）蔡显原：《铭心书屋诗钞》，同治刊本，第二卷，第15–17页。
② （清）李遐龄：《勺园诗钞》，嘉庆刊本，第一卷，第7页，《番雏》。
③ （明）汤显祖：《玉茗堂诗集》，第六卷，《听香山译者》二首，载徐朔方笺校《汤显祖诗文集》上册，上海古籍出版社，1982，第428页。关于这一点，还有一个假设就是汤本人对译者的话并无留心，不过是借译者之口将以往他人的著作中的相关内容在其诗歌中进行表述，若此说成立，则文本的重复性已是清晰可辨了。
④ "鴂舌"出于《孟子·滕文公上》，指南蛮的语言非常难懂。"伊哑"是象声词，多指小儿学语之声，亦有指小儿哭声的。"咿嚶"可指鸟兽啼叫的声音，也可指人低语声。

13

言，哪怕暂且搁置其中的歧视成分，也足以表明清人在观念中认为西语并非可以用于沟通的用语，当然了，讲西语的"番人"也就不在可交往之列。顾炎武说过，"五方之语，虽各不同，然使友天下之士，而操一乡之音，亦君子之所不取也。故仲由之哙，夫子病之；鴃舌之人，孟子斥之"。①他的话虽指"方音"而言，但亦可看作是对"番人"所持语言的态度，按照他的逻辑，番人"操一乡之音"，并非可交往的对象。

不可交往，当然不是说就不交往了。"鴃舌"与"华言"之间，翻译自然是不可避免的沟通途径。有关中外语言早期的互动情况，不在本篇的讨论范围内，所可注意者，是由语言翻译引发的文化翻译问题。清人对于番语不屑一顾的态度，导致的一个直接后果就是，语言的翻译权交给了外国人，比如早期的葡汉、英汉字典的编撰地都是在澳门，而编撰者都是外国人（当然他们会有华人助手，但在词条的选取及词义的概括上，华人助手并无最后的决定权），这意味着对语言诠释的权力旁落了。日常的对话确实是沟通的途径，但是如果不以文字来把口语的交流记录下来，则符号系统的交换还是有缺失的环节，因而会导致双方的文化交流不能在更完善的基础上得以实现。

作为应对的方法之一，就是以已有的词汇来对应外语中的词汇。这样做的问题是，忽略了相关词汇形成的语境而简单地使之对等，但是"词汇只有在相应的文化中才能获得意义"，否则将无法表达其文化的意味。②试举一例，清人诗歌当中，会以"胡笳"来形容西洋歌乐。如叶廷勋的诗句"小蛮亦爱风流客，一曲胡笳

---

① （清）顾炎武著《日知录集释》第二十九卷，黄汝成集释，秦克诚点校，岳麓书社，1994，第1035页，"方音"条。
② Eugene A. Nida, *Language and Culture: Contexts in Translating*（《语言与文化——翻译中的语境》），影印本，上海外语教育出版社，2011，第139页。

共倚栏",① 又如张其淦的诗句"华夷杂处声咿哑,高台戍兵吹胡笳"。② 胡笳是外族乐器,若以之指代澳门的西洋歌乐,尚称贴切。然而如果考虑到"胡笳"一词的文化意蕴,"胡笳"之乐,实乃哀怨之声,与这两首诗的意境均相差甚远。③ 叶廷勋的诗作描写的是宴饮作乐的场面,过分喜乐,有失"胡笳"一典的边塞乡愁之哀戚;张其淦的诗歌倒是对边患有了担忧之情,但是,吹"胡笳"的变成了戍守炮台的"番兵",其人既然占据澳门,其时又已是澳门沦为葡国殖民地之后,则这些戍守的番兵吹奏"胡笳",大概也不会有多少"断人肠"的愁绪。④ 则两首诗歌之用典,有嫌失当。或曰诗人于此注重的是"今典"而非"古典",然则,若以"今

---

① (清)叶廷勋:《梅花书屋诗钞》,道光刊本,第四卷,第5页,《于役澳门纪事十五首》之十一。叶廷勋广东南海人,参与了十三行的对外贸易。茲章文钦考订,叶廷勋是次前往澳门的时间当在乾隆五十四年(1789)之前,《澳门诗词笺注·明清卷》,第194页。

② 张其淦对于"胡笳"一典,颇为青睐。除了这首诗歌外,他在别的与澳门有关的诗歌中还用到了"悲笳"、"霜笳"等语。"悲笳"见《再用前韵》诗"绕树三匝乌呀呀,行人日暮听悲笳",载《梦痕仙馆诗钞》,第十卷,第27页。"霜笳"见《游濠镜花园有感,用吴梅村〈褉饮社集虎邱即事〉韵》四首之三,其句曰:"烟柳满萦金缕恨,霜笳吹起玉关情",载《梦痕仙馆诗钞》,第十卷,第31页。

③ "胡笳"入诗,最早且最有名者,当数蔡琰(文姬)的《胡笳十八拍》,见朱熹撰、蒋立甫校注《楚辞集注》,上海古籍出版社、安徽教育出版社,2001,第251—254页。明人陆时雍在《诗镜总论》中说,《胡笳十八拍》是"直是激烈人怀抱"之作,载丁福保辑《历代诗话续编》,中华书局,1983,下册,第1403页。"胡笳"是悲声,唐代诗人岑参的诗作《胡笳歌送颜真卿使赴河陇》有句云:"君不闻胡笳声最悲,紫髯绿眼胡人吹",见岑参著、陈铁民、侯忠义校注《岑参集校注》,上海古籍出版社,1981,卷一,第66页。

④ "胡笳一曲断人肠,座上相看泪如雨",见岑参的诗作《酒泉太守席上醉后作》,《岑参集校注》卷二,第188页。唐人诗歌中,言"胡笳"之悲者不在少数,如杜甫《独坐二首》之一有言:"胡笳在楼上,哀怨不堪听",见《全唐诗》,中华书局,1960,第7分册,第2526页;又如骆宾王的诗作《晚度天山有怀京邑》句曰:"宁知心断绝,夜夜泣胡笳",载清人陈熙晋笺注《骆临海集笺注》,上海古籍出版社,1985,第四卷,第120—121页。

典"论,则"胡笳"竟指何种器乐,诗人在这里是要如古代的作者那样感怀国运,还是仅仅为了强调异文化的差别呢?何况,由于满人的身份问题,清人的诗作中言及胡笳其实是有其避忌之处。① 于是,这里的今典要另立新意,实非易事。可见,以既有词汇来对异文化进行翻译,虽然不乏信手拈来的妙用,但也往往会导致文化的误译,对文化表征的把握,也就难以落到实在之处了。

对文化的翻译,对个别词汇的斟酌推敲只是当中非常细小的一个方面,译者只是翻译的直接行动者,还要考虑到,文化的翻译,是在何等人士的推动下进行的。也就是,翻译的赞助人(patrons)是谁。因为文化的翻译,不完全是出于译者自主的决定,更多的是取决于话语权力的掌握者的推动。② 同时,若某种文化创造的氛围与译者(我们也可以把他们看作是文化的诠释者)所熟知的文化氛围在话语系统上难以对等时,翻译就成为了难题。以清人对澳门天主教的观察为例,我们可以对文化翻译的困境有概略的了解。

清人的诗词作品中,言及澳门天主教,固然已经使用"天主"等词汇,但言及细节时,往往沿用固有的思维方式,以已有的文化对后来者进行诠释。清人陈官在乾隆前期的诗作中称"澳门礼数异中华,不拜天尊与释迦",即是非常直观的描写。③ 佛教同样

---

① 关于这一点,笔者并没有"确凿的证据"。不过,在翻检清人诗作时,感觉到胡笳一词相较于唐宋时期的诗歌出现的"频率"似乎较少,笔者揣测这大概与满人的出身有一定的关系,而且随着边塞空间的延伸,相应地,这个类型的诗作也就变少了。但这纯粹是个人的阅读印象,并没有真正的统计数据。笔者的说法,也仅止于推测,完全建立在个人的阅读体验的基础上,在此提出此点,以就正于方家。
② 相关的讨论,可参见 André Lefevere ed., *Translation/History/Culture: A Sourcebook*,影印本,上海外语教育出版社,2006,第19页。
③ (清)陈官:《澳门竹枝词》四首之二,引自陈兰芝《岭南风雅》,第一卷《续选》,第158页。陈官是广东香山人,侨寓顺德。

是外来宗教，于是不少诗歌中便以佛教的惯用语来形容澳门天主教的状况。如神父的法衣是"袈裟"，叶廷枢《澳门杂咏》中即有"每逢礼拜着袈裟，梵咒齐宣静不哗"之句，以"梵咒"称天主教的诵经之声，亦是借用；① 又如称"番僧不奉如来戒"，同样是以佛教来比拟天主教，② 再如天主教徒礼拜时的静默坐姿被称为"席地跏趺"。③ 于是，信仰天主教的国家也被称为"佛国"了。④ 如果佛教方面的词汇尚不足以表达，那么其他"蛮夷"的信仰也会被作为参照系。个别清人在形容澳门天主教的信仰状态时，为了表明它是"荒诞教"，因而使用了"劙面击铜鼓，椎髻宣宝符"这样本应用以描写古代北方少数民族的敬神习俗的语词来描写天主教。⑤

以常见词汇来形容外来文化形态，于读者而言大概是比较容易对之有直观的了解，但是，也会因而屏蔽了读者深入相关语境对之进行由表入里的了解的可能性。因为这在一定程度上可以被

---

① （清）叶廷枢：《芙蓉书屋诗钞》，道光十一年刊本，第四卷，第10页。叶廷枢是广东南海人。据章文钦考订，这组诗歌大约作于乾隆四十六年（1781），见《澳门诗词笺注·明清卷》，第185页。

② 见叶廷勋《于役澳门纪事十五首》之十。

③ （清）金采香：《澳门夷妇拜庙诗》，载清人方恒泰《橡坪诗话》，道光刊本，第九卷，第20页。金采香是杭州人，生卒年份不详。章文钦认为诗歌的创造时代当在道光十四年底（1835年初）之前，见《澳门诗词笺注·明清卷》，第327页。

④ 清初香山人刘世重《三巴寺》一诗中言："西洋传佛国，金相果称豪"。载温汝能辑《粤东诗海》，嘉庆刊本，第六十六卷，第14页。

⑤ （清）单子廉：《小泉诗草》，同治刊本，第四卷，第15页，《耶稣》。单子廉是广东增城人，应是活跃于嘉庆道光年间。单子廉的说法，也许是参照了张汝霖的诗作，乾隆年间，张汝霖在他的《澳门寓楼即事》（十四首之七）中对天主教的描述是将之看作是蛮夷的信仰，其诗言："金布三千界，钟鸣十二时。至今犹有臭，来此邈焉思。野祭初披发，鏖栖但乞皮。西风霜杀草，春到忍还滋"。见印光任、张汝霖原著，赵春晨校注《澳门纪略校注》，卷下《澳蕃篇》，澳门文化司署，1992，第146页。

理解为是清人以其固有的文化对外来文化的"异己"成分进行"抵制"的表现。而他们施行抵制的缘由，除了因为天主教的信仰形态大异于中华以外，其根由应与康雍年间的禁教政策有关，权力在文化交流上又一次显示了其威力。①

在没有办法用佛教常用语进行解释的方面，清人的作品中会采取相对无视的状态。澳门天主教的教堂，以三巴寺最为胜景，清人的诗歌中提及"三巴寺"的作品不在少数。有意思的是，在这些诗词作品中，三巴寺往往只是作为一个抽象的名称出现，读了这些诗歌以后，读者对于"圣保禄大教堂"的"高昂而宏丽"的风貌，仍不甚了了。② 清人诗词作品中言及三巴寺的建筑，一者言其高，如何松《澳门》诗里面说"插天楼矗三巴寺"，即是一例；③ 二是言其华丽，如"玉阑干影照黄昏"就是形容三巴寺建筑的富丽堂皇的一面。④ 然而"高"、"华丽"等内容，皆是为了给三巴寺的建筑定性，属于比较抽象的范畴，比如到底有多高、富丽到何等程度等涉及描述层面的内容，就基本没有成为清人诗歌描摹的对象。人们能够比较自如运用的，仍是现成的语汇，"绮窗朱槛，玉楼雕镂"这样的说法，如果没有接下来的"这是三巴寺"之句，恐怕难以让人联想到"圣保禄大教堂"的

---

① 关于翻译中的"霸权"及"权力"等问题，可参见 Douglas Robinson, *Translation and Empire: Postcolonial Theories Explained*（《翻译与帝国：后殖民理论解读》），影印本，外语教学与研究出版社，2007，第 31 - 45 页。
② "高昂而宏丽"乃清人陆希言《澳门记》中语，《澳门记》为孤本，藏巴黎法国国立图书馆。此处据金国平《中葡关系史地考证》一书第 243 页，澳门基金会出版，2000。
③ （清）曾绹堂：《岭南鼓吹》，嘉庆刊本，第五卷，第 42 页。章文钦认为这首诗歌当作于乾隆年间，见《澳门诗词笺注·明清卷》，第 229 页。同样的例子还可见黄呈兰的《澳门》诗，其中有句云"蜃楼高耸寺三巴"。载黄呈兰《因竹斋诗集》，乾隆年间刻本，卷下，第 33 页。黄呈兰是广东南海人。
④ 叶廷枢《澳门杂咏》七首之三，载《芙蓉书屋诗钞》第四卷，第 10 页。

风貌。① 而圣保禄大教堂遭遇回禄之灾以后，其残存的立面的细节，在清人诗作中提及者寥寥，以笔者所见，只有丘逢甲在诗作中有句曰"犹有蜻蛉洲上客，残坊剔藓读和文。（日本人居澳在葡人先，今日本牌坊犹存）。"② 丘逢甲说"日本人居澳在葡人先"是错误的，章文钦对此说已有反驳。③ 不过，丘逢甲确实点出了大三巴牌坊的雕刻中蕴涵的日本元素，但是对于这些元素的细节，如浮雕的菊花等图案，在诗歌中均无表达。

假如我们把李遐龄《番雏》诗里面对该名儿童外貌的细致描写与众多涉及三巴寺的诗歌对于细节的"哑声"加以对比，一详一略，对比鲜明。可以认为，诗人们回避了对有关天主教文化的翻译，他们在选择翻译题材时，更加倾向于翻译在自己的文化中比较容易理解的内容，而无法理解的部分或者与其文化相左的部分，则被自动过滤掉了。也就是说，对异文化的理解，往往是沿用"老套"（stereotypes）的看法来实现的。④ 这样的文化活动路径，无疑屏蔽了相应的认知渠道，因而，对文化交往史的研究，认为有来必有往，双方的桥梁"顺理成章"就可搭建而成，大概是忽略了认知方面的相关问题。

---

① 语见清人黄呈兰的词作《青玉案·澳门》，载《因竹斋诗集》，卷下《云谷诗草·诗余》，第1页。以"玉楼"形容三巴寺，其实难称贴切。毕竟一般在诗歌中以"玉楼"形容建筑的，多是指人们的居所，或是仙人的居所，又或是声色娱乐的场所，这些都与三巴寺宗教场所的性质不相符合。至于说对建筑细节的描写，自然欠奉，"成语"的使用，甚至使得想象的空间都难以展开了。
② （清）丘逢甲：《岭云海日楼诗钞》，上海古籍出版社，1982，第159页，卷七《庚子稿》，《澳门杂诗》十五首之八。
③ 《澳门诗词笺注·晚清卷》，第224页。
④ Douglas Robinson (2007), pp. 34–35. Robinson 在此处举了一个例子，欧洲出版界对埃及诺贝尔奖获得者 Naguib Mahfouz 作品的翻译，选取的是与欧洲自然主义观念一致的部分。而他的其他作品，尤其是1967年以后的作品，由于不符合欧洲方面的文化预期，于是就没有被选译。这个例子说明，翻译往往是在一定的框架下进行的。

对于文化翻译的话题，有的论者予以了完全否定的态度。生于印度孟买而接受了西方教育的文学批评专家 Homi Bhabha 就认为，文化的翻译是不可能实现的，比如，当下的差异会造成对文化的表述（representation）存在于第三个空间内，因而无法达成文化在共同的平台上的互通。① Bhabha 的论述主要是针对詹明信（Fredric Jameson）的有关后现代文化的论述，也包括对后殖民时代文化交往的思考，对于我们观察澳门的文化交流状况还是有借鉴意义的。比如，就空间的问题而言，笔者对上面有关"胡笳"的讨论隐约有一个印象，那就是清人试图从文化上把澳门变为边疆（border）。鉴于这些诗人大多数来自毗邻澳门的广州府的其他区域，所以不能简单地把这个问题解释为澳门本身悬于海隅，其为边疆无疑。从地理的角度考虑，这种说法没有问题，但如果从文化的角度考虑，那么显然同样身处广州府的这些士人对澳门所感到的文化隔阂，更多的是对其文化空间的不适应而非地理空间的差异。文化空间的差异，一个非常重要的体现就是，澳门实际上已经是一个城市，而不少的士人其实来自于珠三角的乡镇，对于像澳门这样的城市的空间，并不熟悉，于是对其的文化表述难免存在着"隔阂"。② 澳门本身的文化空间塑造，也造成了它成为

---

① Homi Bhabha, *The Location of Culture* (New York and London: Routledge, 2004), pp. 303 – 337, chapter 11, "How Newness Enters the World: Postmodern Space, Postcolonial Times and the Trials of Cultural Translation".

② 关于澳门的城市空间，在清人的诗文作品中，多以对其的高楼的描写为主，如言及洋楼之特点时称："屋多楼居。楼三层，依山高下，方者、圆者、三角者、六角、八角者，肖诸花果状者，其覆俱为螺旋形，以巧丽相尚……庸大如户，内阁双扉，外结琐牕，障以云母。楼皆旁启，历阶数十级而后入，宛窦诘屈，己居其上，而居黑奴其下。"引自《澳门纪略校注》，第 145 页，卷下《澳蕃篇》。明朝之时，汤显祖谈及澳门的"胡贾"，已经指出他们的特点是"不住田园不树桑，珴珂衣锦下云樯"，其实就是对澳门的城市化生活的描写。见《汤显祖诗文集》，第 427 页。"危楼切高云，连甍展屏翰"（句见明末清初东莞人张穆的诗作《澳门览海》，转引自《澳门诗词笺注·明清卷》，第 11 页）

导　言

中外文化交流的认知阻隔，因而，文化的翻译得以实现的机会大大减少了。

三　黑奴、唐婿与华夷之辨——族群认同的难题

造成文化认知难题的，除了上面论述到的语言以及由语言等衍生的文化空间等问题外，在澳门还有族群差异所引致的问题。澳门华洋杂处，所谓"错杂汉蛮居"，各色人群聚居在弹丸之地，其日常生态大异于内地，故而给到此间游历的人士留下了深刻的印象，足资后人揣摩。①

清人的论述中，对澳门的华夷之辨，其认知过程有着变化。在此，笔者不打算对之进行条缕，因为本节的任务主要是探讨关于族群差异性的塑造对于认知所造成的障碍，而不是探讨族群认同变迁的过程。首先要探讨的是澳门黑人的形象在清朝中文文献中的塑造。有关澳门黑人的历史，前人已有涉猎，本章节无意对相关的研究进行扩展，仅就清人对澳门黑人的族性认知略言一二。②

澳门的人口中包括了不少的黑奴，清人对黑人的概念，是以其肤色作为标准，无论是什么人种，都有可能因为黧黑的肤色而

的城市景观，不仅会带来视觉上的奇特感受，也会带来认知上的障碍，因为空间塑造的方式产生了差异，人们对该空间下展开的文化现象的理解难免会有偏差，而且也无法用过去惯用的"成语"对这样的感知进行表达。

① 李珠光诗作《澳门》中句，载《澳门纪略校注》，第31页，卷上《形势篇》。
② 关于澳门的黑人研究，比较近的成果可参见汤开建、彭蕙的论文《黑人：明清时期澳门社会中的一种异质文化景观》，《世界民族》2004年第2期；以及汤开建、彭蕙的论文《16-19世纪澳门黑人来源考述》，《世界历史》2005年第2期。

被列入黑人之列。① 因此，清人文献中的黑奴（"鬼奴"），指的是中文文献里面所说的黑人，与今天所讨论的人种分类不能完全等同。清朝的文献表明，清人对于西洋人与黑人的各有来源地是有一定的了解的。乾隆初年，王植在其有关澳门的著作中指出，"夷人白黑二种，白者产自西洋，性多黠；黑者出他夷国，类由买掠为奴婢，性愚而悍"。② 在清中前期澳门的多次人口统计数据中，我们没有办法判断黑人到底在人口中占了多大的比例。如1720年的人口数据，仅称澳门有"华人仆役、帝汶人仆役等1178人"，这当中是否包括黑人，不得而知。③ "白主黑奴"之说，大概可以表明"帝汶人仆役"里面就有黑奴。④ 从现有的材料看来，奴仆的数量在澳门的总人口中一度占有很高的比例，18世纪30年代的人口数字表明，当时澳门有5000名各种奴隶，当中自然也包括黑奴。⑤

澳门番人中的仆役，有不同肤色的人群，康熙年间，杜臻赴广东巡视迁海的情况，谈及澳门时提到，"侍童有黑白二种，白者曰白鬼，质如凝脂最雅靓，惟羊目不眴与中国人异；黑者曰黑鬼，绝丑怪，即所谓昆仑波斯之属也。白鬼为贵种，大率皆子弟，黑

---

① 屈大均在《广东新语》中专列了"黑人"一条，指黑小厮"生海外诸山中"，能水者是"昆仑奴"，然后暹罗还出"狇"与"奴团"两种黑奴。可见屈大均对黑人的来源只知其一，不知其二，另外，黑奴名称之多，也说明澳门及广州等地服役的黑人来源地的复杂性。见屈大均撰《广东新语》，中华书局，2010，上册，第233-235页，"黑人"条。

② （清）王植：《崇雅堂稿》，卷二，《香山险要说——复抚都堂王》，见四库全书存目丛书编纂委员会编《四库全书存目丛书》，集部·别集类，第272册，齐鲁书社，1997，第176-177页。

③ 数据见吴志良、汤开建、金国平主编《澳门编年史》，广东人民出版社，2009，第二卷，"清前期（1644-1759）"，第830页。

④ 薛韫《澳门记》语，载《澳门纪略校注》，第26页，卷上《形势篇》。

⑤ 数据引自李长森《明清时期澳门土生族群的形成发展与变迁》，中华书局，2007，第120页。

鬼种贱，世仆隶耳。"① 杜臻的这番论述，颇有以肤色作为品评人群优劣的标准。于是，清人文献中甚或有将黑奴贬称为"鬼奴"的。② 此番态度，也在清人的诗词中有所表述。如果说屈大均的诗句"白黑番奴拥白丹"尚是直陈"事实"的话，③ 那么说黑奴"鸡毛插帽状堪哈"则已有明显的讽刺意味。④

在清朝地方当局颁布的对澳门进行管理的章程中，甚至有专门针对黑奴赊货或者偷窃的条款。乾隆十四年（1749）张汝霖与暴煜条议了《澳门约束章程》12款，当中"赊物收货"与"禁黑奴行窃"两条均是直接与黑奴相关的。⑤

由于对黑奴的评价不佳，甚至有人认为他们只会酗酒，潘有度就说"夷呼中国之酒为三苏。鬼奴岁中所获，倾囊买酒。"⑥ 清

---

① （清）杜臻：《粤闽巡视纪略》，孔氏岳雪楼影抄本，卷二，21a。沈云龙主编，近代中国史料丛刊续编第九十八辑，文海出版社，1983。
② 《澳门纪略》称："其通体黝黑如漆，特唇红齿白，略似人者，是曰鬼奴。"见《澳门纪略校注》，第143页，卷下《澳蕃篇》。其言"略似人者"，隐含着黑人乃非我族类的意味。而张汝霖本人的诗作《澳门寓楼纪事》（之三）也称夷人是"家徒乌鬼多"，见《澳门纪略校注》，第146页，卷下《澳蕃篇》。"乌鬼"，字面的意思指黑奴，不存在理解上的难点。但若考其典故之渊源，则"乌鬼"在唐宋文献中指的是川人祀奉的鬼神名，宋人沈括的《梦溪笔谈》中认为"乌鬼"指的是鸬鹚，见沈括著，张富祥译注《梦溪笔谈》，中华书局，2009，第173页，卷十六，"艺文三·乌鬼考"。郭沫若对此说也持赞同的态度，见氏著《李白与杜甫》之"杜甫的地主生活"，载郭沫若著作编辑出版委员会编《郭沫若全集》，"历史编"第四卷，人民出版社，1982，第401页。如果此说成立的话，那么我们是否可以怀疑，张汝霖引用这个典故的时候，内心里面是否将黑人与乌鬼归为一类呢？毕竟"古典"所指的乌鬼乃非人类的意味是不能忽略的。
③ （清）屈大均：《翁山诗外》，清初刊本，卷十六，第49页，《广州竹枝词》七首之五。
④ （清）李遐龄：《勺园诗钞》卷一，9a，《澳门杂咏》七首之七。
⑤ 《澳门纪略校注》，第92~94页，卷上《官守篇》。
⑥ （清）潘仪增、潘飞声：《番禺潘氏诗略》，光绪刊本，第二册，《义松堂遗稿》，第3页，《西洋杂咏》二十首之六。

人对黑奴的这种看法，大概是与澳门的一些刑事案件有关。大约在 1815 年的时候，代理澳门同知香山知县马德滋谕令"严禁各铺卖酒与黑奴沽饮以杜衅端"：

> ……
> 照得澳门乃夷人赁居之所，内中黑子一种，性尤桀悍，往往买酒饮醉，即行滋事，不可不严行防范。
> 兹本代理分府访有华人，竟敢在澳内开铺，贩买〔卖〕酒食与黑夷沽饮，以致醉后行凶，无所不为。即如秋间西洋夷人殴杀红毛夷人，及因赊殴伤华人甘亚拱等两案，均因酗酒争闹起衅，此其明证……
> ……为此，示谕澳内铺户、地保人等知悉，一切食物生理，仍准照旧买卖，惟不许在澳内开设酒肆，买〔卖〕与黑夷酗饮，及私押物件等弊，致酿事端……①

这份公文的叙事逻辑非常有意思，明明闹事的是"西洋夷人"，而被禁止购买"三苏"的却是黑人，虽然这份谕令是对成例的重申，②但显然黑人在这件事上充当了"替罪羊"。现有的资料没有反映整个事件的经过，我们无法了解黑人是如何成为替罪羊的，但显然人们认为他们惯于酗酒行凶是一个重要的因素。而且这里的"黑夷"之说非常含混，并没有指明什么样的人会被判定为"黑夷"，大概肤色成为了唯一的衡量标准，而他们的来源地、文化背景、所讲的语言乃至于从事的行业等各种判断身份的其他可供选择的标准都被搁置了。这至少说明了清人对澳门族群状况

---

① 刘芳辑、章文钦校《葡萄牙东波塔档案馆藏清代澳门中文档案汇编》上册，澳门基金会，1999，第 22 页。
② 1807 年及 1811 年，香山的官员都曾行文澳门的理事官，要求他们约束黑奴，特别是要对黑奴酗酒闹事的行为进行惩罚。见《葡萄牙东波塔档案馆藏清代澳门中文档案汇编》上册，第 20 页。

的复杂程度没有非常清晰的了解。以肤色来划分人群,是把问题简单化了;而以肤色作评判他人行为的标准,更会造成认知上的局限。比如,以肤色来判断族群归属,然后赋予这些特定人群嗜酒的形象,其实是将族性(ethnicity)等同于文化特质,这种认知取向,在路径上出现了偏差。①

有论者认为,葡萄牙人在澳门蓄役黑奴,在中国人观念里面,与古人役使昆仑奴无异,住澳葡人的作为至少在这个角度看来是"采用了中国的道路"的,因而是符合儒家的观念范畴的。② 其实仅就此点而言,也大有可商榷之处,以笔者所见之唐宋诗词之作,提及昆仑奴的时候,也不会明确地把酗酒等不良习性作为这些人的标签。至若唐人传奇中所言昆仑奴磨勒背负崔生与红绡妓出奔之事,磨勒的事迹被归到了"豪侠"类,显然该昆仑奴是以正面形象示人的。③ 明朝文献中尚称黑奴"性颇忠厚",④ 清初屈大均也说黑人"性淳不逃徙",是故广府的富户多蓄养之看守门户。⑤ 及至清代中后叶,他们就成为了只会醉酒滋事之人,其形象之变化,不可谓不大。笔者以为,排除了个别黑奴行径恶劣以至于造成不良影响的因素以外,这种变化更有可能是反映了清人族群认

---

① 〔英〕斯蒂夫·芬顿(Steve Fenton)著《族性》(*Ethnicity*),劳焕强等译,中央民族大学出版社,2010,第 24 - 27 页。

② Frank Dikötter, *Discourse of Race in Modern China* (London: C. Hurst & Co., 1994), p. 17.

③ 该事见唐人裴铏《传奇》之"崑崙奴"条,载宋人李昉等编《太平广记》,第一九四卷,中华书局,1961,第四册,第 1452 页。

④ 庞迪我、熊三拔奏疏中语,载钟鸣旦、杜鼎克等编《徐家汇藏书楼明清天主教文献》,辅仁大学神学院影印本,1996,第 1 册,第 71 - 139 页,"奏疏"。庞迪我、熊三拔虽然是西洋传教士,但他们对黑奴的评价,与当时明朝其他人的说法并无二致,所谓"其生死惟主人所命"即是写照,语见王士性《广志绎》,卷四,中华书局,1981,第 101 页。何况庞迪我、熊三拔的奏疏,大概是要经过士人润色的,故而也可看作是明人的手笔。

⑤ 《广东新语》上册,第 234 页。

知取向的某些变化。在强调华夷之辨的语境下，对他者的界定是以是否接受了华夏正统的文化为标准的，而在对待黑奴的例子上，我们隐约可以看到，清人对族群划分的标准还加上了肤色一条。结合本书第五章提及的葡澳当局曾一度豁免了专门接待外国人的妓女体检的要求，以示外国人地位优越甚至不易于感染疾病，此种殖民主义的想法，或亦对清人产生了影响，故而笔者认为在对待黑人的问题上大概也有同样的情况。此外，对黑人的指控，也变成了舒缓社会紧张气氛的一条途径，毕竟就社会控制的角度而言，对弱势群体的指控，总比直接把矛头指向社会的强势群体要更容易掌握事态。因此，对澳门社会负有管理职权的香山当局，在葡萄牙理事官擅自处决了一名杀死华人的黑人水手时，沉默以对，形同默许，即有息事宁人的意味。①

相较于黑人的问题，在清代澳门的族群问题中，华洋的对立更为突出。关于华夷之防等论题，由于牵扯太多的线索，不在此处的讨论范围之内。此处仅就中外联姻中的"唐婿"现象进行初步的探讨。

清朝的大部分时间内，对于异族通婚有着非常严厉的禁令，不仅满汉通婚是不被允许的，而且民番、蒙汉通婚也在禁

---

① 该事件发生于1847年，见吴志良等《澳门编年史》第四卷，第1624页。类似的事件早有发生，1712年3月，澳门总督晏多尼就下令把一个杀害了中国人的帝汶黑奴放于大炮炮口上轰死，见〔葡〕施白蒂（Beatriz Basto da Silva）著《澳门编年史：16-18世纪》，小雨译，澳门基金会，1995，第84-85页。与之适成对比的是，当在澳门当船长的葡萄牙人杀害华人以后，葡方拒绝将之交给地方当局审判，并且为了维护"体面绅士"的尊严，把他的刑罚从斩首改为绞刑，行刑的地点也是在澳门，葡方拒绝将之押送广州。见〔葡〕徐萨斯（Montalto de Jesus）著《历史上的澳门》（Historic Macau），黄鸿钊、李保平译，澳门基金会，2000，第110页；以及施白蒂《澳门编年史》，第81-82页。从这两起刑事案件的处理方式，可以看到黑人在澳门的地位之低下。

止之列。① 以是观之，澳门的华洋通婚更是失去了制度上的可能性。但是在澳门这样一个华洋杂处之地，不同族裔的人互为联姻是不可避免的现象。华洋通婚的形态，简单说来，无外乎就是夷男娶唐女，或者夷女嫁唐婿。但这种说法只注意到了婚姻双方的血统，而忽略了其族性地位的其他标准。比如，根据李长森的研究，澳门的华人神职人员有不少跨族通婚的例子，但是这里面有一些人是被葡萄牙人或者土生葡人收养的，因此，其族属上并不是"纯粹"的华人，更重要的是，这些人的父母，无论具体族属情况，基本上都是天主教教徒。② 虽然以天主教神职人员的父母族属来说明跨族通婚的复杂性有过于绝对之嫌，但是这种情况至少提醒我们注意到血统不是判断跨族婚姻的唯一或者至为重要的标准。

华人妇女嫁给"澳夷"的例子非常的多，有意思的是，这种现象在清人的诗作中极少有反映，清代诗文中更多的是对"唐婿"——亦即娶了"夷妇"的华人男子——的现象进行描写，意思就是"唐媳"没有入诗的价值，而"唐婿"则与之相反。这也可以说明文献与其说是在描写现实，不如说是对"现实"的表述。屈大均是较早指出"唐婿"现象的作者，他在《广东新语》中说道："得一唐人为婿，举澳相贺。婿欲归唐，则其妇阴以药鏧黑其面，发卷而黄，遂为真番人矣。"③ 他的这一说法，在后来不少士人的作品中重复出现。如罗天尺的诗作《送家漱公游澳门》中即有"花钱唐塔重，蛮律法王尊"之句，④ 又如张琳《澳门竹枝词》

---

① 金眉：《唐、清两代关于异族通婚的法律比较》，华东政法大学《法学》2006年第 7 期。
② 李长森：《明清时期澳门土生族群的形成发展与变迁》，中华书局，2007，第 84－88 页，"表 5：18 世纪澳门华裔教士"。
③ 《广东新语》上册，第 38 页，卷二，"地语·澳门"。
④ （清）罗天尺：《瘿晕山房诗钞》第五册，第 8 页，转引自《澳门诗词笺注·明清卷》，第 112 页。章文钦认为这首诗应作于乾隆十三年（1748）稍前。罗天尺是广东顺德人。

七首之七也称"莫怪澳中人尽贺,良辰交印得唐儿",其诗注曰"得唐人为壻,则举澳相贺"。① 有论者仅从这些诗歌的表面字句,即判定它们反映了中葡通婚的历史状况,并且阐明"唐壻"受欢迎的种种缘由。② 笔者以为,不可遽下结论,关于这个问题,尚大有可斟酌之处。

诗歌的体裁,决定了"典故"的重要性,罗天尺和张琳的诗作,明显地在用典上依据的是屈大均的《广东新语》。这种"抄袭"的行为,不仅限于诗歌,清人钱以垲作《岭海见闻》,也称澳门番人"得一唐人为壻,则举澳相贺"。③ 钱以垲的书中亦有关于黑人的论述,只是将屈大均《广东新语》中有关的记载略加归纳,随即全文照录。④ 钱以垲于康熙三十九年(1700)任东莞县令,同年屈大均的《广东新语》由木天阁刊印出版,故而钱以垲当时即已看到该部著作的可能性非常大,对该部著作的"借鉴"也因此成为了可能。此当时人撰写著作的风格,在此非为诟病之,不过欲指出史料之"文类"特征。此种情形,与其说这些文献是对历史事实的再现(representation),不如说是对屈大均著作的再现。于是现今的问题是,屈大均的作品是否真的是"实录"以至于后来者认为有可资取材之处呢?

澳门社会虽然是女多男少,但是真正来自葡萄牙本土的女性非常少,17世纪30年代游历澳门的英国人彼得·孟第(Peter

---

① (清)张琳:《玉峰诗钞》,清刻本,卷一五,第7页。张琳是广东顺德人。这组诗歌应是作于嘉庆二十年(1815)稍前,见《澳门诗词笺注·明清卷》,第261页。
② 卢金玲:《明清时期澳门中葡通婚现象初探》,澳门《文化杂志》第56期,澳门特别行政区政府文化局,2005年秋。
③ (清)钱以垲撰《岭海见闻》,程明点校,广东高等教育出版社,1992,卷二,"澳门",第54页。
④ 《岭海见闻》,卷二,"黑人",第59-60页。钱以垲是康熙二十七年(1688)进士,曾任广东茂名、东莞县令,卒于雍正十年(1732)。

导　言

Mundy）说，1637年的时候，澳门只有一位女性是来自葡萄牙的。① 孟第的说法大概比较极端，但也可以证明当时澳门的欧洲白人女性非常少。这种现象持续非常长的时间，以至于在此间的不少葡萄牙人只能从亚裔或者混血人种里面寻找妻妾。② 此种局限，表明"唐婿"所娶的番女，直接来自欧洲的非常少，更加可能的情况是，他们娶的是土生女子或者华人以外的其他亚裔女子。如果是土生葡人女子，她们与华人的婚姻被视为"中葡通婚"尚说得通，但如果是其他亚裔女子，如此定性大概就有点牵强了。对此，清代文献并没有详加甄别，至少在诗歌当中，把所有的这些人群视为"澳夷"，其对澳门族群的复杂性确实缺少了解。

那么，能够让整个澳门的人表示欢欣鼓舞的"唐婿"，又该是什么样的人呢？有的论者认为，澳门女多男少，女性为了解决婚姻的问题，或会选择华人男子为丈夫。个人认为，这要细加甄别。在澳门的女性，很多从事仆役的工作，③ 她们本身没有人身自由，在婚姻市场上没有自主的权利，而且，我们也可以相信，华人与女奴通婚的话，也不会导致"举澳相贺"的盛况。那么，自由的女性又如何呢？她们或许有自主择婿的权利，但事实上，有很多原因阻止了这些女性进入婚姻市场。比如，有的女性因为缺乏嫁妆而只能一直待嫁闺中。澳门的葡人议事会特别拨出经费来解决

---

① Peter Mundy, *Travels of Peter Mundy in Europe and Asia* (London: Hakluyt Society, 1919), vol. Ⅲ, p. 262.
② 关于这一点，前人的研究已经多有陈述，此处不再展开。可参考莱萨（Almerindo Lessa）的《澳门人口：一个混合社会的起源和发展》，澳门《文化杂志》第20期，1994。
③ 1699年，法国耶稣会士傅圣泽（Jean-Francois Foucquet）的记录，当时澳门只有400名"葡萄牙人"，但他们竟养着7000名或8000名妇女。傅圣泽本人此时还没有到过澳门，他的数据应是道听途说得来的，但也可见当时澳门的女性有相当比例是女仆的状况。见吴志良《澳门编年史》第二册，第718页。澳门总督在1715年还特别颁令禁止"妹仔"的买卖，但收效甚微。见阿马罗（Ana Maria Amaro）《大地之子——澳门土生葡人研究》，澳门《文化杂志》第20期，1994。

这个问题，但在很多葡萄牙人（土生葡人）的家庭陷入经济困境以后，此举无疑杯水车薪。除了接收市民的女儿入院接受教育的圣家辣（Santa Claire）修道院外，① 澳门还专门成立了收养孤女的仁慈堂。② 仁慈堂也有相应的经费保障，但仅能维持日常开销，无法支付这些孤女的嫁妆。③ 于是，澳门议事会于1718年又再次就关税的分配颁布命令，规定仁慈堂经费的结余用于给孤女们购买嫁妆。④ 当这项进款依然不足时，孤女们只能求助于议事会，如1727年，仁慈堂收容所的三位孤女请求为其置办嫁妆，她们分别是议事会前任法官之女、议事会前任官员之女和一个市民的女儿，最后，议事会只是选择了前任法官之女，为她置办嫁妆。⑤ 这些女子出身的家庭已非赤贫之列，但依然无力置办嫁妆，则她们在婚

---

① 澳门议事会与该修道院于1693年签订了协议，每年议事会收益的1%拨归该院，条件是该院每5年接收一位市民的女儿。见吴志良等《澳门编年史》第二册，第704页。

② 仁慈堂孤女院正式成立于1726年9月，但其在收容孤女方面的运作至迟在1690年代就已经开始了。见吴志良等《澳门编年史》第二册，第865页。

③ 1704年，澳门议事会决定提高海关税率，用于分给仁慈堂及圣家辣修道院。见吴志良等《澳门编年史》第二册，第734页。

④ 吴志良等《澳门编年史》第二册，第811页。关于孤女嫁妆的数目，笔者只见到了零星的数字，如1722年时，孤女科蒂尼奥（Mandalena Coutiniho）结婚时，仁慈堂主席贾修利（D. João de Casal）主教给她的嫁妆是白银200两。见吴志良等《澳门编年史》第二册，第836页。这个数字有些让人吃惊，因为在1726年仁慈堂孤女院正式成立时，该年的经费仅有406两，这一年收容的孤女与寡妇共30人，每人每月的开销仅4钱银子。虽然仁慈堂与仁慈堂孤女院不能等同，但无论如何，这个例证说明了当时嫁妆负担是比较沉重的。见吴志良等《澳门编年史》第二册，第865页。

⑤ 吴志良等《澳门编年史》第二册，第868页。除了由议事会出面解决孤女的嫁妆问题，澳门的一些富商也会专门捐资用于此项开销，如1718年，澳门富商华猫殊（Manuel Favacho）去世，"将遗产留作本城20位孤女的嫁妆"。见吴志良等《澳门编年史》第二册，第813页。1731年，获议事会提供嫁资的圣家辣修道院的修女人数增至40名。见吴志良等《澳门编年史》第二册，第884页。即使如此，每年获得议事会拨款或富商捐资而能出嫁的孤女人数也是很有限的。

姻市场上之"滞销",亦可想见。或曰,大概就是因为她们不容易寻找丈夫,所以华人也成了一个重要的选择。问题是,她们的首要选择依然是"葡萄牙人"。而且,尽管孤女们的条件不算优越,但是只要有了嫁妆的"保障",她们还是很有机会找到"葡萄牙人"丈夫的。因为当时的澳门,也有很多"葡萄牙人"找不到妻子。1718年的时候,葡印总督梅内塞斯给澳门议事会下令:

> 鉴于我获悉澳门城市衰落的原因之一是缺少葡萄牙居民,而这种现象源自符合结婚条件的很多女人大部分当了修女;为避免这一损失,我下令,鉴于澳门修道院教徒人数已满,不得再接收妇女为修女,命令她们与居住在澳门的葡萄牙男人结婚,以此克服该市市民不足的问题,有利于繁荣贸易和扩展土地;澳门总督和议事会必须执行此项命令,不得违反。①

葡印总督此言,不知所出何据,也许他这样说只是为了节省教会的开销,特别是控制澳门的修道院规模。但至少说明,"符合结婚条件的女人"还是相当有市场的。而华人只有娶到了这些"符合结婚条件的女人"才能"举澳相贺"吧。

为什么说华人不是那些"符合结婚条件"的女人们的首选对象呢?因为横亘在"澳夷"与"华人"面前的最大障碍,不在于嫁妆等问题,而在于宗教上的差异。作为天主教徒,要缔结合法的婚姻,在当时而言,对象必须也是天主教徒。澳门的"葡萄牙人"居民,绝大多数都是教徒,按照1700年的人口数据,当年澳门2万多人,几乎全是教友,"因为不入教者仅为5%"。② 这里的2万多人,当是指在澳门议事会管辖下的人口,因为如果把华人人

---

① 吴志良等《澳门编年史》第二册,第808页。
② 莱萨:《澳门人口:一个混合社会的起源和发展》,澳门《文化杂志》第20期,1994,第131页。

口也考虑进去的话，那么教徒的比例不可能这么高。无论如何，当时清人眼中的"夷妇"大部分是天主教教徒应是不争的事实。17世纪末到18世纪初期，也就是屈大均的《广东新语》成书前后这段时间，澳门的天主教女信徒如果与非教徒缔结婚姻，会受到严厉的惩罚。1668年，澳门教区判处一名葡萄牙妇女入狱，原因是"她跟一名鞑靼士兵同居"，后来，这名妇女被清朝士兵带领同伙劫狱救走了。"同时，城内一位要人的女儿随异教徒逃往中国"。① 可注意的是，在时人的论述中，那位被判入狱的葡萄牙妇女与"鞑靼士兵"是"同居"，表明他们的关系是不被祝福的，"举澳相贺"自然是无从谈起了。要与这些"葡萄牙妇女"结婚，华人男子必须是天主教教徒。② 这些人可能是从小就入教的，比如被葡萄牙人收养的华人，又或者虽然父母俱是华人，但本人可能因为宗教信仰的归属而被认同的华人，这些华人有澳门本土的，③ 也有来自内地的。澳门本土的进教者往往被清朝地方当局认为是比较接近于"夷人"的习性。张汝霖在乾隆十一年（1746）的《请封唐人庙奏记》中称："其唐人进教者约有二种：一係在澳进

---

① 〔西班牙〕闵明我（Domingo Navarrete）著《上帝许给的土地：闵明我行记和礼仪之争》，何高济、吴翊楣译，大象出版社，2009，第180-181页。
② 我们看到一个"特例"，一个叫林六的人，其父亲从福建到澳门经商并加入天主教，但在林六三岁时已去世。林六成年后娶了澳门葡人安多尼的女儿方济各为妻，乾隆十一年（1746），林六皈依天主教，教名多默。照此叙事逻辑，林六娶妻当在入教之前，但这是林六在被当局抓获以后单方面的说辞，值得存疑，如果教会方面的登记材料能加以佐证，才可确定其入教与结婚孰先孰后。无论如何，哪怕林六是在婚后才入教，其父亲亦是天主教教徒对他在澳门的婚姻应是有影响的。见中国第一历史档案馆、澳门基金会、暨南大学古籍研究所合编《明清时期澳门问题档案文献汇编》（一），人民出版社，1999，第343-344页，《两广总督李侍尧等奏报拏获在澳门入天主教之林六拟罪折》。
③ 例如澳门耶稣会修士范有行（Pascoal Fernandes Fan）的父母皆为华人，他是澳门本地人。见〔法〕荣振华（Joseph Dehergne）著《在华耶稣会士列传及书目补编》，耿昇译，中华书局，1995，第214-215页。

教；一係各县每年一次赴澳进教。其在澳进教者，久居澳地，集染已深，语言习尚渐化为夷。但其中亦有数等，或变服而入其教，或入教而不变服，或娶鬼女而长子孙，或藉资本而营贸易，或为工匠，或为兵役。"① 可见入教与娶妻生子是密切关联的。张汝霖本人就举例说有一个"周世廉蕃名哊哆哠咽嘀哋，又呼卖鸡周，俨然为夷船之主，出洋贸易，娶妻生子。"② 这位"卖鸡周"皈依天主教并娶妻生子，虽然我们不清楚他的妻子究竟何等人士，但既然这里如此郑重说明，大致认为他的妻子是天主教徒甚或是"夷女"，当亦不谬。

由是观之，笔者怀疑"举澳相贺"者，非唯有一个"剩女"终于出嫁之故，而是"澳夷"为有了更多的华人皈依天主教而感到鼓舞。康熙元年（1662），清廷颁布"迁海令"，康熙六年（1667），清廷宣布澳门葡人须内迁。③ 嗣后，澳门葡人以银钱的代价换取了免于迁界并能继续外海贸易的权益。④ 由于澳门腹地的居民均被迁徙，而且外贸全面受阻，澳门的境况一落千丈，整个城市的生活非常窘迫。在这样的情形下，女性的婚姻更形艰难，而如果有入教华人愿与之缔结婚姻，则意味着有可能获得一部分的资源舒缓困境，"举澳相贺"者，或源于此。关于《广东新语》的成书年份，学界有不少争论，⑤ 无论是何种说法，其搜集素材及撰

---

① 《澳门纪略校注》，第 81 页，卷上《官守篇》。
② 《澳门纪略校注》，第 81 页，卷上《官守篇》。
③ 吴志良 等：《澳门编年史》第二册，第 603 页。
④ 吴志良 等：《澳门编年史》第二册，第 605 页。
⑤ 如南炳文撰文反驳了汪宗衍所持的《广东新语》成书于康熙十七年（1678）之说，认为该书应是在康熙十九年（1680）至康熙二十六年（1687）之间。见氏著《〈广东新语〉成书时间考辨》，《西南大学学报（社会科学版）》，第 33 卷第 6 期，2007 年 11 月。相关的争论可参见赵立人《〈广东新语〉成书年代与十三行》，《广东社会科学》1989 年第 1 期；又可参见吴建新《〈广东新语〉成书年期再探》，《广东社会科学》1989 年第 3 期。赵说认为《广东新语》成书于康熙十六年到康熙十七年之间，吴认为应是在康熙二十六年，直到这一年，屈大均仍然在继续《广东新语》的撰写。

写的时间，大部分都是在迁海期间，则屈氏所言，其依据的"史实"或即如是。不过，屈大均把一个入教的问题及经济纾困的问题转化为了纯粹的族群对比的问题，其所言之事实，由是转为了"表征"，因为我们毋宁说屈氏所言是反映了他看问题的角度而非对澳门的社会现状的"实况转播"。后来者采纳了屈氏之言，固然是因为澳门的婚姻形态中，确实有"唐婿"的一席之地，但也可见他们认同了屈大均的问题视角，于是清人对澳门文化的表述，在一定程度上成为了一种固定的模式。①

事实上，根据我们掌握的一些材料，华人娶"夷女"的个案要比"番人"娶"华妇"的个案少得多。② 正如我们一开始指出的那样，清人以血统来作为族群划分的标准，是忽略了澳门的族群复杂性。在澳门，"夷人"更多地是以宗教的归属作为族群认同的首要标准，所以我们看到有的华人夫妻，因为入教以后都改了葡文的姓名，其实已经被看作是"葡萄牙人"了。③ 上引张汝霖的

---

① 笔者没有否认在开海贸易之后，当澳门的境况好转之时，依然可能出现"举澳相贺"的场面。但那时的语境将会发生变化，从"礼仪之争"到雍正禁教，以澳门为核心的天主教在华传教事业举步维艰，这个时候，如果有条件较优越的华人入教且娶"夷女"为妻，也是对澳门天主教教徒的一种"鼓励"。但较之屈大均的时代，"唐婿"的话题更多的是与传教事业相关了。关于这一点，我们需要更详细的统计数据，特别是教堂的婚姻登记档案来说明。如果没有这些材料的佐证，这些说法只能永远停留在猜测的层面上。

② 据李长森《明清时期澳门土生族群的形成发展与变迁》一书引用文德泉神父整理的数据，1777－1784 年澳门大堂区的婚姻登记数据表明，华人而娶"夷女"的，只有一例（共有十八例），而且这一例娶的是一个寡妇，我们不清楚这位寡妇的身份，但既然她之前嫁给了一个葡萄牙人，那么她也应该被视为葡人中的一员了，但她寡妇的身份，也许会使她的择偶标准有所改变，因此，这唯一的例子既有典型性又不能完全说明问题。见该书第 100－103 页。另据同书第 105－110 页的表格，1822－1870 年凤顺堂的婚姻登记材料表明，在此期间华人教徒与"葡萄牙人"的婚姻增多了，但数量上还是要远少于"葡萄牙人"娶华人女子的案例，而且，这当中还包括了来自南美及墨西哥的华人，他们大概更是"语言习尚渐化为夷"了。

③ 李长森：《明清时期澳门土生族群的形成发展与变迁》，第 104 页。

导　言

奏报中提到的周世廉，也有葡文的教名，并且娶了"夷妇"，在葡人的族群认同中，他应该是被看作是当中的一员了。

回过头来看屈大均的陈述，如果一名华人男子要抛弃澳门的家人回内地，他的妻子就会用染料把他的肤色染黑，让他看起来就真的像"番人"一般，于是，他就没有办法返回内地了。这个故事非常有趣：它其实是反映了清人族群认同的一个非常重要的标准——肤色，亦即是血统的至关重要。而在澳门，相信"澳夷"哪怕真的有这种"换肤"的灵药，也不会随意尝试的，因为"黧黑"的肤色，与黑人相类，非"葡萄牙人"所乐见，而如果这名妻子真的这么做的话，那么她很可能本身就是一个深色人种的女子，那么出身于高门第的可能性就会较少，于是，"举澳相贺"又落空了。屈氏此言，竟有反讽之妙处了。屈氏的时代地方政府对华人进教娶妻的现象作何种处理，现有文献没有非常明确的规定。迨至乾隆年间，禁教令已下，但面对澳门的局面有处理的难题，如果不允许那些在澳门娶"鬼女"为妻室的华人男子携眷回籍，"似觉非情"，香山当局曾建议：

> 其未经娶有鬼女，又无资本与夷人合伙，但经在澳进教、自行生理者，不论所穿唐衣、鬼衣，俱勒令出教，回籍安插；其但有资本合伙，未娶鬼女者，勒限一年清算，出教还籍；其娶有鬼女、挟资贸易，及工匠、兵役人等，穿唐衣者勒令出教，穿蕃衣者勒令易服出教，均俟鬼女身死之日，携带子女回籍。①

如果这条奏报得到了切实的推行，那么娶了夷人妻子的华人相应地等于获得了"护身符"，估计这也是部分人入教娶妻的"动力"所在，毕竟这样可以保障他们在澳门的产业与生计。而到了这条政令提出的年代，澳门的"番妇"也就更没有必要动用"换

---

① 《澳门纪略校注》，第 82-83 页，卷上《官守篇》。

肤"的药剂了，毕竟从政策的层面上而言，她们的丈夫在她们有生之年被迫返回内地的可能性会大大降低。张汝霖的奏报还有一点值得注意，"鬼女"进入内地恐怕会将天主教"传染"内地，但她们所出之子女是可以随父亲返回内地的，这是以父系的血缘作为族群划分的标准，比单纯的以血缘划分在范围上要更为收缩了。并且，父亲的血统具有了仪式上净化的功能，如此其子女才能被认为在文化上是没有传染性的。又，从张汝霖的奏报中我们也没有看到关于华人女子入教及嫁给"澳番"的处理方案，① 说明对族群的"纯洁性"的维护，关键是以父亲的谱系作为支撑。这样一种划分的标准，忽略了一个问题，那就是这些"华夷"通婚者的后代，在族群认同上的自我定位。服饰确实是划分人群的一个标准，乾隆九年（1744），澳门议事会颁布法令，规定除"葡萄牙人"外，本地人禁止戴假发和使用纸伞，否则罚款白银10两。当即有土生葡人对此表示抗议，因为他的母亲有葡萄牙人的血统，他一向自视为葡萄牙人。最后，果阿方面在收到了众多与葡萄牙人联姻的澳门人的抗议以后，裁决澳门议事会无权作出这样的规定，此事遂寝。② 这个案例说明，葡萄牙人在确认族群的时候，母

---

① 清政府针对华洋通婚的规定，多是规范华人男子出洋娶妻的行为的，对华人女子的涉外婚姻鲜少提及。乾隆十九年（1754）清政府颁令："至无赖之徒，原系偷渡番国，潜住多年，充当甲必丹，供番人役使，及本无资本，流落番地，哄诱外洋妇女，娶妻生子，迨至无以为生，复图就食内地，以肆招摇诱骗之计者，仍照例严行稽查。"见昆冈等撰，光绪《钦定大清会典事例》，光绪刊本，卷630，6a，"兵部"之"绿营处分例·海禁二"。

② 〔瑞典〕龙思泰（Anders Ljungstedt）著《早期澳门史：在华葡萄牙居留地简史、在华罗马天主教会及其布道团简史、广州概况》，吴义雄、沈正邦、郭德焱等译，章文钦校注，东方出版社，1997，第67页。果阿的因素是研究澳门的中外关系史要关注的重要方面，果阿的葡萄牙总督对这件事情的干预，除了"主持正义"的考虑外，显然还有当地的贸易利益。故而，这也是澳门的中西交往的一大特色所在，表面上的双边交流实际上牵涉了更为多元的关系。这也可以看作是"全球化"进程的必然境况吧。

系的血统也可以作为标准。而可堪注意的是,澳门议事会的该项规定颁布的时间,仅比张汝霖的奏报稍早了两年,说明当时澳门的社会确实面对比较大的族群对立问题。① 澳门的葡萄牙人和香山地方政府的处理方法在表面上都是力图以规定特色的服饰来区分人群:华人须穿着唐装、葡萄牙人才能戴假发等。清朝此举是为了杜绝华人入教,而澳门的葡萄牙人议事会则是为了保障葡萄牙人的优越性,这正好说明当时澳门的族群混杂情况由于糅合了血统、宗教等多方面的因素而显得非常复杂。

要言之,清人在对澳门的族群认知上,仅以血统(肤色)作为标准,② 忽略了澳门社会的族群复杂性:当地至少存在着肤色—宗教双轨并行的族群认同取向。即以"肤色"而言,清人与"澳夷"对黑人的认知并非建立在同一平台上。至若"唐婿"的现象,清人以"华夷"二元对立的观念视之,则以尊"唐婿"来实现对"澳夷"的"贵女贱男"怪现象的强调,③ 于是"唐婿"所蕴涵的复杂认同建构过程被完全忽略了。这种族群认知上的二元对立的思维方式,直到清代后期依然保留了下来。清人要么认为"族混华夷患易留",④ 要么说澳门的土生葡人"发睛黑似吾华种,已改

---

① 除了规定服饰的特权外,澳门的葡萄牙人议事会还改革了葡人居留地内的居留条例。禁止葡人向华人出租房屋店铺,经营食品者和手艺人除外。另外还在葡人居住区与华人居住区之间修建围墙,阻止华人进入。见施白蒂《澳门编年史》,第139页。这说明葡人方面对于族群混杂的状况,也有着顾虑。

② 根据美国历史学家柯娇燕(Pamela Kyle Crossley)的研究,满洲人将血统作为族群认同的重要标准的看法并非自始就有的,在满洲人入关之前,他们在血统上与汉人、蒙古人、朝鲜人等都有混杂,入关以后,为了保持其统治的整体性及满洲人的优越性,他们才就满洲人的统治权的来源创造了"神话式"的传说,并据以说明满洲人的独特性。见 Pamela Kyle Crossley, *A Translucent Mirror*: *History and Identity in Qing Imperial Ideology* (Berkeley, Los Angeles, London: University of California Press, 1999), "Introduction",特别注意第47–49页的相关论述。

③ 关于这一点,参见本书"'女婚姻男嫁'与'贵女贱男'"一章。

④ (清)陈燮畴:《补山山人诗草》,光绪刊本,卷三,第4页,《澳门》。

葡萄属汉家"。① 无论是对民族混合的忧虑还是乐观的情绪，都是建立在"华夷之辨"的认知基础上。② 就族群的问题而言，清人对"澳夷"的认识，更多的是通过以已有的话语进行表述的方式来实现的，于是，所谓的新知或者更多的是旧闻的另外一种再现而已。从族群认知的问题上，我们也可以看到对澳门的观察在当时的话语系统下，是难以实现"桥梁式"的互相理解的。

澳门作为一个文化交往的空间，往往被看作是西方文化进入中国的窗口，由于强调了交往的"世界性"，难免会忽略了空间的

---

① （清）潘飞声：《说剑堂集》，光绪刊本，卷一，第18–19页，《澳门杂诗》十二首之四。潘飞声的这组诗歌当作于光绪三十四年（1908），见《澳门诗词笺注·晚清卷》第188页。潘飞声从混血人种的发色及眼睛的颜色判断，认为他们已经属"汉家"了，这也是仅从血统的角度考虑，而忽略了该等人士自我认同及民族混合复杂性的一种认知表现。

② 此处华夷之辨的基础很大一部分是建立在血统上的，而儒家的正统与蛮夷文化的对比，虽然也是该种话语体系的构成部分，但就权力的实际操作层面而言，我们看到，清朝在澳门的一系列政令，更为注重的是维护华人血统的"纯洁性"而不是为了推广教化。话语内涵转换的过程是如何实现的，并非本文要讨论的话题，应留待方家指正。就澳门的中西交往而言，笔者认为从康熙时期开始逐渐凸显出来的对族群差异中的血统标准的关注（黑奴和唐婿的话题均是很好的注脚），恰好印证了柯娇燕所提出的观点。不过柯娇燕更注重的是满洲人如何在观念层面塑造这样的认同标准，而本文的重点则在于说明该种认同标准的塑造，会造成族群认知上的差别。而且，二元对立的思维方式，造成了所谓"中间性"（betweenness）在族群认同上的困境，柯娇燕已经批评了史景迁（Jonathan Spence）在该问题上所持的"中间"文化的看法。见 Crossley (1999), p. 49. 史景迁的相关论述见陈引驰、郭茜等译《曹寅与康熙：一个皇室宠臣的生涯揭秘》（*Ts' ao Yin and the K' ang – his Emperor; Bondservant and Master*），上海远东出版社，2005，第53–58页。笔者认为，在澳门的族群混合问题，也不能简单地视为"融合""平衡"，作为对本导言开始部分的回应，我们看到，"桥梁""门户"乃至于"窗口"等说法的症结正在于依然是用了二元对立的观念看待文化交往的问题，或者以为文化的交往只是双方在一定轨道上的遭遇，由此可能忽略了文化交往的多种可能性。比如，就族群的认知而言，由于话语系统的差别，清人与在澳门的"葡萄牙人"就该问题的诠释大相径庭，所谓"融合"，至少在观念（ideology）层面并没有达成。

本土性。亨利·勒费弗尔（Henri Lefebvre）说过，"我们面对的不是一个社会空间而是很多个——事实上，我们通常所说的社会空间（social space）是无限多元化且数之不清的社会空间（social spaces）的整体。在生长与发展的过程中，没有空间会消失不见：*世界的（worldwide）不能抹杀本土的（local）。*"①在观察澳门的中西文化交流时，我们也要关注本土文化对所谓交流的反映。并且，笔者认为，空间的建构不仅包括社会空间，也包括了认知的空间（cognitive space），在认知过程中，心理的建构起着重要的作用，而语言则是表达这种心理活动的工具以及重要的动力来源。②作为符号表述系统的语言，对于其他符号系统的内容"一言难尽"是非常常见的现象。在导论及由笔者执笔的章节中，对清仁诗歌的分析正好表明语言在文化认知上的障碍作用。德里达认为西方的形而上学传统阻碍了对字词含义的理解，③清诗的创作对典故的运用，也有类似的问题。于是，文本的涵义变得不完整，其表述也含混不清，以这样的文本来探讨澳门的中外关系，其实是在讨论表征的问题。因而，在文本的层面而言，对清代澳门的中西文化交往，也许不能仅强调其融通的方面，也要看到认知上的障碍。

---

① Henri Lefebvre, translated by Donald Nicholson – Smith, *The Production of Space* (Oxford: Blackwell Publishing, 1991), p. 86. 斜体由原作者添加。

② Jeffery Elman, "Language as a Dynamical System", in Robert F. Port and Timothy van Gelder eds., *Mind as Motion: Explorations in the Dynamics of Cognition* (Cambridge: Massachusetts Institute of Technology, 1995)。关于语言与认知问题的研究，有着比较广泛影响的，是福柯的《词与物》（*The Order of Things*），见 Michel Foucault, *The Order of Things* (London and New York: Routledge, 2004), pp. 46 – 49。

③ Jacques Derrida, translated by Alan Bass, *Writing and Difference* (London and New York: Routledge, 2002)。德里达批评了福柯的"客体性"方法，认为如此进行将导致字词的含义（meaning）无法为人们所掌握，该书第 76 页。他还谈到了语言对表征的重复及延续性等，见该书第 316 页。凡此种种，皆会引致语言上的认知困难。

在全球史兴起的浪潮中，有的历史学家倾向于认为文化的交往导致了人类现代社会的差异在逐渐减少。[①] 而事实上，我们在清代澳门中西关系中观察到的现象是，新的差异在不断地酝酿产生。这也导致了研究中的难题，在因果关系的阐释过程中，研究者明明追踪的是某个现象的源流，但最后却发现自己面对的是另外一种现象。如果文化是可以再生产的话，那么澳门的中西关系一直在生产出不同的图景，而如果沿用固有的规范（norm）去表述这些图景，无疑是会导致观念层面上的南辕北辙。也许，对于"交往""融合""相遇"等话题，我们需要超越过往的表述所造成的曲解的路径。本书的作者们，正是在此目标下完成了各自的写作任务。

本书的撰稿者周湘、李爱丽、江滢河、蔺志强均是中山大学历史系的教师，其中周湘与李爱丽是澳门科技大学的兼职教师。本书为澳门基金会、澳门科技大学的"澳门在全球化和东西方文化交流中的历史地位、独特作用与现实意义"项目之子项目"澳门在东西方文化交流过程中的缓冲与屏蔽作用"的成果。

---

① 〔美〕柯娇燕著《什么是全球史》，刘文明译，北京大学出版社，2009，第110-112页。

近代早期中英关系中的澳门因素

——以1793年马戛尔尼使团和1816年
阿美士德使团为中心

江滢河

中葡关系是澳门历史最基本的双边关系,但是随着葡萄牙殖民势力的不断衰落,随着荷、英等海上强国的先后东来,澳门所包含的中西关系内容就日益丰富繁杂,双边关系中日益凸显出多边的色彩,逐渐体现出全球化的特色。

澳门作为鸦片战争之前西方世界在中国沿海唯一的"租借地",不论是在中西经济交往、文化交流和外交关系等方面都起着重要的作用。以中英关系为例,英国对华贸易的发端是从澳门开始的。18世纪,英国逐渐发展成为世界上地域最广、影响力最大的帝国,由于英国在全球控制的地域非常广泛,深刻地影响着世界全球化进程的演变。19世纪初,英国在远东的势力扩展在与其他殖民势力竞争的过程中得到了长足的发展。这种发展,使得大英帝国的全球扩展态势在南中国海与中华帝国相遇了,而澳门正是这种相遇的首当其冲的地方。

17世纪英国开始对华贸易,18世纪英国已经成为了最重要的对华贸易国,英国政府和商人逐渐明确地认识到澳门在中英关系中的重要地位。他们通过东印度公司拓展对华贸易,对澳门的觊觎之心愈演愈烈,在鸦片战争之前先后有过三次武力图谋。虽然这些行动最终都没有得逞，但其间所透射出错综复杂的中、英、葡多边关系的互动非常值得关注。可以说中英关系从一开始就和澳门发生着密切的联系，从英国在全球的扩展来看，他们对澳门的兴趣绝不局限在澳门，这可以从1793年（乾隆五十八年）英国大使马戛尔尼（George Macartney）和1816年阿美士德（William Pitt Lord Amherst）访华的过程中非常明显地体现出来。马戛尔尼使团在赴京的行程中刻意"绕开"澳门，但是澳门始终是使团在华期间不能忽视的重要地点。1816年阿美士德使团以"中国通"为使团主要成员，力图在最熟悉中国事务的基础上实现中英外交关系的转变，但最终却失败。

本文意在通过论述1793年马戛尔尼使团和1816年阿美士德使团来华的若干史实与澳门相关者，以探讨澳门作为"衔接两个世界的缓冲地"[①]在18世纪末中英贸易和外交关系中所起到的独特作用，以认识在全球化进程中，在东西贸易体制和外交观念巨大差异的前提下，澳门自身的历史发展是如何体现从华夷之辨到平等外交的缓慢过程的。

一　1793年马戛尔尼使团与广州—澳门贸易体制

广州是有着优良外贸传统和基础的南中国沿海的通商口岸。15世纪末新航路开辟以来，随着葡萄牙人的东来，更使广州成为中国最先迈入全球化进程的口岸城市，尽管当时广州并非西方船只在中国的唯一目的地。到了18世纪中叶，来华的欧洲船只基本上把贸易地固定在广州的黄埔港，而乾隆二十二年（1757），清政府的限定广州一口通商，更确立了以广州口岸为中心的所谓的

[①]〔法〕佩雷菲特：《停滞的帝国——两个世界的撞击》，王国卿等译，三联书店，1993，第51页。

"广州贸易体系"(the Canton System)。在这种贸易体制下,粤海关负责征收关税,十三行负责同外商贸易并管理约束外商,黄埔是各国来华商船的停泊场所,澳门则逐渐成为了来粤贸易的各国商人的共同居留地。因此,在清代夷务管理体制和对外贸易体制中,澳门被清政府纳入了广州口岸的外贸体制之中,澳门与十三行、粤海关、黄埔共同组成了清代广州贸易体制的四个重要环节。1793年,英国马戛尔尼使团来华,直接的目的就是解决围绕着广州口岸的中英贸易上存在的各种问题,不可避免地与澳门产生了密切的联系。

1. 使团"绕开"澳门

根据清朝夷务管理体制,英国属于"粤道贡国":"入贡道路,例按海洋远近,分隶沿边各省,宗伯掌之。由广东入贡者,惟暹罗、荷兰、西洋所属意大里亚、博尔都噶尔雅,以逮英吉利诸国",[①] 其使臣来华"朝贡"有着明确规定,具体而言,即经澳门报聘,循珠江水道从广州登陆,由广东官员向北京朝廷汇报贡使有关情况,在得到皇帝批示后,再由广东地方官委员伴送,直抵北京宫廷。但是根据英国东印度公司的指示,1793年马戛尔尼使团船队并没有经由澳门和广州,而是直接航行到天津,由天津登岸赴京。

马戛尔尼使团船队绕开澳门和广州是蓄谋已久的,英国东印度公司驻广州特别委员会是其最重要的推动者。1777年,早在马戛尔尼使团出使之前,四位从事中国贸易的英国商人就曾经要求英国东印度公司循外交途径解决当时广州行商的"夷欠"问题[②],他们在联合起草的一份文件中指出:"经过充分的考虑和仔细的斟酌,我们觉得不可能从中国地方当局的审判中获得赔偿,除非我

---

① (清)梁廷枏:《海国四说·粤到贡国说》卷一,中华书局,1993,第164页。
② 夷欠,又称"商欠"或者"行欠",是指广州十三行行商欠外国商人的债务。

们能以适当的方式把怨情上达给北京朝廷。"① 之后，他们向东印度公司请愿，并附上备忘录，备忘录中说根据设想的中国政府的公平原则，尤其是根据中国政府最近解决倪宏文债务的谕令，我们认为如果把债权人的屈抑情形上达给北京朝廷，债务就一定能得到赔偿。备忘录指出由于广州地方官吏和行商的腐败，通过他们递交文书是不可能的。因此建议由英国皇室任命一名政府官员，乘坐国王船只，从印度开往天津和北京，在帝国的朝廷里解决事务。备忘录最后指出，法国人最近在广州设立了领事，他们与葡萄牙人谈判以转让澳门，他们已经向巴黎要求获得政府的支持来讨还债款。因此，法国政府很可能派遣使节访华，去获得有害于英国的特权。②

1792 年 3 月，英国政府准备派往广州向清政府通报消息的几位东印度公司专员，建议马戛尔尼使团以礼物体积过大，机器不便于从广州长途跋涉至北京为理由，请求在天津上岸。7 月底，马戛尔尼建议除非接到英国东印度公司驻广州专员们的急信劝告改道，否则特使要按原定计划直接前往天津。③ 1792 年 10 月，英国东印度公司秘密监督委员会向广东巡抚郭世勋和粤海关监督盛柱汇报了英国派遣使臣来华的事情，并转交了英国东印度公司给两广总督的信，信中称特使将携带英王赠送给乾隆皇帝的礼物，这些礼物体积过大，机器灵巧，从广州长途跋涉到北京，恐怕路上招致损伤，大使将在距离北京最近的天津港上岸，信中请求广州地方官"把这个情况转呈北京，恳祈皇帝下谕在特使及其随员人

---

① *Macartney Correspondence*, II, No. 2, *Macartney Documents*, Ⅶ, document on Dec. 17, 1777, Cornell University Library.
② Pritchard, *The Crucial Years of Early Anglo‐Chinese Relations* (Washington: Pullman, 1936), pp. 204 – 205.
③ Pritchard, *The Crucial Years of Early Anglo‐Chinese Relations*, pp. 285 – 286.

等到达天津或者邻近口岸时予以适当的接待。"①

乾隆皇帝在接到广东巡抚郭世勋的奏折后，于1792年12月3日同意了英国人的请求，并向沿海各省官员发出谕旨，命令各地高规格接待英国使团："阅其情词，极为恭顺恳挚，自应准其所请，以遂其航海向化之诚，即在天津进口赴京……海洋风帆无定，或于闽浙、江苏、山东等处近海口岸收泊，亦未可知。该督抚等，如遇该国贡船到口，即将该贡使及贡物等项，派委妥员，迅速护送进京，毋得稍有迟误。"②

从谕旨可以看出，乾隆皇帝一开始对英国特使来华是抱着欢迎的态度的，不仅破例允许他们在天津登岸，即使在闽浙鲁等口岸登岸也一律允准，事先还要求各地方官做好迎接工作。

于是，马戛尔尼大使本人的确"绕开"了澳门，但这并不等于使团其他成员在澳门无所作为，澳门是马戛尔尼大使行程中不能忽视的重要信息来源地。

使团到达珠江口后，6月20日，副使斯当东（Geroge Stanton）、特使秘书马科斯威尔（Maxwell）和"印度斯坦"号船长马金托什（Captain Mackintosh）乘"豺狼"号和"克拉伦斯"号到澳门与英国东印度公司的专员们会晤。在澳门，斯当东不仅同专员们互相来往，听取汇报和意见，专员们向斯当东汇报了英国东印度公司近期在中国的活动和工作情况，并为大使提供了他们所获得的关于中国朝廷和广东地方政府的详细报告，还建议向马戛尔尼提供12000元现金。斯当东谢绝了东印度公司提供的现金，他认为使团已经有足够的资金到达北京。接着，专员们告知斯当东荷兰驻粤大班范罢览并没有反对英国使团的活动，不过他们认为，

---

① 〔英〕斯当东：《英使谒见乾隆纪实》，叶笃义译，上海书店出版社，1997，第38－39页。
② 《清实录·乾隆朝》，中华书局，1986年影印本，第21048页。

欧洲各国多多少少对英国存有嫉妒心。斯当东还与在澳门的各国大班和传教士频繁接触,他从意大利传教士那里获悉两个情况。其一是葡萄牙人害怕英国人获得另一个贸易基地后会造成澳门的衰落,他们正阴谋反对英国使团,"英国和葡萄牙长期以来亲善相处,在这次访问中本来希望得到此地葡萄牙人的协助的。但特使从可靠来源得到消息说,葡萄牙人过去想把所有其他外国人排挤出中国的观念现在迄未稍减。"① 其二是清朝广东官员和行商们也担心广州的贸易会转向其他口岸。在澳门期间,斯当东受到西班牙大班头目阿高蒂(Senor Agote)等人的友好接待,他们不仅热情为使团提供情况,而且还送了英国人一张澳门地图和一张珠江河道图。②

广东地方官员对此并不知情,广东巡抚郭世勋和粤海关监督盛柱的奏折中只是说:

> 据洋行商人蔡世文等报称,接英吉利国驻澳大班札称,五月十三日(即6月20日)未刻,有本国国王所差贡船同护送船共4只,经由澳门口外老万山大洋托寄口信,乘风随即扬帆天津等情。③

就在此时,马戛尔尼使团的重要成员正在澳门与驻当地的英国东印度公司的专员进行秘密接触,"托寄口信"之言纯属谎言,清朝官员的浑然不知可见其防务之松懈。

6月22日斯当东回到使团船队并向马戛尔尼汇报了情况。马戛尔尼当天的日记这样写道:

---

① 〔英〕斯当东:《英使谒见乾隆纪实》,第204页。
② Helen H. Robbins, *Our First Ambassador to China* (London, 1908) p. 244.
③ 中国第一历史档案馆、澳门基金会、暨南大学古籍研究所合编《明清时期澳门问题档案文献汇编》(一),人民出版社,1999,第529页。

下午，史但顿勋爵回船，言得澳门消息，中国朝廷自得吾英特派使臣来行觐聘礼之确耗而后，文武官员均大为满意。乾隆皇帝亦以为己身克享遐龄，以古稀天子之身，至政幕将闭之候。而犹得一远国如英吉利者，使使万里东来，共敦睦谊，则其毕生之威名荣誉，至是而益增矣。因通令全国各海口，凡有吾英皇帝陛下所属之船只抵埠者，当以至敬之仪节迎接云。①

喜悦之情溢于言表，数月以来忧心忡忡的马戛尔尼终于放心了下来。6月23日使团从澳门口外出发开往舟山，马戛尔尼心情非常愉快，踌躇满志地继续行程。

2. 使团与宫廷天主教传教士

马戛尔尼使团最终没有完成出使任务，在马戛尔尼同时代的人看来，主要原因之一是在北京宫廷葡萄牙传教士的破坏。当时在北京宫廷的法国传教士梁栋材（Jean Baptiste Grammont，1736－1812）认为"主要是传教士索德超（Joseph-Bernard d'Almeida，1728－1805）在背后搞阴谋，从中作梗。由于听说英国使节团要影响他国的商业，因此传教士就散播了一些对英国不友好的言论。"② 现在看来，马戛尔尼使团之所以没有达到目的，在于清朝廷坚持既有贸易体制不容有丝毫变更，葡萄牙传教士在这一方面起不到任何作用，但他们在北京宫廷为澳葡商贸利益和宗教发展所作出的努力则非常明显。此外，天主教阵营的葡萄牙传教士，自然不会欢迎来自新教国家的使团。

---

① 〔英〕马戛尔尼：《1793年乾隆英使觐见记》，刘半农译，重庆出版社，2008，第2页。
② Andre Everand Van Braamhouchgeest, *Voyage de L'ambassade de le Compagnie des Indes Orientals Hollandaises vers L'empereur de la Chine*, II (Philadelphia, 1797), p. 418.

自 15 世纪末葡萄牙开展航海活动以来，历任罗马教皇对葡萄牙的领土扩张和天主教传播给予各种授权、补偿和让与，使葡萄牙逐渐拥有了由国内延伸到海外的葡萄牙东方保教权。葡萄牙远东保教权的实施过程中澳门发挥了重要作用，居留澳门是葡萄牙东方扩张的重要里程碑，而澳门主教区的建立，不仅为传教士在远东传教活动提供了重要的基地，同时也是葡萄牙东方保教权向东方延伸进入重要阶段的标志。

图 1　澳门大教堂

天主教传教士与澳门的关系日益密切，一方面，葡萄牙保教权的确立，使葡萄牙国王对天主教在远东传教有着重要的权力，一切来华传教的传教士都必须征得葡萄牙国王的允许，并以澳门为传教活动的大本营。另一方面，澳门作为国际贸易枢纽的港口城市，为天主教在远东地区的传播提供了最基本的经济支持，这也是葡萄牙远东保教权得以推行的物质条件。从传教经费的角度考虑，传教士不得不关注澳门葡萄牙船主和商人的贸易状况。尤其是在欧洲许诺的传教经费常常挪为他用等原因不能落实、其他筹资渠道尚无从谈起时，澳门海上贸易的利润转化对于远东传教区的生存和活动具有不可替代的意义。通过商人的慷慨捐助和议事会的支援，海外贸易的部分利润转化为传教区的活动经费，澳门海上贸易的盛衰与远东各传教区的财政状况有着密切的关系，传教士自然非常关注澳门的贸易状况。

明清时期东来的耶稣会士对澳门怀有着特殊的感情，在北京宫廷服务的传教士一向视维护澳门权益为己任，长期充当澳门葡萄牙人的宫廷卫士和商业利益维护者。当澳门商业地位或者天主教事业受到威胁时，清宫传教士就会及时伸出援助之手。尤其是当葡萄牙海上势力越来越严重地受到荷兰、英国等后起新教殖民强国的威胁，澳门贸易陷入困境时，这些在北京拥有可靠人际关系网的传教士们更加竭尽所能，努力削弱这些新教殖民国家的控制和竞争，以期消除给澳门带来的消极影响。澳门葡萄牙当局也把清宫传教士当成了澳门的最大保护伞。这种事例很多，康熙元年（1662），迁海令传到澳门，澳葡当局立刻派传教士刘迪我（P. Jacques Le Faure）赴京，联系在京教士展开活动。耶稣会士汤若望（P. Johann Adam Schall von Bell）等人利用在宫廷的地位多方活动，为葡萄牙人争取免迁起了重要作用。康熙十九年（1680），澳门得到开放澳门与广州之间的陆路贸易的许可，部分原因归功于宫廷传教士的努力。康熙二十六年（1687），荷兰欲在澳门设立商埠，"为此，北京的神父感到震惊和焦虑，他们在想方设法安慰和拯救那些惶惶不可终日的澳门居民"。"所有耶稣会会员，无论是葡萄牙的还是外国的，他们作为真正的传教会的传教士，把葡萄牙的利益视为他们自己的利益。"[①] 最终，在传教士的共同努力下，荷兰的计划流产。可以说正是由于清宫传教士的多方努力，缓解了清政府迁海令对澳门的不利影响，粉碎了荷兰和英国等国

---

① 〔葡〕佛朗西斯·罗德里杰斯：《葡萄牙耶稣会天文学家在中国（1583 – 1805）》，澳门文化司署，1990，第 126 – 127 页。

的阴谋争夺，捍卫了葡澳的利益。

1792年12月22日，当马戛尔尼使团还在来华路上时，澳督花露（Vasco Luis）就写信给里斯本宫廷，明确指出必须提防英国：

> 英国人再次向中国派遣使节，据说已任命马戛尔尼勋爵乘军舰直接去北京，并有两艘巡洋舰护航。不久前刚派遣一支常规舰队去广东，那里已有17艘舰只，其中一艘船上有三位专员来此常驻，负责有关使团的政治事务，解决这方面的问题。要求允许英国人在广东岛上定居是该团的目的，一旦得逞（对此我毫不怀疑，因为在那个宫廷内我们没有人能阻止这项计划），对澳门的这个邻居不可小觑，我们必须未雨绸缪。①

尽管是猜测，但是后来的事实说明葡萄牙人时刻保持警惕并非神经过敏，尤其是1802年和1808年，英国曾先后两次试图占领澳门。

1793年马戛尔尼使团来华自然会被葡萄牙传教士看成是对澳门和葡萄牙的威胁。尽管澳督说"那个宫廷内我们没有人能阻止这项计划"，其实在使团还没有到达北京时，在宫廷服务的葡籍传教士索德超、安国宁（Anore Rodrigues）、汤士选（D. Fr. Alexandre de Gouveia）等就已经开始设法阻止了。马戛尔尼根据有关信息和自己在北京的观察，对北京葡萄牙传教士心存戒备。当时生活在北京和澳门的传教士，不论是葡萄牙的、西班牙的、法国的还是意大利的，都对使团的活动十分关注，纷纷留下了与马戛尔尼使

---

① 海外历史档案，澳门，第16号案箱，第46号文件，手稿。转引自阿布雷沃《北京主教汤士选与马戛尔尼勋爵使团（1793）》，澳门《文化杂志》第32期，1997，第126页。

团相关的信件和文字记录,也为我们揭示了当时北京澳门两地传教士之间矛盾重重的内幕。

索德超是葡萄牙耶稣会士,1759 年抵达北京,治理历算,1783 年被任为钦天监监正,是出任钦天监监正的最后一位耶稣会士,也是耶稣会被废止之后,最后留华的耶稣会士。[①] 他精通医术,是医师和药剂师,[②] 曾担任和珅的私人医生。马戛尔尼使团到北京时,索德超已经在北京生活 34 年了,凭借与和珅的密切关系,他在宫廷的影响超过其他人。当时耶稣会虽然已经解散,但索德超仍然在艰难的环境中保护澳门的利益,[③] 他非常清楚如何利用自身条件为葡萄牙和澳门争取机会。法国神父钱德明(P. Joseph – Marie Amiot)曾说过:"一个外科医生(即索德超)通过行医为我圣教争取到的保护比其他所有传教士把其所有智能加在一起所能争取到的还多。"[④] 在马戛尔尼勋爵来京之前,法国前耶稣会士梁栋材就写信劝告马戛尔尼,提醒他提防索德超等葡萄牙传教士,梁栋材断言"索德超将竭尽全力令英国使团无功而返"。梁栋材 1736 年出生于法国,1768 年 9 月作为数学家和音乐家派往北京朝廷,1784 年为出使北京的一位朝鲜王子沈公义举行洗礼,1785 年来到广州,1791 年再回到北京。梁栋材目睹了耶稣会士势力在北京的衰亡,各大修会神父们在北京的分裂和明争暗斗。此外,他曾客居广州 6 年,期间与在此贸易的英国人关系密切。马戛尔尼快要抵达北京的时候,梁栋材秘密地通过一位中国人给马戛尔尼带去两

---

① 〔法〕费赖之:《入华耶稣会士列传及书目》,耿昇译,中华书局,1994,第 935 页。
② 〔法〕荣振华:《入华耶稣会士列传及书目补编》,耿昇译,中华书局,1994,第 18 页。
③ 〔瑞典〕龙思泰:《早期澳门史》,吴义雄等译,东方出版社,1998,第 182 页。
④ 钱德明神父 1774 年 9 月写给贝尔丁大臣的未发表的信。转引自阿布雷沃《北京主教汤士选与马戛尔尼勋爵使团(1793)》,澳门《文化杂志》第 32 期,1997,第 127 页。

封信，劝告他密切防备中国宫廷派来的使团翻译索德超外，还表示愿意无条件的为英国大使服务，称："如阁下愿意向陪同您的主要官员声明，希望让我随行作翻译和担任任何其他您认为合适的角色，并把这一切告知皇帝，那么我敢肯定，那个传教士（索德超）将会名誉扫地，至少我有可能与之抗衡，摧毁所有那些来自广州和澳门的信中提出的不利建议。广州和澳门是忌妒与丑恶的温床。"[1] 马戛尔尼相信了梁栋材所说的话，认定"葡萄牙教士彼那铎阿尔美达（即索德超），即吾心中不满意之人也。"[2] 因此他在热河第一次见到索德超时，带着先入为主的印象："彼那铎此人，虽为乾隆皇帝客卿之一，而对于中国国事初无参与之权，然妒念极重，凡西人东来者，除其本国人外，罔不加以仇视，对于英人怀恨尤切。吾至澳门之时，即有人嘱余抵北京后善防此人。今日一与此人相见，观其沉毅阴险之貌，始知此人非处处防范，必为所陷。此人初为罗马教信徒，兹已不受宗教之约束。"[3] 于是，马戛尔尼婉言拒绝了清宫廷指派索德超充当使团随从翻译。

安国宁也是葡萄牙耶稣会士，天文学家，1759年与索德超一同抵达北京，1775年任钦天监监副，稍后不久任钦天监监正职，同时为圣若瑟驻所道长，新信徒拉丁文教习与修士教习。耶稣会被废止后，他分担索德超的工作。

汤士选1751年出生于葡萄牙埃武拉（Evora），科因布拉大学第一位数学学士，后在里斯本耶稣修道院任哲学和数学教师，年轻时就加入了圣方济各会。1782年，他在葡萄牙女王推荐下，被罗马教皇任命为北京主教。葡萄牙宫廷赋予他重要的使命，在出任北京主教之外，建议他担任葡萄牙常驻中国大使，以维护葡萄

---

[1] E. H. Pritchard, Letters from Missionaries at Peking Relating to the Macartney Embassy, *T'oung Pao*, Vol. II, No. 31, 1934, p. 10.
[2] 〔英〕马戛尔尼：《1793年乾隆英使觐见记》，第51页。
[3] 〔英〕马戛尔尼：《1793年乾隆英使觐见记》，第59页。

牙在澳门获得的权利。因此某种程度上可以说汤士选是保护葡萄牙和澳门利益的大使。汤士选1787年起担任钦天监监正，英国使团成员对他印象比较复杂，斯当东在报告中称："在北京大部分传教士都来看过特使。其中一位和蔼的葡萄牙人被中国皇帝委派担任算学馆中欧洲首领，并由葡萄牙女王的推荐被罗马教皇任为北京主教。"① 而约翰·巴洛在其游记中也说汤士选"性情温和、态度谦逊、举止友善"。② 不过马戛尔尼在汤士选前来拜访时，却这样记述了他眼中的这位葡萄牙主教："其人年40岁，葡萄牙籍，外貌颇和易可近。而谈者每谓其居心奸诈而无真实学问，然能说拉丁语甚纯熟……戈尼阿（即汤士选）且力述愿与吾缔结友谊之诚心，请余勿以近来英葡二国交战之事梗积于心，致对于葡国传教士，感情不能与他国教士一致。余以相当之言辞报之……由是言之，戈尼阿之巧言令色唯有一笑置之耳。"③ 汤士选在马戛尔尼心中不过是阴险狡诈的两面派，由于马戛尔尼事先获得的关于葡萄牙传教士的信息，使他不得不对汤士选心存芥蒂。的确，汤士选在北京宫廷也与大臣们关系良好，特别是他定期地为大臣们提供从澳门等地来的巴西鼻烟，这使他能够相对容易地利用自身有利条件为葡萄牙和天主教争取利益。

梁栋材明显怀着与葡萄牙传教士相反的目的，在马戛尔尼在北京期间，梁栋材对索德超等葡萄牙传教士的仇视达到顶点，尽管他煞有介事地向马戛尔尼澄清："请阁下相信，我不是因仇恨或积怨才这样说这个传教士的。这里的所有人都知道我们之间保持着最密切的友谊。但是友谊的义务是有限度的，不能与正义的义

---

① 〔英〕斯当东：《英使谒见乾隆纪实》，第332－333页。
② 〔英〕约翰·巴洛：《我看乾隆盛世》，李国庆等译，北京图书馆出版社，2007，第83页。
③ 〔英〕马戛尔尼：《1793年乾隆英使觐见记》，第78页。又见Helen H. Robbins, *Our First Ambassador to China*, p. 289。

务相矛盾。"① 1793 年 8 月 30 日，他写给马戛尔尼的书信中这样贬低索德超："阁下宜了解您的好朋友们。葡人索德超以外科医生的名义来到北京，为补一葡人之缺进入钦天监，但他连最基本的天文知识都一窍不通。外科医生的身份使他结识了各种大人物。三个月前，他有幸给位高权重的宫廷大臣和珅治了一点小病，这成为他运气的源泉，使他敢于问鼎作阁下翻译的荣誉。如阁下能阻止他在热河担任翻译，他将很快失去其运气和荣誉。"在信中他还建议大使向皇公贵戚们赠送厚礼，不过"最重要的事不能让索德超参与这些礼品的分配和赠送，否则将会给他提供一个很好的机会从中渔利，实现其卑鄙目的。我还想提醒阁下，贺清泰和拉乌斯先生还不习惯社会生活，尤其是这里的社会生活。"② 言下之意是，索德超熟悉这里的王公贵戚之间的社会生活，行事起来游刃有余。

除梁栋材之外，马戛尔尼在北京时也曾听到其他国家的传教士数落葡萄牙传教士的嫉妒之心："乃当此接见（汤士选——引者）之时，其随从之他国教士中即有一人乘其不意语我曰：勿信此人之言。余退思其故，此言不为无因，因葡萄牙人妒视他国之心已达极度。现方自结团体研究一种计划，以排除中国境内之他国人为宗旨，除其本国以外，凡他国派教士来华者，彼等即以公敌视之。数日前，一意国教士谓余，吾辈同是欧洲人，人人咸与葡萄牙人缔结友谊之心理，而葡萄牙人心中则以除葡萄牙人而外，殆无足与之为友者，吾辈又何必自讨没趣。"③ 跟随使团前往天津、

---

① E. H. Pritchard, Letters from Missionaries at Peking Relating to the Macartney Embassy, *T'oung Pao*, Vol. Ⅱ, No. 31, 1934, p. 19.
② E. H. Pritchard, Letters from Missionaries at Peking Relating to the Macartney Embassy, p. 19.
③ 〔英〕马戛尔尼：《1793 年乾隆英使觐见记》，第 78 页。又见 Helen H. Robbins, *Our First Ambassador to China* (London, 1908), p. 289。

准备去朝廷为乾隆皇帝服务的两位西班牙传教士安纳和拉米额特也曾经向英国人抱怨葡萄牙人给他们设置各种障碍，同时却假装在帮助他们。①

马戛尔尼使团成员们在各自的报告中也详细地记录了他们所见所闻的传教士现状，斯当东在报告中这样记述：

> 他们各从本国的天主教会按时得到一些微小的津贴。除了宗教活动而外，出于感谢和爱国心，他们还充当各自的国家在中国的代理人。遇有涉及本国利益的事项，他们总要进行些活动。在某些具体教义上，这些传教士之间是有争论和矛盾的，现在某一国家的传教士同其余各国的传教士可能还有对抗。但在总的利益上，在东方和西方风俗习惯差别上，他们又结合起来。在这个远方国家里，每一个欧洲人都被认为是本国人，都得到照顾。②

巴洛（John Barrow）也在游记中这样记录了他认识到的传教士现状：

> 每个民族都有各自的利益，都不愿意失去任何毁谤别国同行的机会。法国人和意大利人最温和，而葡萄牙人则最锱铢必较。这个国家的传教士之所以敌视其他国家的传教士，与其说是意识形态的分歧，还不如说是因为妒嫉和仇恨。大家公认，他们拥有的财富和他们根本不应该在钦天监所把持的高位，使得他们对其他欧洲人抱有猜忌和提防的态度，尽一切手段要把后者排斥在这个国家之外。③

---

① 〔英〕约翰·巴洛：《我看乾隆盛世》，第329页。
② 〔英〕斯当东：《英使谒见乾隆纪实》，第333页。
③ 〔英〕约翰·巴洛：《我看乾隆盛世》，第327页。

这些记载生动地反映出当时在京西方传教士之间的矛盾既有国家之间的差别，也有不同修会之间的矛盾，既让我们了解到禁教时期传教士在北京的工作和生存状态，也显现出北京各国传教士之间微妙而复杂的关系。

马戛尔尼离开北京两年后，荷兰驻广州大班，1795 年代表荷兰出使中国的范罢览（A. E. van Braam Houchgeest）获悉，就连马戛尔尼使团赠送给皇帝的最贵重的礼物，都由于这些葡萄牙传教士的挑拨，成为损害英国利益的东西："传教士们发现宏大的天象仪上有多个机件已经磨损，零件上的铭文是德文。他们把这些情况报告给和中堂，曾与英国使团在多方面发生冲突的和珅又上奏皇帝，告英国人奸诈狡猾。愤怒的皇帝下令英国使团在 24 小时内离开北京。"①

不过清朝廷和乾隆皇帝并没有关注这些蛮夷内情，还将索德超和安国宁提升到三品蓝翎官员，几乎接近清朝最高的官职。而其他翻译，如法国人贺清泰（P. Louis Poirot）神父、意大利潘廷璋（Guiseppe Panzi）神父等，也被提升为六品白翎官员。尽管不能把马戛尔尼使团失败的主要原因归结为葡萄牙传教士，但他们阻扰活动的初衷就是要破坏英国使团的。

3. 使团任务与清朝贸易管理体制中的澳门

作为海防重镇，清代澳门是粤海关属下的总口之一，行政区划上隶属于广州府香山县。随着对外贸易的发展，清政府对澳门的管理制度不断完善。雍正八年（1730），当局以澳门民番日众，距县遥远，知县县务繁忙不能兼顾，复设香山县丞一职，驻扎关闸以北的前山寨。次年，在前山寨设立香山县衙署。乾隆九年（1744），清政府以肇庆府同知改设前山寨海防军民同知，通称澳门同知，职司海防，兼理民番，责任重大。而香山县丞衙署移驻

---

① 转引自阿布雷沃《北京主教汤士选与马戛尔尼勋爵使团（1793）》，第 128 页。

关闸以南的望厦村。这样，香山县丞在作为香山知县佐贰的同时，又成了澳门同知的下属。由于驻扎在澳门或其附近便于直接执行职能、实施政令，香山县丞成为澳葡当局最直接的顶头上司。澳门同知则作为最高实际负责官员，与香山知县、香山县丞互相协调，共同管理澳门事务，构成鸦片战争前清政府管理澳门的行政管理体制。在贸易管理和税收方面，自康熙二十四年（1685）设立粤海关以后，清政府在澳门设置了澳关委员以管治澳门关税，全称为管理粤海关澳门总口税务，并设有粤海关监督行台，作为监督巡澳驻扎之所，澳门作为粤海关管理的七处总口之一，管辖关闸、大码头、娘妈阁和南湾四个小口，与省城大关总口同等重要，每年由广州将军衙门选员前往弹压稽查，管理关税事务。

清朝钦差大臣、督抚司道、将军提督及粤海关监督等高级官员不断巡视澳门，代表清政府行使主权。督抚等地方大员还不时派遣广州知府、澳门同知及委员等临澳公干。这样，从两广总督、广东巡抚、粤海关监督，到澳门同知、香山知县、香山县丞和澳关委员，清政府实现了逐级对澳门的管辖，控制着澳门葡萄牙人和其他西洋人的活动。

康熙二十四年，清朝开放海禁，设立江、浙、闽、粤四海关，次年便在广州设立洋行制度，由十三行商垄断广州的对外贸易，广州成为了中国沿海最重要的中西贸易口岸，形成了以广州为中心的对外贸易体系。在这种贸易体制下，粤海关负责征收关税，十三行负责同外商贸易并管理约束外商，黄埔是各国来华商船的停泊所，澳门则逐渐成为了来粤贸易的各国商人的共同居留地。因此，在清代夷务管理体制和对外贸易体制中，澳门被清政府纳入了广州口岸的外贸体制之中，澳门与十三行、粤海关、黄埔共同组成了清代广州贸易体制的四个重要环节。

按照清朝定例，葡萄牙船之外的其他西洋船只，虽然不准在澳门逗留，必须到黄埔贸易，但当它们从澳门南面的十字门入口，进入珠江航道的时候，必须经澳门同知衙门额设的引水和澳门葡萄牙理事官禀报，由澳门同知衙门派遣伙食买办和引水，然后经虎门驶入黄埔。具体做法是这些西洋船首先要派一只小船到澳门申请执照，驻澳清朝官员会派出引水前往西洋船只查看其所携带的贸易执照，"引水看过船只，确是货物，问明来历，始赴澳门挂号，引至虎门报验，方始引进黄埔"。① 在没有设立澳门同知之前，由澳门总口官员负责西洋船只的丈量并确定船钞，再发给前往广州的执照。清政府对引水有着严格的规定："由该同知选择土著殷实之人承充"，"查明年貌、籍贯发给编号，印花腰牌，造册报明总督衙门与粤海关存案，遇引带夷船给予引照，注明引水船户姓名，关汛验照放行，其无印花腰牌之人，夷船不得雇佣。至夷船停泊澳门黄埔时，所需买办一体由该同知发给腰牌，在澳门由同知稽查，在黄埔由番禺县稽查。如夷船违例进出，或夷人私驾小艇在沿海村庄游行，将引水严行究处，如有买卖违禁货物及偷漏税货，买办不据实禀报，从重治罪"。② 除了引水，澳门同知还会为之派出领有牌照的买办，买办的主要职责是向外国人及其商船提供给养。当西洋商船到达澳门时，买办就将新鲜食物送到船上并将大班的信件带到澳门。

广州一口通商体制确立后，解决外商在广州贸易季节之后的住冬问题就更加提上议事日程。清政府规定西洋商船到达广州交易完毕之后，各国大班必须随船回国，或者到澳门暂住，等候下一个贸易季节的到来。澳葡当局长期不欢迎其他外国人入居澳门，葡萄牙王室也曾于1746年3月9日明确下令禁止外人在澳门居

---

① 刘芳辑、章文钦校《葡萄牙东波塔档案馆藏清代澳门中文档案汇编》下册，澳门基金会，1999，第725页。
② 卢坤：《广东海防汇览》，卷三十七，《方略·二六》"驭夷·二"，河北人民出版社，2009。

住。① 但澳葡当局并不能反抗清官方的谕令，1750 年中国官方文书进一步规定，不许澳葡当局拒绝其他国家的人"进入和途经澳门"。面对清官府的规定，澳葡方面无可奈何，1752 年，葡萄牙首相暨国务大臣庞巴尔侯爵宣布废除王家在澳门等地的垄断令。1757 年 2 月 9 日，澳门议事会通过决议："为了向外国人表示好客，而准许他们暂时在澳门居住。"② 不久，议事会再进一步决议，允许各国商号迁入澳门并使用他们的行号。这是澳葡当局对长期秉承的不欢迎其他外国人入澳政策的重大修改，堪称澳门历史上"第二次开埠"，③ 反映出 18 世纪后期，澳门葡萄牙势力的衰落和澳门地位的变化。1760 年 1 月（乾隆二十四年十二月），清政府明确了夷商在澳门过冬的新政策，《清高宗实录》载："军机大臣等议覆。两广总督李侍尧奏防范外夷规条：禁止夷商在省住冬。查每来贸易夷船，自进口以至归棹，原有定期，本不许潜留内地。近因行商等或有挂欠未清，以致该夷商等藉辞留寓省会，难免勾结生事。今该督请于销货归本后，依期回国。即有行欠未清，亦令在澳门居住，将货物交行代售，下年顺搭归国等语，系为立法制防起见，应如所请办理。"④ 正如马士指出："葡萄牙人的贸易衰落了，但澳门却繁荣起来，它在中国人的监督下，变成各国与广州间贸易的基地。一切进口船只都在那里雇佣引水和买办，它们也从那里决定出发方向；商人们在每季季末，都从广州商馆回到

---

① 〔葡〕施白蒂:《澳门编年史》，澳门基金会，1995，第 134 – 135 页。
② C. R. Boxer, *Fidalgos no Extremo Oriente*（Macau, 1990）, p. 217。另参见龙思泰《早期澳门史》，第 48 页。
③ 郭卫东:《英国与澳门早期关系的历史考察》，澳门《文化杂志》第 43 期，2002，第 28 页，注释 14。
④ 《清高宗实录》，卷 602 "乾隆二十四年十二月戊子"条，中华书局，1986，第 760 页。

那里，并在那里等待下一季度的来临。"①

在此基础上，清政府逐渐健全了居澳西方商人来往省澳的管理制度，严格控制来广州贸易的西方商人的行动。具体而言，"居澳西方商人前往省城，例由澳门葡萄牙理事官禀报澳门同知，恳请给照，以凭沿途查验。禀内连开商人、写字、小厮名数、防身鸟铳、剑刀，以及衣箱行李、厨房家伙杂物。由澳门同知填发牌照一纸，经由理事官转发西方商人收执，前往省城，投行料理贸易事务，毋得夹带违禁货物。事竣来澳，将照禀缴察销。并有代大班采买伙食用品的买办，随同进省。这些买办照例由广州行商属下的通事具保充。在广州的西方商人赴澳暂住，向例责成行商、通事查询，出具保结，呈请粤海关监督，发给印照。要将商人、小厮人数、防身刀剑、鸟枪及随带行李、什物分别开列照中，以凭沿途查验放行。一面移知澳门同知，转饬澳门理事官，查询相符，将西方商人交付为其作保葡萄牙人收管约束，限满事竣，催令依限回省，毋得逗留滋事。"②

以上可知，在西洋船只前往广州口岸从事贸易的过程中，澳门是第一道和重要的屏障。随着澳门向其他西方人开放，其地位也开始发生了变化："开放后的澳门从表面上看，葡萄牙人仍然是远东商业活动的主要力量，但是如果我们深入到它的内部就会发现，在澳门所有重要的人物都是欧洲人，只有一两个葡萄牙人和职员……他们大部分的商业已经消失……只有靠出租房屋为生……澳门实际上已经成为了欧洲人在中国的前哨站。"③

---

① 〔美〕马士：《中华帝国对外关系史》第一卷，张汇文等译，上海书店出版社，2000，第 50 - 51 页。
② 章文钦、刘芳：《一部关于清代澳门的珍贵历史记录——葡萄牙东波塔档案馆藏清代澳门中文档案述要》，载《葡萄牙东波塔档案馆藏清代澳门中文档案汇编》下册，第 888 页。
③ Austin Coates, *Macao and the British* (1637 - 1842) (Hong Kong University Press), p. 60.

清政府调整了外贸政策，既改变了外商来华贸易的管理体制，也深刻影响了葡萄牙人在华商业利益和澳门的历史发展进程。澳门由一个为葡萄牙人所专据的居留地，变成了供大批来华贸易的其他西方商人的共同居留地。这些西洋人或携眷同来澳门，或在澳门娶妻生子，长期居留。既开放广州，又不关闭黄埔，以广州为贸易场所、以黄埔和澳门为其外港的广州独口贸易体制遂成定局，中葡关系也越来越多地显现出其他国家的影响，澳门的经济进入了相对的低谷，但澳门的历史则进入了更国际化、全球化和多元化的阶段。

英国对华贸易从无到有，规模逐渐扩大。在这个过程中，英国东印度公司千方百计扩大对华贸易；而清政府步步为营，处处防范，允许互市但加以限制。在广州口岸从事了数十年的贸易之后，一心想要扩展对华贸易的英国东印度公司，对广州贸易管理体制越来越不满，要求清官府改革管理体制，中英贸易矛盾冲突一直没有中断过。乾隆二十二年（1757），清政府关闭江、浙、闽三关，广州成为中西贸易唯一合法口岸。英国东印度公司不顾禁令，从广州前往宁波等港口强行贸易，乾隆二十四年（1759）爆发了"洪任辉事件"，震惊清朝朝野。洪任辉事件使清王朝觉得有必要进一步立法对夷商进行管制，1759年，两广总督李侍尧提出《防范外夷规定》，主要内容包括五点：①禁止夷商在省住冬；②夷人到粤令寓居洋行管事；③禁借外夷资本并雇请汉人役使；④禁外夷雇人传信息；⑤夷船收泊黄埔拨营员弹压。《防范外夷规定》进一步从居住时间、地点、人员往来、资金借贷、信息传递、停泊位置等诸多方面加以限制，使英国东印度公司及其他散商觉得对华贸易困难重重。

最大限度地追求高额利润是英国东印度公司和散商们的目的，面对局限越来越多的广州贸易体制，他们当然不愿意乖乖服从。随着英国和葡萄牙殖民势力的此消彼长，在力图突破各种贸易局限的设想中，占领澳门，取葡萄牙而代之的想法越来越清晰而强烈。英国东印度公司驻广州管理委员会曾经向英国驻印度大总督提议，请他从果阿总督那里获得一种能够改善他们在澳门地位的保证；并向他提示，里斯本朝廷是不管澳门的。"里斯本朝廷对澳门一无所知，而果阿政府则置之不理，因此该地已经成为流氓及亡命之徒的福地。它已丧失了从前中国人所赐予的有利特权，邻近县份的一个长官，几乎执行了该地全部的政府权力……这样一块不受重视的地方，可以轻易地从里斯本朝廷获得，如果该地一旦掌握在富有进取心的民族手里，他们必然知道如何尽力扩展该地的优越条件，我们想象它会成为一个繁荣的地方，为任何东方口岸不及。"①

1787年6月20日，卡斯喀特在接受英国政府任命他组团出使中国的任务后写信给外交大臣邓达斯："使团的目的是在中国政府保护下扩大我们的商业。看来，提出一个能够避免或者至少不要激起嫉妒的请求是有重要意义的。根据这个原则，让中国人给我们挑选货栈地点也许是最好的策略。……假如他们不愿意提供一个方便的并且赋予我们特权的货栈，我们必须尽可能地设法弥补目前现实中的许多不足之处。"卡斯喀特还认为，英国从葡萄牙人手中把澳门割让过来是可能的，行商们被引向那里交易也是可以的。但是，由于澳门远离茶叶和生丝的产地，而且没有摆脱中国法律的约束，因此有它的不利之处。不过卡斯喀特也认识到"即使葡萄牙人将澳门让与我们，不等于中国随之而给与我们以葡萄牙人的特权。葡萄牙人手里拥有的不是该岛的全部，它的海港只有一个口岸是重要的。把行商从广州迁移，可能有些不利；但是他们的资本，克服了广州远离茶、丝及瓷器产地的不利条件，故

---

① 〔美〕马士：《英国东印度公司对华贸易编年史》第一、二卷，区宗华译，中山大学出版社，1991，第391页。

使澳门成为一个有价值的商站,并克服了它的缺点。"①

这表明在马戛尔尼使团之前,对澳门怀有觊觎之心的英国人还大有人在。在感到无力与清朝进行直接抗衡之后,来华贸易的英国人就更加希望借助本国政府的力量,通过外交途径,打破清王朝的种种限制,在中国获得一块地方或者一个岛屿作为货栈之用,以拓展英国在华的商业利益。马戛尔尼使团出使前,英国外交大臣和东印度公司先后给出明确指示,其中之一是"使英国商人最低限度获得与葡萄牙人同等待遇,特别要准许他们在中国大陆某个邻近岛屿上有一个便利的商栈,以便商人或公司的代理人、船长、水手及商品得以暂住度季,获得与葡萄牙人在澳门同样的特权"。② 因此,马戛尔尼大使心中一直思量着澳门,1794年1月2日到7日在广州期间,马戛尔尼大使在日记中论述了对葡萄牙与澳门的想法:

> 作为一个国家,葡萄牙势力从世界的这个部分消失很久了,尽管他们的幽灵仍然还在澳门出现,霸占着澳门,但是对他们来说已经毫无用处,甚至应该感到羞耻。澳门现在主要靠英国人支撑着,就目前澳门的状况来说,中国人可以随时使澳门及其支撑者饿死。如果葡萄牙人不愿意按照平等的条款把澳门让与我们,只要从马德拉斯派遣一小支军队就可以从葡萄牙人手中夺走澳门,之后再去进行补偿,并解决这些不合常规的事情。或者我们可以再费点心思,在老万山或者Cow-hee获得落脚地,这样会更有好处,这样澳门就会很快一钱不值。③

澳门是英国人既要绕开又有某种企图的地方,澳门葡萄牙历

---

① 〔美〕马士:《英国东印度公司对华贸易编年史》第一、二卷,第476页。
② 〔美〕马士:《英国东印度公司对华贸易编年史》第一、二卷,第533页。
③ Helen H. Robbins, *Our First Ambassador to China* (London, 1908), p. 384.

史学家文德泉神父（Manuel Teixeira）曾经这样分析马戛尔尼出使的目的：一是突袭澳门，二是打开中国的贸易之门，"英国人实际上很懒惰。小小的葡萄牙已在澳门立足二百五十年，英国人要么攫取另一个澳门，要么霸占我们的澳门。马戛尔尼仔细绘制了葡萄牙的防卫图。传教士们不断察觉他的阴谋。我们总能同中国人互相谅解，但同英国人却什么也弄不成。"[①]

图 2　澳门城堡

在澳门葡萄牙人看来，守住澳门是丝毫不能放松的事情。在清朝廷眼中，澳门是天朝对外贸易制度中事关国体的重要地点，更是丝毫不能改变。正如郭卫东指出的："英人对澳门的兴趣，意绝不仅在澳门，而是在中国的更大范围。作为广州重要门户的澳门，其独特地位的长期不坠，客观上说，也使中国大陆多了一道保护屏障，在英国殖民者的攻势下多了一层缓冲地带。"[②] 在乾隆

[①] 阿莱恩·佩伊雷菲特：《僵化的帝国》，里斯本，1995，第123页。转引自阿布雷沃《北京主教汤士选与马戛尔尼勋爵使团（1793）》，澳门《文化杂志》第32期，1997，第126页。

[②] 郭卫东：《英国与澳门早期关系的历史考察》，澳门《文化杂志》第43期，2002，第27页。

五十八年八月三十日（1793年10月4日）乾隆皇帝全盘否定英国人各种要求的《乾隆帝为英使所提增设关口及在京设行等七款不便允准事致英国王敕书》①中，"澳门"是出现最多的地名，现将与澳门相关的文字抄录于下：

> 奉天承运，皇帝敕谕英吉利国王知悉：
> ……向来西洋各国及尔国夷商赴天朝贸易，悉于澳门互市，历久相沿，已非一日。天朝物产丰盈，无所不有，原不藉外夷货物以通有无，特因天朝所产茶叶、瓷器、丝斤为西洋各国及尔国必需之物，是以加恩体恤，在澳门开设洋行，俾得日用有资，并沾余润。今尔国使臣于定例之外多有乞，大乖仰体天朝加惠远人、抚育四夷之道。且天朝统驭万国，一视同仁，即在广东贸易者，亦不仅尔英吉利一国，若俱纷纷效尤，以难行之事妄行干渎，岂能曲徇所请。念尔国僻居荒远，间隔重瀛，于天朝体制原未谙悉，是以命大臣等向使臣等详加开导，遣令回国，恐尔使臣等回国后秉达未能明晰，复将所请各条缮敕逐一晓谕，想能领悉。
> ……向来西洋各国前赴天朝地方贸易，俱在澳门设有洋行收发各货，由来已久，尔国亦一律遵行，多年并无异语。其浙江宁波、直隶天津等海口，均未设有洋行，尔国船只到彼无从销售货物，况该处并无通事，不能谙晓尔国语言，诸多未便。除广东澳门地方仍准照旧交易外，所有尔使臣恳请向浙江宁波珠山及直隶天津地方泊船贸易之处，皆不可行。
> ……尔国向来在澳门交易，亦因澳门与海口较近，且系西洋各国聚会之处，往来便益，若于京城设行发货，尔国在

---

① 中国第一历史档案馆等合编《明清时期澳门问题档案文献汇编》（一），第553－556页。参见梁廷枏《粤海关志》，卷二十三《贡舶三》；《东华续录》乾隆朝，第一一八卷；以及斯当东著《英使谒见乾隆纪实》，第560－562页。

京城西北地方，相距辽远，运送货物亦甚不便。……现在俄罗斯在恰克图边界交易，即与尔国在澳门交易相似。尔国既有澳门洋行发卖货物，何必又欲在京城另立一行。天朝疆界严明，从不许外藩人等稍有越境掺杂，是尔国欲在京城立行之事，必不可行。

……向来西洋各国夷商居住澳门交易，划定住址地界，不得逾越尺寸，其赴洋行发货夷商，亦不得擅入省城，原以杜民夷之争论，立中外之大防。今欲于省城地方另拨一处给尔国夷商居住，已非西洋夷商历来在澳门定例，况西洋各国在广东贸易多年，获利丰厚，来者日众，岂能一一拨给地方分住耶。至于夷商等出入往来，悉由地方官督率洋行商人随时稽查，若竟毫无限制，恐内地民人与尔国夷人间有争论，转非体恤之意。核之事理，自应仍照定例，在澳门居住方为妥善。

……朕于入贡诸邦诚心向化者，无不加之体恤，用以怀柔，如有恳求之事，若于体制无妨，无不曲从所请，况尔国王僻处重洋，输诚纳贡，朕之锡与优嘉，倍于他国。今尔使臣所请各条，不但于天朝法制攸关，即为尔国代谋，亦俱无益难行之事。

该敕谕逐条拒绝了英国使臣所提出的各项要求，多次强调澳门在清朝对外贸易体制中的重要性，非常明确地表示着在当时清王朝的对外贸易体制中，澳门占有非常重要的地位，无法忽视，地位不容改变。在清朝势力还足以抵挡来自外部世界的压力和侵略时，以广州为中心，澳门为外港的贸易体制是不容有任何改变的，只会得到越来越严格地遵照执行，以突破这种贸易体制为主要目的的马戛尔尼使团的最终命运其实早已经注定。

1793年马戛尔尼使团出使过程中发生的与澳门有关的所有事务，涉及中葡英三国复杂的国际关系，深刻凸显出澳门作为中西交流缓冲地，无论在中西经济、外交还有传教事务方面都起着重要的作用。对这些历史内容进行细致的回顾和分析，更能理解澳门所蕴涵的超越中葡关系的多边联系，对我们把握全球化视野下的澳门历史文化内涵有着重要的价值。

二 1816年阿美士德使团与天朝外交体制

16世纪以来，西方殖民势力在全球海域发生的争夺战，也随着他们对东方的争夺在中国海域展开。澳门，作为葡萄牙在远东重要的商业据点和中西关系的前沿阵地，地位非常独特，不可避免地成为众多西方势力争夺的对象，荷、英等国甚至产生了取葡萄牙而代之的企图。对澳门半岛的争夺，成为西方势力全球争夺战的缩影。但是，他们对澳门的争夺却遇到了中国传统而稳固的外交体制的坚强抗击，这可以从1816年英国阿美士德使华的历史中看出一些端倪。1816年，英国政府派出阿美士德（William Pitt Lord Amherst）使团来华，希望借此改善中英关系，扩大英国在华利益，但结果却由于大使拒绝行中国礼节，导致使华失败。使团不但没有达到目的，反而增加了清政府对英国的戒备和敌视情绪。此后，英国政府放弃了外交努力，逐步走上以武力迫使中国开放门户的道路。不得不说在以西方势力为主导的全球化过程初期，西方游戏规则并非处处适用，从"华夷之辨"到所谓"平等外交"的艰难转变，在围绕澳门所发生的中外交涉中体现出来。

1. 英国的全球殖民战略与阿美士德使团赴华

18世纪中叶开始，国内迅速发展的工业化，科学技术的发展、经济实力的壮大，使英国人能够在世界海洋中纵横驰骋，寻找新的市场。尤其在英法"七年战争"结束后，英国确立了在北美和印度的统治地位，也在世界贸易的海洋线路上取得了霸主地位。不过，18、19世纪之交，世界形势发生了重要变化。1783年《巴黎和约》签订，英国承认美国独立，第一英帝国瓦解。英国人意识到已经丢掉了北美殖民地，其自身利益也由美洲转向东方，于是印度洋的地位变得极其重要了。英国全球发展策略的目标也由开拓殖民地、垄断殖民地贸易，转移到扩大在全世界的贸易，控制战略基地，这样印度和远东成为了英国海外殖民拓殖的重点。这样，英国外交政策的重要目标之一就是保护印度、保护前往印度的航线，坚持对印度等东方地区的控制权。

在日趋复杂的国际形势下，英、荷、法、美、西等国家加紧了全球市场的争夺。英国首相小皮特（William Pitt, the Younger）在议会为《巴黎和约》条款辩论时表示："我们要以勇敢、果断的勇气去审验我们所剩下的殖民地。我们要加强力量，反对干涉我们的敌人，抚慰我们旧的朋友。"[①] 在这种精神指引下，英国舰队不断在各地海域与其他西方国家交战争夺，攻击敌对国，时刻注意其他国家舰队的动向。从1793年到1815年，即法国大革命到拿破仑战争期间，英法进行了长达22年的战争，英国没有直接派兵欧洲大陆，而是采取重点发展海军，在海外与法国争夺殖民地的战略。经过英法战争，英国既维护了国家独立，又保卫了海上的商业利益和已有殖民地，版图得到了大大扩充，完成了自身迅速转型，建立了一个地域更为广阔、机制更为灵活的新帝国，被称为"第二英帝国"。

1801年，法、西两国侵占葡萄牙，同时威胁到葡萄牙在世界各地的殖民地。作为葡萄牙的盟友，英国为了保护自己在远东的利益，在英国海军部和英国东印度公司董事会策划下，派遣军

---

① 转引自郭家宏《从旧帝国到新帝国》，商务印书馆，2007，第60页。

队东来澳门。1802年3月18日，英国海军上校奥斯东（E. O. Ostorn）率领4艘英国战船开抵珠江口伶仃洋面。之后，英国陆军中校汉密尔顿（R. Hamilton）也率领两艘小战船加入其中。他们前往澳门，要求澳门允许英军共同"保卫澳门"，以防卫法国和西班牙的攻势。澳门总督不敢拒绝，但也不敢同意，只得施以缓兵之计，一方面没有应允英军登陆，另一方面通过两个渠道同时向广东地方官和北京朝廷报告情况。两广总督吉庆在收到澳葡报告后，向朝廷奏报："住居澳门之大西洋夷人禀称，有英吉利夷船湾泊伶仃洋，距澳甚近，欲登岸借居夷房，恐其滋事，恳求保护。当即饬谕英吉利夷船回国，毋许登岸。澳门夷人情形安静。"5月1日，朝廷下旨："有犯必惩，切勿姑息，无隙莫扰，亦勿轻率。"① 当时，从槟榔屿传来英法和好的消息，但英军并没有撤离澳门海域，也不放弃登陆澳门的计划。由耶稣会士直接汇报给北京的情况就严重得多。8月，时任钦天监监正和监副的葡萄牙籍传教士索德超、汤士选接到澳门理事官委黎多的信函，转禀内务府大臣苏楞额，8月29日，苏楞额呈报朝廷，称"英吉利者，其在西洋素号谲诈，近数十年来常怀蚕食之志……今英吉利于其所占小西

图3 澳门哨所

---

① 中国第一历史档案馆等合编《明清时期澳门问题档案文献汇编》（一），第625页。

洋地方特发六大战船，劲兵数千，满载兵械炮具，藉辞称预防法郎西窃窥澳门……至五月中，战船更逼近澳门停泊，占据一岛往来上岸，目可历睹，澳门人人危惧"。① 此次英军强势来澳，英国东印度公司曾经表示过不同意见，他们非常清楚澳门的主权属于中国，中国当局既不会容忍英、法任何一方占领澳门，英国东印度公司最初的密令也只是帮助葡萄牙保卫澳门，强调不能冒犯中国人，以免严重阻碍中英贸易。此事最后以英国人退出澳门收场，但并没有打消英国人侵占澳门的念头。

1807年底法国军队攻入葡萄牙首都里斯本，葡萄牙沦陷，葡王室逃亡巴西。同时，法国加紧在远东的活动，事态日益严重，英国谋求占领澳门的愿望更加强烈。1808年，英印总督与葡印总督协商，后者同意由英国军队保护性地占领澳门，澳葡方面将澳门所有炮台、要塞、舰船和装备等移交英国海军，葡萄牙军队接受英国军队的指挥。1808年9月11日，英国海军少将度路利（B. Drury）率领先头部队抵达澳门海面。此时葡印总督的命令还没有到达，澳门总督花利亚（Lemos Faria）拒绝英国军队登陆。② 9月15日，澳葡当局向中国官府汇报，两广总督吴熊光随即正告英军："澳门非葡萄牙所有，乃我大清土地，佛焉敢侵轶我？且边寇有警，中国自能御之，勿劳戎师，致吾民惊扰。"③ 意为中国完全有能力保护澳门，不劳英国援手。英国军队继续向澳葡施压，21日，澳葡在英方答允英军接受澳葡总督指挥，避免与中国发生纠纷的前提下，同意英军入澳。同日300英军登陆澳门，10月22

---

① 中国第一历史档案馆等合编《明清时期澳门问题档案文献汇编》（一），第626 – 627页。
② 详情参阅〔葡〕徐萨斯《历史上的澳门》，黄鸿钊译，澳门基金会，2000，第136 – 150页。
③ 夏燮：《中西纪事》，卷三《互市档案》，据光绪七年版本影印，台北文海出版社，1966。

日,又有400从孟加拉赶来的英军登陆澳门。两广总督吴熊光得知英国舰队出现在澳门海域,在奏折中称:"据闻,大西洋国地方近为法兰西恃强占据,西洋国王播迁他徙。英吉利因与大西洋国邻封素好,特派兵前来保护,并恐澳门西洋人微弱,被法兰西欺侵,阻其贸易,复遣夷目带领兵船前来澳门,帮同防护。"①广东当局随即中断了中英贸易,澳葡当局虽然拒绝了英国将无法运到广州的货物寄放澳门的要求,但也没有采取积极的行动,而是力图在中英角力中采取中立态度。18日,中方通告如果英军仍不撤走,中国军队将断然开进澳门。20日,英国军队全部撤走。东印度公司大班剌佛就此事向广东当局解释致歉,保证英国战船不再来华,中英贸易得以恢复。24日和26日,广州先后向英国散商和东印度公司船开放贸易,数月之久的澳门危机总算过去。不过这件事情对中英双方都造成了深远影响,中国对英国的戒心更加严重,而英国则再次燃起通过外交渠道解决贸易问题的愿望,不少英国人认为最好能够派遣使团赴华以缓解尴尬局面。

美国独立之后,英美不断争夺北美殖民地的利益。拿破仑战争期间,法国实行大陆封锁政策,再加上英国的反封锁政策,美国对外贸易遭到严重打击。1802年,英国海军在公海上强行登上美国商船,搜捕被认为是英国水兵的美国海军士兵,美国为此不断向英国提出抗议,英美关系趋于紧张。1812年,美国对英国宣战以争夺加拿大,开始长达两年多的战争。这场发生在北美的争夺战,战火也延伸到了珠江口。1814年,英国军舰"多利斯"(Doris)号以澳门为基地,在广东沿海游弋,当年4月,多利斯号在澳门附近的老万山群岛捕获了美国商船"猎人"(Hunter)号,

---

① 中国第一历史档案馆等合编《明清时期澳门问题档案文献汇编》(一),第667页。

并将之挟至澳门海面，酿成著名的"多利斯号事件"①。5月，多利斯号的预备艇又在澳门海面追逐美国商船。广东当局提出抗议，要求英国东印度公司驻华特派员命令"多利斯号"立即离开中国海面。但英国东印度公司特选委员会声称该舰属英国海军，公司无权管辖。两广总督蒋攸铦在奏折中向皇帝汇报了当时澳门海域的英美争夺："近闻英吉利与米利坚彼此构衅，时相劫夺货财，此系洋商传闻之词，且事在夷洋，不值过问。本年夏间，有米利坚国货船一只进口，所有英吉利国兵船随带之小快艇卸尾驶追，经守口员弁登时将该船逐出外洋。臣等当饬洋商通事，严诘英吉利大班益花臣因何不行约束，令其切实禀覆，旋因英吉利国及米利坚时有货船驶至，而英吉利之护货兵船虽不敢驶入内洋，时至虎门海口往来游弋，屡经驱逐，倏去倏来，情形诡异，必须示之以威……据通事译据该大班禀称，实因米利坚曾在外洋抢过该国货船，挟有衅隙。希图间或报复。"②

广东地方官表示将停止中英贸易，英国方面的态度也变得更加强悍，提出将率先撤退对华贸易的船只，双方关系陷入僵局。后来，英国东印度公司为了化解僵局，委派小斯当东为全权代表与广东官员谈判，为英国商馆争得了一些权益。此次事件在中英关系上掀起了极大波澜，"多利斯"号事件于1815年初已经平息，但由于消息传回英国需要半年时间，在这期间英国政府因评估中国贸易有持续停顿的危险，再次酝酿派遣使团赴华。1815年10月的《泰晤士报》上还刊登了清朝嘉庆皇帝对"多利斯"号事件的上谕，并错误报道了广州贸易又陷入停顿中，或因不确定及忧虑

---

① 详情参看〔美〕马士《英国东印度公司对华贸易编年史》第三卷，第七十章，"美国船运与大不列颠战舰，1814"。

② 中国第一历史档案馆等合编《明清时期澳门问题档案文献汇编》（二），第34-35页。

广州当地的情势，英国政府决定遣使赴华。①

2. 阿美士德使团成员与澳门

阿美士德使团与英国初次派遣的马戛尔尼使团有着很大区别，是在英国更深入地了解中国事务的基础上成行的，使团从筹划到人员遴选，都体现出当时英国人对中国和中英关系的认识和把握。尤其是使团人员构成，诸如副使小斯当东，第一个来华的新教传教士马礼逊（John Morrison）、后来曾经担任第二任港督的德庇时（John Davis）等人都长期在澳门和广州工作，非常熟悉中国事务。这些人员的选择充分体现出澳门在英国早期"中国通"的培养上所起的重要作用，可以说澳门不仅是阿美士德使团主要成员的成长基地，同时也是英国早期"中国通"的培养基地。

小斯当东

小斯当东是18、19世纪之交中英关系中的重要人物，在很多重要的历史场合中可以见到他的身影。1793年，小斯当东跟随父亲参加了马戛尔尼使团，充当使团见习侍童。马戛尔尼使团之后，父亲斯当东积极地参与中英外交工作，非常盼望能够再度出使中国，但没有成行，于是就把希望寄托在了小斯当东身上。父亲向英国东印度公司提出让小斯当东到广州和澳门为公司服务，1798年4月得到英国东印度公司同意，1799年6月18日，小斯当东启程前往广州担任公司商馆书记，并于1800年1月16日抵达广州。小斯当东在中国工作期间，每当贸易季节结束后，他都会随英国东印度公司商馆人员于6月底搬迁至澳门避暑，并在澳门努力学习中文，很快掌握了相当的中文知识②。小斯当东利用自己掌握的中

---

① 游博清：《英人小斯当东与鸦片战争前的中英关系》，载复旦大学历史地理研究中心主编《跨越空间的文化——16-19世纪中西文化的相遇与调适》，东方出版中心，2010，第284-285页。

② 详情参见郭小峰《斯当东与中国语言》，2011年中山大学硕士学位论文，未刊稿。

文为英国东印度公司服务，并结合日益丰富的贸易和外交经验，翻译和写作了不少中国的法律政治方面的书籍，包括《异域录》《中国语文与中英贸易札记》《乔治斯当东的家庭和生活回忆录》《阿美士德使团行纪》等，成为19世纪前半叶英国名副其实的"中国通"。

贸易事务外，小斯当东还在中英交涉和冲突中扮演重要角色，积累了与中国官员打交道的丰富经验，在中国官员眼中留下了深刻的印象，早在阿美士德使团来华之前，嘉庆十九年（1815年1月8日）广东官员在奏折中就提到要提防小斯当东："英吉利夷人司当东，前于该国入贡时，曾随入京师，年幼狡黠，回国时将沿途山川形势，俱一一绘成图册，到粤后又不回本国，留住澳门已二十年，通晓汉语。定例澳门所住夷人，不准进省，司当东因松筠前曾伴送该国夷使，于松筠任两广总督时遂来省禀见……司当东在粤既久，英吉利夷人来粤者大率听其教诱，日久恐致滋生事端。"① 恰是这个在中国官府眼中留下"狡黠"印象的小斯当东，从事贸易活动之余，对中英外交也十分期待。1804年6月，第一次回英国休假之后，小斯当东再次来华担任英国东印度公司大班，除商业任务外，还担负一项外交任务，他携带着英王乔治三世给嘉庆皇帝的信，此信要求清廷与法国断绝往来；此外，还带着英国政府管理委员会主席、英国东印度公司董事会主席给北京大臣、两广总督和粤海关监督的信。1808年英国企图占领澳门的军事行动使中英关系陷入僵局，英国不少人提出应派遣使团来华缓解紧张局面。1809年，英国东印度公司董事会主席查尔斯·格兰特（Charles Grant）写信给小斯当东，告知他政府考虑遣使赴华，而他是大使人选之一，希望他草拟一份详细计划以供参考。11月20日，小斯当东根据自己的实践经验，在回信中提出了几点建议，

---

① 中国第一历史档案馆等合编《明清时期澳门问题档案文献汇编》（二），第37页。

比如大使人选，小斯当东认为大使应该具有流利的汉语能力并熟悉中国习俗以加强双方沟通；使团应该是一个"小巧精致"的使团，除护卫外，成员应介于十至二十人最理想。不过此次英国遣使计划并没有付诸实施。1814年"多利斯"号事件之后，英国政府再次计划遣使赴华，小斯当东以其出色的中文能力和对中国的了解被任命为使团副使。由于阿美士德大使不通中文，使团相关的文件和行程有关细节均由小斯当东主导，他在很大程度上影响着使团的整个行程。

多年在澳门和广州的工作经验，使他深刻认识到作为以农业为主、君权至上和天朝体制的清王朝，与以工业革命、商品经济和议会制度等著称的英国差别何止天壤。他在著作中批评中国朝贡式的外交政策落后和无知，认为中国的朝贡式外交观与欧洲国际外交观存在很大差异，并指出造成清朝外交政策落后的原因在于："（中国）周围被野蛮部落所包围，且大多数时期能依靠自然疆界的屏障避免这些部落的入侵，使中国没有机会也没有场合学习任何国际法律的原则，但欧洲在自由独立国家之间，因彼此的冲突使这些外交原则早已产生，并成为他们所有和平与友谊最基本的基础。"外交礼仪方面，小斯当东非常注重国际间互相平等来往的概念，尤其反对大使行三跪九叩礼，认为其严重违背国家平等的原则，他曾专门论述"论中国宫廷叩头礼仪"，指出"所谓的礼仪实际上蕴含着平等的概念，礼仪并不仅是形式，而是诉说着智能的语言……然而，身体不同的姿势实际上表达了不同的屈服与虔诚……如站着和低头不及单膝下跪所表达的尊敬，单膝下跪不及双膝下跪，双膝下跪又不如双膝下跪且前额触地……对中国人而言，这些又比不上如此反复做三次、六次、九次……而当任何这些礼仪是互相表现时，并不会抵触平等或独立的概念。而如果它们不被互相表现时……三跪九叩所表现的将是个人或国家对其他国家的屈从和效忠……那些认为自己臣属于中国的欧洲国家将会行叩头礼,那些不认为如此的将不会行礼。"①

1816年,阿美士德使团在北京期间,小斯当东强烈坚持"对等关系"原则,反对大使行三跪九叩礼,最终导致使团失败。中国方面非常清楚阿美士德大使之所以拒绝行三跪九叩礼,小斯当东的作用十分明显,以致对其颇为恼火:"至该副使斯当东久住澳门,通晓内地语言,人本谲诈,此次该使臣等反复狡猾,料必系伊从中播弄。斯当东到粤时,即饬令同该正使等一并回国勿许停留。伊若请于回国后,仍来澳门充任大班,亦严词饬禁,断不许其再来。并谕知各洋行勿许私自容留,违者治罪。"② 而英国皇家学会却把此事当成小斯当东贡献:"最值得提及的例子是在1816年的中国使节团里,清廷认为除非大使行三跪九叩礼,否则拒绝觐见。大使倾向于接受,但熟悉对华事务的他,确信这将与屈辱无异……因此坚决反对。当清廷官员威胁驱逐使团并将其囚禁时,他仍表示绝不屈从。"③

马礼逊

马礼逊是英国伦敦传道会(London Missionary Society)的传教士,也是第一个踏足中国大陆的基督教新教传教士。1807年1月31日马礼逊起程转道美国来华,9月7日抵达广州,被视为新教来华传教第一人和先驱。马礼逊来华之初并不能顺利地传教,当时中国政府禁止基督教传教,英国东印度公司担心与传教士牵涉太深势必影响公司商业利益,也反对西方传教士入华。马礼逊不得不采取隐蔽的方式在广州开展工作。

马礼逊抵达中国后最先在澳门与小斯当东交往,后经由小斯当东接触到英国东印度公司广州特选委员会的主席剌佛(John

---

① 转引游博清《英人小斯当东与鸦片战争前的中英关系》,载复旦大学历史地理研究中心主编《跨越空间的文化——16-19世纪中西文化的相遇与调适》,第287页。
② 中国第一历史档案馆等合编《明清时期澳门问题档案文献汇编》(二),第77页。
③ 转引游博清《天朝与远人——小斯当东与中英关系(1793-1840)》,(台北)《中央研究院近代史研究所集刊》,2010年9月,第35页。

W. Roberts)。1809年2月，马礼逊受聘担任公司澳门商馆的中文译员，开始为英国东印度公司服务，不可避免地介入了中英贸易和外交事务。实际上，在相当长的时间内，马礼逊是澳门英国东印度公司唯一的中文译员，除长期负责英国与中国行商之间的商业文书往来外，他还参与各种中英冲突以及与广东各级地方官员的交涉和谈判。经过长期外交实践，马礼逊逐渐了解和熟悉了中国制度，并探索出一套务实地处理中英事务的外交方略，在早期中英交涉中起到举足轻重的作用。马礼逊在处理中英交涉过程形成的见解、提出的方法策略，后来成为了两国制定外交政策的法理依据，他也成为了早期中英关系史上当之无愧的"中国通"。1816年，马礼逊受命担任阿美士德使团的中文秘书兼翻译。在前往北京的途中，马礼逊负责将英国摄政王乔治写给嘉庆皇帝的信、礼单、使团人员名单及其他相关公文翻译成中文。他发现广东官员在向朝廷禀报时以"贡使"指称阿美士德大使，即刻在公文中把大使和副使翻译称"王差"，将礼品由"贡品"改译为"礼物"等等，以示英国与中国的平等关系。在阿美士德大使进京前，中方提出英使觐见皇帝是必须行三跪九叩礼，马礼逊对此始终持反对意见，他说："就我们国王的代表而言，即使在皇帝面前，这种表示敬意的行为，也被认为是不可行的。"① 后来，马礼逊撰写了使团出使的报告，详细记录此次使团赴华的经过，分析总结失败的政治、社会和文化因素，他指出："我缩写的这个简略报告，已经帮助你对中国封建专制皇帝和半开化的宫廷的实质做出一点判断了。"②

---

① 顾长声：《从马礼逊到司徒雷登——来华新教传教士评传》，上海古籍出版社，2004，第11页。
② Mrs. Elizabeth Morrison compiled, *Memoirs of the Life and Labours of Robert Morrison*, Vol. 1(London: Longman, Orme, Brown, Green, and Longmans, 1839), p. 453.

德庇时

德庇时（John Davis），1813 年被任命为英国东印度公司的书记员，开始在广州和澳门工作。他随后开始学习中文，1816 年被选为阿美士德使团成员。德庇时对中国有着深入研究，对中国文化，尤其是中国文学在西方的传播起到了重要作用，1823 年出版《贤文书》，1836 年出版巨著《中华帝国及其居民概论》，晚年更是潜心研究中国历史文化，著有《中国杂记》、《中国诗歌论》、《中国见闻录》及《交战时期及媾和以来的中国》等著作，并翻译《中国小说选译》、《好逑传》和《汉宫秋》等译著。德庇时是英国驻华外交官中的最早汉学权威，被视为领事馆汉学家的先驱，是英国汉学研究的主要奠基人之一。使团之行后，他继续留在澳门和广州，1832 年被任命为公司特选委员会主席。1834 年，他在律劳卑之后被任命为英国驻华首席商务监督，1844 年 5 月 8 日，他担任第二任香港总督。

阿美士德使团的失败标志着英国寻求通过外交渠道改变中英关系的做法失败，英国东印度公司不得不接受事实。1817 年，英国东印度公司董事部致信广州特选委员会，要求在使团失败后广州特选委员会不要对中国政府采取对抗性态度，"在与中国政府进行的一切讨论中采取最为谦恭和克制的态度"。1818 年 4 月 7 日，在听取了阿美士德使团的报告后，公司董事部告诫特选委员会，应尊重中国法律，"必须学会谨言慎行，以在任何情况下避免与中国政府产生会引起敌意的争执"，再次强调在对华政策方面必须谨慎从事，并在同年 5 月的一份函件中，批评了前一年广州特选委员会对广东当局的挑衅行为，认为"是英国人要求贸易，要使贸易持续下去，就要忍受广州那些讨厌的限制"。[①] 之后，英国东印度

[①] Herbert John Wood, *Prelude to War, The Anglo – Chinese Conflict 1800 – 1834*, pp. 368, 347, 373.

公司一直主张"忍让""谦恭"的温和策略，以维持能够带来巨大利润的中英贸易，作为公司最后一任驻广州特选委员会主席，德庇时是公司政策的坚定执行者。

小斯当东、马礼逊和德庇时等组成了使团最重要的智囊团，他们的中文能力和对中国事务的了解和把握，使得阿美士德使团的成行有着更突出的专业色彩。按常理而言，由这么多"中国通"组成的使团，熟悉中国事务和相关礼仪习惯，应该会选择恰当的方式与中国政府进行接洽和沟通，顺利完成出使任务。但是，令人有些不解的是他们最终却没有完成出使任务。这些对中国社会和制度认识颇深的"中国通"，认识到近代欧洲民族的外交和中国传统外交的认知之间存在不可调和的矛盾，均强烈坚持大使不能行三跪九叩礼，坚定认为这种礼仪代表着明确的政治、文化含义，可以说这种认识是导致使团失败的重要原因，也让我们看到中国传统外交从"华夷之辨"到"平等外交"的开端非常艰难。

3. 全球化视野下的天朝体制与澳门

15世纪末以来，葡萄牙率先开始在全球范围内进行海外扩张，由于国力有限，他们把重点放在确保海上航路的安全上，在从非洲到远东的占领地，采取的统治方式差异很大。葡萄牙自从16世纪20年代试图武力占领中国沿海受挫之后，官方放弃了与中国通商的努力。不过，那些在东亚海域游弋的葡萄牙商业殖民者，逐渐熟悉了中国的情况，最终通过贿赂等手段于16世纪50年代在澳门获得了居留的机会。随着贸易的发展，澳门葡萄牙人需要相应的行政组织进行自我管理。最初，澳门的自治机构没有得到葡属印度总督的任何指示，管理模式类似于葡萄牙人在印度洋一带的商站建制，职能主要是商业性的，兼具一定军事职能，同时注重尊重当地风俗习惯，维持与当地人的友好关系，并与葡萄牙人的其他商站在贸易网络中共同运作、相互补充。1580年葡印总督从果阿派出了王室法官（Ouvidor，又称判事官）抵达澳门，将葡萄牙法律延伸到澳门，澳葡自治机构才带上了葡萄牙海外行政组织的传统色彩。1583年，在萨（D. Leonardo de Sa）主教的倡议和主持下，澳门正式成立议事会或称议事公局（Senado）。1584年，葡印总督孟尼斯（D. Duarte Menes）扩大了议事会的行政、政治和司法管理权，军事权则仍由巡航首领专掌，特殊重大事务由市民大会表决，王室法官和主教应邀参加会议。1586年4月10日，葡印总督孟尼斯沿袭中世纪葡萄牙的市政组织模式，确认澳门为"中国圣名之城"，赋予澳门与葡萄牙埃武拉（Evora）同样的地位，并授予澳门议事会权力，每三年一次选举官员、普通法官。1596年4月28日，葡萄牙国王颁令承认，澳门获得了"法令特许状"，享有埃武拉市同等的自由、荣耀和显赫。①

图4 澳门总督府

澳门葡萄牙人以"商人共和国"的模式在南中国沿海的行政机构，乍看起来是完全按照葡萄牙人在全球贸易扩展中建立起来的全权机构。实际上，这种自治行政机构并非建立在葡萄牙主权基础上，澳门依旧是在中国传统王朝"加惠远人、抚育四夷之道"之下，"恩准西洋夷人寄居贸易，藉之生计"的"天朝地方"。②

---

① 吴志良：《澳门政治制度史》，广东人民出版社，2009，第44页。
② 中国第一历史档案馆等合编《明清时期澳门问题档案文献汇编》（二），第60页。

不过，随着西方殖民势力的东来，全球化贸易趋势日益明显，中国传统的"万邦来朝"的天朝景象逐渐衰微，中外商品经济的发展已经无法用"贡市一体"来框架了。1685年，清朝廷根据实际需要，废除了海禁，首次设立粤、闽、浙、江四海关，实行"贡市分流"："因贡而来者，税应免则免之；专以市来者，货应征则征之。"这一举措应该说是中外关系体制上的一大进步，符合全球化贸易的发展。于是，在中国对外关系中开始有了"朝贡国"和"互市国"的区别。凡不是来华朝聘而是通商贸易的国家，葡、荷、英、美、瑞典等都属于"互市国"，他们的商船不必遵照朝贡体制的繁琐礼仪和种种严格规定，可以不拘时间不拘数量地到开放口岸通商，由口岸海关征收税饷。不过，这并不是清朝统治者在对外关系体制和指导思想上的改变，只是对外策略具体应用上的修正，他们仍然把互市当作怀柔外交的自然延伸。在朝廷看来，政治外交上所有来华的国家，既然受互市的恩惠，就应该对天朝感恩戴德，奉命唯谨，来访的诸国大使，一概被冠上"贡使"的旗号，按照朝贡规矩才可以成行。这些做法符合清朝在传统对外关系制度的允许下，维持对外交往的需要。

澳门葡人尽管享受优先地位，但在明清朝廷眼中，仍属向化的外夷，地位十分明确，《澳门纪略》上称："其澳地岁银五百两，则自香山县征之。考《明史》载濠镜岁课二万，其输租五百，不知所缘起，国朝载入《赋役全书》。《全书》故以万历刊书为准，然则澳有地租，大约不离乎万历中者近是。"[1] 这段话表明在万历年间，澳门葡萄牙人正式向明朝官府缴纳500两白银作为地租，以换取在澳门居留的权力。1582年，即澳门议事会成立前一年，两广总督陈瑞传唤澳葡代表前往肇庆，以皇帝当年未向他们授予任

---

[1] 张汝霖、印光任著《澳门纪略》，赵春晨点校，广东高等教育出版社，1998，第43－44页。

何管辖权为由，命葡萄牙人解释以何种法律管理澳门。澳葡代表以甘辞厚礼博得陈瑞欢心，获允"从此以后，让他们自己管理自己，只要遵守我们的命令就行了。"① 这正是澳葡当局面临的政治形势，他们享受内部自治，但没有充分的政治主权，必须采取妥协政策，服从中国法律，接受中国官员管辖并缴纳地租。因此当1638年意大利人阿瓦罗访问澳门时，他指出："这个城市初创之时，由于该地并非武力夺得，而是获得中国官员允许居住，故以共和国形式管理，即由资深顾问管治，并无将军或总督。"② 明朝在澳门半岛与大陆的连接处设立前山寨，用关闸封闭澳门，并派香山县丞专管澳门，派参将率兵驻扎前山寨。清承明制，并进一步加强对澳门的控制。1743年，清廷在前山寨设立澳门同知，专司海防，查验进出口海船，兼管民蕃。香山县丞则移驻澳门望厦村。随着清朝开放海禁，中西贸易就逐渐集中到广东，形成了广州—澳门为中心的贸易体制。在这样的管理体制下，澳门实际上成为在清官府有效管理下的外人居留地，朝廷先后发布了越来越严格的澳夷管理条例，加强对澳门贸易和防务的控制，在行政、司法、军事等方面都对澳门形成了完善的建制，其中以乾隆十三年（1748）澳门同知张汝霖制定的"筹善后事宜"十二条最为全面具体，以汉文和葡文颁布，澳门中葡居民共同遵守，充分体现出中国对澳门的主权管辖。尽管面临全球化的贸易形势，清廷仍旧保持仁厚、威严的姿态，可以说是怀柔与防范相结合，达到既控制中外贸易又控制来华外夷的目的。

与中国当局日益具体和严格的管治相比，葡萄牙政府在1783年颁布《王室制诰》之前，并没有对澳门采取任何有效的管治措施。鸦片战争之前，葡萄牙对澳葡的指示就含糊不清，令其无所

---

① Montalto de Jesus, *Historic Macau*, p. 26.

② C. R. Boxer, *Seventeenth Century Macau*（Hong Kong：Heinemann），p. 74.

适从。面对高度依赖中国政府的现实，澳葡当局不得不一切以商贸利益为重，对中国官府采取调和让步的态度，"由于澳门市政议会的特殊独立性，葡萄牙政府的态度和政策在澳门问题上体现得极为薄弱。澳门市政议会在他实际上所受的中葡二元化领导下，更多地倾向于接受中国政府的领导"。① "议员一般没有多少文化，毫无政治经验，以礼物、贿赂和屈从来面对华人的压力，试图保持在澳门取得的脆弱的利益平衡"。② 这种被认为卑躬屈膝的做法，受到了包括葡萄牙国王和印度总督在内的西方人的责难，但就实际情形而言，"葡方无论怎么有理也没有用，因为他们面临的选择只有一种：退让，否则饿死。"③ 由此可见澳门葡萄牙人名义上是受葡萄牙王室和法律的管治，实质上则受到明清政府的严格控制，这种局面，使在全球化浪潮中逐渐占主导地位的西方人感受到明显的挫折感。

18世纪末期以来，英国在全球范围内扩展的态势日益明显，最初英国人力图通过外交渠道突破中国外交管理体制，澳门作为中西交往的缓冲地，自然成为这种外交较量最直接的场地。早在1813年（嘉庆十八年九月十七日），就澳葡当局应该如何对待西方来使，署香山知县舒懋官就曾转达两广总督为禁止澳葡当局私下接待英国使臣的饬令，称："先奉两广总督部堂将宪札：转饬尔西洋夷目，务须禀尊天朝法度，毋许私自款接，慎勿误听恐吓诓骗，自贻伊戚。原为尔西洋夷人居住天朝地方二三百年，沃受恩泽。恐英吉利夷人肆其狡诈，向尔等恐吓诓骗，转致因而受累，是以剀切谕饬，尔等自应恪守禁令，不得稍有违抗，业经前各县谕饬遵照在案……即英吉利夷人到澳，说来拜探。尔等当以现奉督宪

---

① 王昭明：《鸦片战争前后澳门地位的变化》，《近代史研究》1986年第3期。
② 《澳门宪法史初探》，第14页，转引自吴志良《澳门政治制度史》，广东人民出版社，2009，第51页。
③ Montalto de Jesus, *Historic Macau*, p. 33.

谕禁，不敢私自款接，婉言拒绝，方为正理。在天朝亦见尔等恭顺之忱，庶可以永承恩泽，不致因别国之事，转致自己受累。"①1816 年，在英国使团到达中国洋面之前，广东地方官员听闻澳葡当局在修葺房屋，准备接待，便提高了警惕，香山知县马德滋谕令澳葡理事官，询问有无此事："昨本县风闻西洋番差将水坑尾夷楼一所、花王庙旁边一所先时预备，以为英吉利贡使到澳住宿之所。殊有关系，当经谕饬查报，未据禀复，合谕催查。谕到该理事官，即速查明，有无将水坑尾夷楼及花王庙两处预备，为该贡使到澳居住之事，刻日据实详细禀覆本县。"② 同时将此事上报给广东巡抚，广东巡抚董教增很快严正声明广东官方立场，1816 年 7 月 13 日（嘉庆二十一年六月十九日）他在奏报筹办英国来使的奏折中称："据香山县知县马德滋具奏，风闻在澳西洋夷人修葺夷馆，似为款接英吉利国贡使……其西洋夷人拟留英吉利贡使在澳居住一节，臣董教增现饬署澳门同知李云、香山县知县马德滋严谕西洋夷目，以各国贡使至粤，大皇帝恩礼优加，无庸该夷人代为款接，且英吉利贡使奉旨准由天津上岸，即不应绕道逗留。澳门本系天朝地方，恩准西洋夷人寄居贸易，藉资生计，所以仰沐皇仁者至优极渥，其偶将夷馆赁与各国夷商暂寓，不为深究，已属格外恩施，如果擅留英吉利贡使居住，则是私行交结，任意妄为，一经奏明大皇帝，即不能长承恩泽。并饬行水师各营协，于要隘口岸密行防范。查，西洋夷人久居内地，怀德畏威，经此番饬谕之后，断不敢有违禁令。"③

---

① 章文钦校、刘芳辑《葡萄牙东坡塔档案馆藏清代澳门中文档案汇编》下册，第 736 页。
② 章文钦校、刘芳辑《葡萄牙东坡塔档案馆藏清代澳门中文档案汇编》下册，第 738 页。
③ 中国第一历史档案馆等合编《明清时期澳门问题档案文献汇编》（二），第 60-61 页。

英国东印度公司曾经向澳葡当局通报阿美士德使团的行程,但澳葡当局反应十分冷漠,与马戛尔尼使团所受到待遇反差明显。阿美士德使团成员留下的出使日记或者报告中,实际情况并非如此,大使1817年1月20日离开广州前往澳门,21日,先行抵达澳门的使团成员梅特卡夫爵士访问澳门总督,通报特使即将到来的消息,希望总督派军队对客人致敬并维持秩序,总督表示对这种做法有顾虑,因为中国当局从广州发来命令,对特使表示敬意会导致与他们争论而受到埋怨,这是他力图避免的;但他同意"奥尔斯特"号上的水兵登岸。他又说1月20日至29日是向逝世的葡萄牙女王致哀的时间,这段时间内他不能离开住所去拜望特使,也不能下令鸣炮致敬。梅特卡夫建议总督可以派一位副官向特使说明情况,被总督拒绝了。1月23日,阿美士德大使抵达澳门,"特使阁下上岸;每艘公司巡船鸣炮十九响致敬。海军【来自'奥尔斯特'号】列队,乐队奏乐,特使阁下上岸;他接受商馆人员盛装迎接,并前往罗巴兹的房子,通过列队致敬的一排约有四十名的中国军队……梅特卡夫爵士不得不表示他满意于这队兵丁有纪律的行为和中国人的一般态度。这些行动,无论在什么情况下,他们都是根据法令做到客气与使人快慰,而与葡萄牙人的招待形成强烈的对照"。1月28日,阿美士德大使离开澳门,他表示"受到自己国人的接待,一切都非常快意"。①

在1816年阿美士德使团出使中国的行程中,澳葡当局的表现让英国人十分不满,与马戛尔尼使团成员在其记载中对澳门事务和风景不厌其烦的介绍相反,阿美士德使团成员的报告中,大使在澳门的活动基本阙如,在英国人看来澳门没有任何值得记载的

---

① 〔美〕马士:《英国东印度公司对华贸易编年史》第三卷,第272页。

东西,① 大使只在澳门冷冷清清地待了五天,然后冷冷清清地离开了。从英国人的态度明显可以看出他们对澳葡和中葡关系模式的失望,显然他们不能接受这种交往模式,使团成员伊利斯在游记中说:"在澳门的居住由于限制严格非常令人不愉快,中国人严格限制欧洲人的行动,这种限制既让人觉得讨厌也没有必要,只有葡萄牙人才会甘心忍受。看到一个像澳葡当局和议事厅这样的机构自称是欧洲人的政权,真是令人反感的事情。即使他们有办法,我都怀疑他们是否会对中国人的不断羞辱和侵夺感到愤怒;事实上,他们曾经做过的唯一事情是不断破坏联盟和他们母国的救星(译者——指英国)……澳门真的不值得去访问。"②

图5 为英国使团服务的澳门商人

---

① 详情参见 Henry Ellis, *Journal of the Proceeding of the late Embassy to China* (London, 1818), Vol. 2, Chapter, Ⅶ. 以及 Clarke Abel, *Narrative of a Journey in the Interior of China and of a Voyage to and from that Country in the year 1816 and 1817* (London, 1818), p. 236。

② Henry Ellis, *Journal of the Proceeding of the late Embassy to China* (London, 1818), Vol. 2, Chapter, Ⅱ, pp. 204 - 205。

葡萄牙人的做法让英国人切齿痛恨，英国作为当时世界最强大的西方势力，与中国打交道的过程中，在贸易制度和外交体制方面，都无法从澳门模式中看到经由外交途径达到目标的希望，但他们还不敢轻举妄动。不过，大英帝国日益稳固壮大，不断向全球拓展自由贸易，建立起更为广阔、机制更灵活的新帝国，成为全球霸主，澳门模式显然不符合他们在全球拓展的构想，他们曾受澳葡的启发，但并不满足于澳葡的状态，最终创建了以割占主权为前提的香港模式。

插图均选自〔英〕亚历山大所绘制的图画，载刘潞、吴芳思编译《帝国掠影——英国访华使团画笔下的清代中国》（中国人民大学出版社，2006）。

英国人在澳门的生活空间变迁

——以马礼逊时代为中心

蔺志强

鸦片战争之前，清朝政府原则上禁止从事商业以外事务的西方人在中国居留，特别是在 18 世纪后期一口通商后，这种禁令得到更加严格的执行。清政府推行限关政策的目的是最大限度地避免对外通商活动对天朝体制的冲击，"于怀柔外夷之中仍不失天朝礼制。"① 澳门在很长时期内是这一政策得以施行的必要缓冲地，所有来华的与商务无关人员和他们的活动都被截留在这里。澳门因而成为有选择地接受或拒绝西方影响的有效屏障：一方面，清政府通过对澳门的有效控制，使有违天朝礼制的行为在澳门亦严格禁绝；另一方面，通过控制澳门与广州的往来，使进入中国内地的西方因素进一步接受筛选，确保无损于既有秩序。如此天朝礼制便处于"双保险"之下，得贸迁之利而无失体之险。

然而，检视相关的历史资料，我们却到处可以发现官方政策与实际情形的不同步。虽然直至鸦片战争前清朝官方的政策没有任何明确的变化，地方政府也会不时采取一些行动以宣示

---

① 中国第一历史档案馆编《澳门问题明清珍档荟萃》，澳门基金会，2000，第 189 页。

这种限制的存在，但实际上西方人在澳门和内地的生存空间却在不断扩张，其文化的渗透也在逐步加剧。首位来华的新教传教士马礼逊在华活动的时代前后[①]，正是这种变化迅速发展的时期。

英国人是这一时期在澳门和广州活动的外国人中人数最多的群体。英国在对华贸易中占据绝对优势，往来于英华之间的各类英国商人数量之巨也自不必说。单就长期寓居于广州和澳门的英国侨民而言，也有相当可观的规模。1839年，林则徐巡阅澳门时统计，澳门共有英国人57户。[②] 因此研究英国人的情况能够比较典型地反映外国人的生存空间变迁。

这一时期来华的相关当事人留下了比较丰富的日记、游记和相关著作，国内外学界对有关资料的研究业已十分深入。不过学者一般关注的重点，或在商业与传教事业的发展，或在外国人对中国文化认知的演变。本章试图跳出经商或传教这些事业本身，关注在华英国人从事这些活动的空间与环境的变化。我们将利用相关历史文献中较少受到关注的"边角料"，或对常用的有关资料进行不同视角的观察，反映马礼逊及其他非商英国人数十年间在澳门的生活空间变迁，以及英国人在澳门和广州的生活空间差异的动态演变，从而展示澳门对西方文化屏蔽与缓冲作用的发挥与弱化，为评价澳门在早期中西文化交流中的地位和作用提供一些帮助。

[①] 马礼逊在华时间为1807-1834年，本章兼及同时代的其他案例，关注的时段大致为19世纪初至鸦片战争爆发前。有关马礼逊的基本履历和事迹已有很多介绍，在此不再赘述。国内对马礼逊最为晚近和详细的研究是谭树林的《马礼逊与中西文化交流》，中国美术学院出版社，2003。

[②] 中国第一历史档案馆编《澳门问题明清珍档荟萃》，第196页。有关英国人在澳门的居住情况，参见朱俊芳《明清时期澳门人口研究》，暨南大学博士学位论文，2005，第120-123页。

关于非商英国人的范畴,需要交代几句。早期来华的西方人,除了商人及其服务人员,主要就是传教士,这也是本文以马礼逊为主的原因。不过我们也不会完全排斥商人,一方面因为所谓商人从来不会只从事商业活动,他们的触角和身份会因为时势的变迁而延展或收缩,而且商人在促进非商人的生活空间扩大方面的影响不容忽视;另一方面因为当时的很多非商英国人在身份上常常与商人联系紧密,包括他们的服务人员和家眷、仆役,更包括以商人身份掩盖真实使命的传教士。还是以马礼逊为例,众所周知,他能够长期在华传教,不是因为传教事业有何大的进展,而是基于他在东印度公司担任翻译的身份。

选定19世纪初到鸦片战争前这个时段来阐明这一变迁,除了资料把握的考虑,主要因为我们认为一方面从时间演进的角度来说,1830年代末的英国人在华活动的各种环境比1800年有显著变化。另一方面从地域对比的角度来说,在这一时段内英国人在广州的生活便利性与在澳门的生活便利性差别大大缩小,甚至在一些方面广州比澳门更加方便。换句话说,澳门作为中英交往屏蔽器和缓冲地的作用明显淡化了。而澳门地位的这一变化,可以成为中英交往环境根本变迁的有力证据。

一 澳门对中英早期非商往来的屏蔽

1. 华夷之防与入澳住冬政策

澳门屏蔽非商英国人对华影响的功能,体现在三个方面,或来自三方势力。首先是清政府的华夷之分;其次是澳门葡萄牙天主教势力对英国新教势力的戒备;第三是英国东印度公司防止触怒清政府而进行的防范。事实上,这也是马礼逊初至澳门时当地朋友给他的忠告的中心:"在澳门居留非常困难,主要有两到三个难题：第一，中国人；第二，葡萄牙天主教士；第三，东印度公司。"①

这些难题的根源，还要从清政府的限关政策与外商入澳住冬谈起。洪任辉事件后，清政府开始更严格地限制外国商人在沿海的活动，并出台了一系列相关措施。从 1759 年两广总督李侍尧制定并经乾隆皇帝批准颁行的《防范外夷规条》五项（又称《防夷五事》），到 1831 年夷妇事件后颁布的《防范外夷章程》八条，以及 1835 年由两广总督卢坤、广东巡抚祁贡、粤海关监督彭年乃等共同拟订的《防夷新规八条》，这些措施经过数次增补和完善，成为清朝政府对外实行限关政策的具体实施细则。同时，"八条规章"也成为来华外国人耳熟能详、必须遵守的行为守则，指导着他们在华经商与日常生活的方方面面。②

清政府实行限关政策固然有限制外商无序扩张和过分逐利的考虑，但更主要的出发点还是在强调华夷之大防。在这些限关措施中，影响最大的一条便是禁止外国商人在贸易淡季滞留广州，以及因此形成的澳门住冬制度。两广总督李侍尧在其著名的奏折中首次提出，应让在贸易季节过后仍不得已留住粤东的商人前往澳门居住："夷商在省住冬，应请永行禁止。外洋夷船向系五六月收泊，九十月归国，即间有因事住冬，亦往澳门寄住。乃近来多

---

① Eilza Morrison ed., *Memoirs of the Life and Labours of Robert Morrison* (London: Longman, Orme, Brown, Green, and Longmans, 1834), Vol. 1, pp. 160 – 61。中译本见〔英〕艾莉莎·马礼逊编《马礼逊回忆录》，北京外国语大学中国海外汉学研究中心翻译组译，第一卷，大象出版社，2008，第 87 页。中译本此处译为"在广州居留"，有误。又及：国内还有一个《马礼逊回忆录》，即马礼逊夫人编《马礼逊回忆录》，顾长声译，广西师范大学出版社，2004。此译本是节译版，与英文原版有较大差别。因此本章下文注释所称"中译本"皆指大象出版社本，2008。

② Austin Coates, *Macao and the British*, 1637 – 1842 (Hong Kong: Oxford University Press, 1988), p. 59.

有藉称货物未销，潜留省会，难免勾结生事。请嗣后夷船到粤销货后，令其依限回国，即有行欠未清，亦应在澳门居住，将货物交行代售，下年顺搭回国。"①

虽然葡澳当局最初很不情愿，但最终还是接受了接纳在华外国人临时前来居住的安排。② 这便是澳门正式作为外商住冬之所的开始。经过一段时间的发展，入澳住冬的外商渐多，1772 年英国东印度公司正式在澳门南湾设立办事处，③ 可谓标志性进展。与此同时，逐渐形成了由澳门理事官和广州十三行共同参与的外商出入省澳管理制度，往返两地都要持有凭据。④ 这使入澳住冬政策有了施行的保障。

入澳住冬的措施保证了在贸易淡季没有外国人在广州"无事生非"，同时也使澳门成为在华外商的大后方，来华商人的季节性往来也赋予了澳门新的特色。这些商人中，英国人占据大多数。正如马礼逊 1808 年在一封家书中所说，澳门的英国人"是最富有的，而且有巨大的影响"。⑤

除了在淡季"清空"广州外商，在贸易季节，入粤的外国人及其活动范围和方式也有严格限制。比如，外国人不得在广州从事与贸易无关的任何活动，外国人不得乘轿，不得私携武器，不得雇用中国仆人等。作为维护儒家礼教、屏蔽西洋生活方式影响的重要措施，清政府还严格要求外国妇女一律不准前往广州。早在 1751 年广东政府就下令："有夷船到澳，先令委

---

① 中国第一历史档案馆编《澳门问题明清珍档荟萃》，第 136 页。
② 〔瑞典〕龙思泰：《早期澳门史》，吴义雄等译，东方出版社，1997，第 48 页。
③ 〔葡〕施白蒂：《澳门编年史》，小雨译，澳门基金会，1995，第 1667 页。
④ 杨国桢：《洋商与澳门：广东十三行文书续探》，《中国社会经济史研究》2001 年第 2 期。
⑤ Eilza Morrison ed., *Memoirs of the Life and Labours of Robert Morrison*, Vol. 1, p. 222. （中译本认为此处指"在华英人"，不准确。见中译本第一卷，第 117 页。）

员查明有无妇女在船，有则立将妇女先行就澳寓居，方准船只入口。"① 另外还规定中国人不得私自与洋人接触。"除行商有交涉账目外，其余华人亦不准私与夷人往来。"② 特别是在洪任辉案的警示下，清政府严禁华人帮助外国人学习汉语，甚至定为杀头之罪。而华人也不可以私自学习外国人的语言，如有违反则罪加一等。③ 此外还有华人不得与外国人有借贷关系等禁令。

这些规定中有些也许从一开始就没有当真，但有些措施则至少在理论上受到一以贯之的重视。据美国人亨特的说法，在他居住广州期间，也即1827年以后，还时常有通事被派到商馆，向外国人宣读经过重新修订和颁布的"八项规章"。④ 1830年，道光帝就英国大班盼师妻婢擅入广州引发冲突颁谕重申："向例番妇不准来省居住，夷商不准坐轿进馆，其携带鸟枪炮位止系外洋各防贼盗，尤不得私运进城。"⑤ 外国人对这些禁令虽十分不满，但也不得不谨小慎微，不敢轻易触犯。1807年11月马礼逊抵达澳门的第一天，就从好几位接待者那里得到了关于在华生活的各种禁忌的警告。比如查默斯先生（Mr. Chalmers）告诉他中国人被禁止教授外国人汉语，如有违犯会被处死。⑥ 这对一心想要学习中文的马礼逊来说自然震动很大。

---

① 卢坤：《广东海防汇览》，卷三七《方略》二六《驭夷》二，乾隆十六年闰五月条。
② 刘芳辑、章文钦校《葡萄牙东波塔档案馆藏清代澳门中文档案汇编》下册，澳门基金会，1999，第750页。
③ Eilza Morrison ed., *Memoirs of the Life and Labours of Robert Morrison*, Vol. 1, p. 255. （中译本第一卷，第136页。）
④ 〔美〕亨特：《广州番鬼录 旧中国杂记》，冯树铁、沈正邦译，广东人民出版社，2009，第39页。
⑤ 中国第一历史档案馆编《澳门问题明清珍档荟萃》，第189页。
⑥ Eilza Morrison ed., *Memoirs of the Life and Labours of Robert Morrison*, Vol. 1, p. 153. （中译本第一卷，第83页。）

2. 三方势力的排斥

马礼逊的友人提醒他以传教士身份居澳将面临"三个难题"绝不是危言耸听。首先，清政府并没有在把外国人限制在澳门后便不闻不问、任其所为。相反，前述的"八项规章"等有关来华外国人的行为规范的执行范围也包括澳门。从明代葡萄牙人初据澳门时起，中国就在澳门设有行政司法机构，派驻官吏管理[①]，因此从未在版图上抛弃澳门。也就是说，根据"八项规章"等有关政令，在澳门住冬的也只应是经商者及相关人员，其他人员压根就不应该出现在中国的国土上。1805 年 11 月，清政府专门下令规定除商人外，一律不准外国人在澳门停留："嗣后着该督抚等饬知地方官，于澳门地方严查西洋人等，除贸易外如有私行逗留、讲经传教等事，即随时饬禁，勿任潜赴他省，致滋煽诱。其有内地民人暗为接引者，即当访拿惩办，庶知儆惧。并当晓谕民人等，以西洋邪教例禁綦严，不可受其愚惑，致蹈法网，俾无知愚民各知迁善远罪，则西洋人等自无所肆其簧鼓，即旧设有天主堂之处亦不禁而自绝，此尤潜移默化之方。该督抚等惟当善为经理，实力稽查，绝其根株，正其趋向，亦整风饬俗之要务也。"[②]

这一政策马礼逊在初到澳门时就有了解，"中国人禁止更多的欧洲人到澳门居住，这已经成了定例。澳门的葡萄牙人也接到当局的命令，只接受欧洲商行的人租住"。[③] 而那些合法住冬的洋人，其活动也应遵守前述各项禁令的规定。比如外国人随意雇佣中国人的行为就在澳门受到明确禁止，香山知县许乃来在 1802 年处理一件华人刀伤英妇案时就说："夷人雇用华人，久有饬禁明文，今夷妇雇用华人杜亚日在家佣工，显违定例"，他还斥责对这种违例

---

① Austin Coates, *Macao and the British*, 1637–1842, p. 3.
② 王之春撰《清朝柔远记》，赵春晨点校，中华书局，1989，第 152 页。
③ Eilza Morrison ed., *Memoirs of the Life and Labours of Robert Morrison*, Vol. 1, p. 356. （中译本第一卷，第 189 页。）

现象失察的理事官：（对英妇家中雇有华人杜亚日一事）"该夷目敢于公然具禀，成何事体？"① 还有华人不得教授外国人中文的规定，在澳门也不例外。马礼逊早期在澳门学习中文时，就要随时把桌上的中文书本收好，因为这里的中国官员经常"事先不予通知就进入家中查看"。② 1809 年 3 月，在英军图占澳门事件发生后，广东总督的代理到澳门视察，马礼逊不得不把"所有的书籍都打包并且藏起来"，为了躲避总督代理的检查，他的中国"教师、助手和仆人全都走了"。③

其次是澳门葡萄牙人和天主教势力。作为最早到达中国并已走向衰微的西方势力，葡萄牙人对强势的英国人涉足澳门从来都是心怀抗拒的。英国人经过百余年努力，才得以合法入驻澳门。英国人的到来固然给曾经极度萧条的澳门带来巨大转机，但澳门葡萄牙当局对英国人的戒备从未放松。除了经济势力的此消彼长，宗教立场的差别也是重要原因。自宗教改革时代以来，葡萄牙一直是欧洲天主教势力最顽强的地区之一，直到 19 世纪，来到澳门的葡萄牙人仍然几乎全部是天主教徒。英国的宗教改革虽不彻底，但毕竟是新教国家，特别是到 18 世纪后期，曾经互相激烈倾轧的几个新教派别逐渐走向和解，并且在新教传教运动的激励下开始了前所未有的合作。派出马礼逊的伦敦传教会就是这种合作的结晶，它包括了公理派、循道派、长老派和国教圣公会各派的神职人员与平信徒。④

---

① 刘芳辑、章文钦校《葡葡牙东波塔档案馆藏清代澳门中文档案汇编》下册，第 719 页。
② Eilza Morrison ed., *Memoirs of the Life and Labours of Robert Morrison*, Vol. 1, p. 248. （中译本第一卷，第 131 页。）
③ Eilza Morrison ed., *Memoirs of the Life and Labours of Robert Morrison*, Vol. 1, pp. 277 - 8. （中译本第一卷，第 148 页。）
④ 苏精：《中国，开门》，基督教中国宗教文化研究社，2005，第 5 页。

因此,当时仍普遍存在的天主教与新教之间的紧张甚至敌对关系明显影响着英国人在澳门的地位。不过,因为早期驻澳的英国人都是商人和相关服务人员,他们并不特别注重宗教生活,因此对于这种宗教差别的感受不会特别强烈。但是,当出于非商业目的而前来的英国人到来时,情况就不同了。特别是马礼逊这种以传播新教教义为明确使命的人,自然成为葡萄牙人眼中的极大威胁。因为在当时的中国,天主教虽处境艰难,但确为一家独大的基督教派,新教势力的渗透显然会对其地位构成挑战。澳门几乎是当时天主教在华的唯一避难所,自然不会轻易容许其他教派涉足。所以斯当东在首次见到马礼逊时就警告说澳门的天主教神父和主教心胸狭窄,因此住在澳门格外困难。[①] 另一位英国商人查莫斯也对他发出同样的警告,而且在马礼逊离开后还派仆人专程前往旅馆提醒马礼逊,让知道他底细的美国人不要泄露他的身份。[②] 因为清政府的有关禁令也是葡澳当局的杀手锏,如果确认哪位英国人在从事清政府所禁止的活动,会被毫不留情地驱逐。事实上当马礼逊早期在澳门居住和进行他的传教活动时,确实受到了来自天主教的排斥和干扰。澳门的罗马天主教主教对任何与马礼逊交往的人,或者接收了马礼逊小册子的人,以及向马礼逊提供中文书的人都予以强烈的谴责。[③] 马礼逊的助手米怜的离开亦主要是由于天主教会压力所致。

最后是英国东印度公司。东印度公司的目标是寻求在华的最大商业利益,至于文化渗透或"教化"中国人,不是他们所关心的事,何况这些时刻与盗匪为伍的商人们本身在道德与文化方面

---

① Eilza Morrison ed., *Memoirs of the Life and Labours of Robert Morrison*, Vol. 1, p. 153. (中译本第一卷,第83页。)
② 苏精:《中国,开门》,第31页。
③ 〔英〕汤森:《马礼逊——在华传教士的先驱》,吴相译,大象出版社,2002,第68页。

的自信心大概也不会很足。东印度公司向来对传教士敬而远之，就是这种考虑的反映，正如有的学者所说，东印度公司"唯恐传教活动会引起当地社会的变化，从而损及公司的商业利益，即使传教附带的教育对于社会底层阶级有启蒙作用，公司仍然担心这会促成底层民众的觉醒与争取权利，将导致当地社会的不安。"① 而美国史家丹涅特认为，英国不想因为基督教的传播而使中国接受西方文化，从而获得与英国知识平等的机会，致使英国不能再在中国获得厚利。②

不过本文认为清政府的禁令对东印度公司的影响应该更为主要。在洪任辉事件后，英国人在华的商业扩张受到很大抑制，虽然英国数度遣使试图扩大英商对华贸易，改善英商待遇，都无果而终。不仅如此，清政府每次都重申限制外国人在华活动的有关禁令不得违反。因此，在英国当局的对华外交取得实质性进展之前，东印度公司还是要小心行事，尽量避免激怒清政府，以免现存的贸易条件也受到破坏。这样，严格自查以模范执行清政府的禁令，不给公司大事添乱，自然是他们的既定方针。正如斯当东告诉马礼逊的，东印度公司只允许合法的商人在贸易期内留在中国。③ 这其实是清政府的指令，但东印度公司确实不敢不执行。

东印度公司总部设在澳门，虽然环境比广州相对宽松，但显然公司并不觉得在澳门就可以放松警惕。由于英国人前往中国一般要搭乘东印度公司的商船，目的可疑的人会被公司拒绝登船，因此东印度公司事实上成为阻止非商英国人来华活动的第一道屏障。马礼逊本人就因其传教士的身份而被拒绝搭乘东印度公司商船来华，最后不得不辗转前往美国乘坐美国船才得以成行，并且

---

① 苏精：《马礼逊与中文印刷出版》，台湾学生书局，2000，第82-83页。
② 谭树林：《马礼逊与中西文化交流》，中国美术学院出版社，2003，第44页。
③ Eilza Morrison ed., *Memoirs of the Life and Labours of Robert Morrison*, Vol. 1, p. 153. （中译本第一卷，第83页。）

还设法取得美国护照以备不时之需。① 对于到达中国或澳门的各种英国人，东印度公司也尽量予以提醒或严加管束，不使他们的行为触怒中国当局，进而影响到公司的生意。

3. 悄然发生的转变

这三方势力的态度，实际上代表着当时处在中英交往最前线的三种官方力量的态度。在他们的共同推动下，至少从表面来看，18世纪后期的中英交往基本上维持在物质交流的层面，精神层面的交往和相互影响被限制在十分有限的范围。正如东印度公司外科医生利文斯顿所说，"除却商业上的往来——通常这不利于人与人之间友好情感的交往，我们几乎没有机会与他们建立最稳固的互惠互利的关系。"② 澳门作为中英交往的外围屏障和缓冲地，在这种选择性接触中起着非常关键的作用。

然而，这种一相情愿的限制在实际上究竟能达到什么程度，从来都是值得怀疑的。而且随着时间的推移，这道本来就漏洞百出的屏障越来越受到来自各方位的冲击，甚至曾经奏效的一些地方也捉襟见肘，难以为继了。

首先，清政府官方虽然对华夷大防宣传得很高调，但在现实利益面前，地方官吏对禁令的执行往往缺乏热情，而且更为致命的是，即使有热情，也往往因为缺乏基本的管理机制而无法达到效果。比如当时对来华外国人的身份确认就没有有效的制度保证，人员往来港澳虽有登记制度，但在执行环节却更多地成为腐败的根源，"因为中国法律禁止外国人在澳门登陆，因此下面的小官员便向每一个进入澳门的人收钱。"③ 而商与非商的判断事实上也难

---

① 苏精：《中国，开门》，第30页。
② Eilza Morrison ed., *Memoirs of the Life and Labours of Robert Morrison*, Vol. 2, pp. 23 – 24. （中译本第二卷，第13页。）
③ Eilza Morrison ed., *Memoirs of the Life and Labours of Robert Morrison*, Vol. 1, p. 356. （中译本第一卷，第189页。）

以进行。以马礼逊为例，初到中国时他可以在美国商人的保护下在广州顺利居住生活，并开始其最初的传教尝试，但没有任何官方人员注意到他的存在①，而与他来往的中国人则根本不会呈报官以自断财源。这使得那些理论上十分危险，甚至可能招致杀身之祸的行为在实际上却畅行无阻、风险极低。

其次，澳门葡萄牙当局在抗衡英国势力方面一直是节节败退的，19世纪初甚至数次几乎被英国人取而代之，因此他们在行事态度上也往往是自保为先，绝不会主动招惹英国人。1830年澳门总督试图禁止英国散商怀特曼在澳门居留，导致英国人对葡澳政权这一"不重要及无权的当局"的权威提出质疑，最后在果阿的干预下，不得不撤回禁令。②

最后，东印度公司虽谨小慎微，但客观上冲破禁令的行为却不在少数。众所周知马礼逊正是在东印度公司的保护之下才得以在华开展其传教活动的。"公司给予马礼逊的'荫庇'，成就了其在华辉煌事业。因为若无与东印度公司关系，马礼逊在广州、澳门合法居留尚成问题，更遑论开展其在华事业。"③ 此外，东印度公司在控制英国人在华活动方面的权威性也随着它在对华贸易中的垄断地位逐渐被打破而动摇。迅速膨胀的"港脚"商人势力不但冲击着东印度公司的垄断利益，也冲击着中英贸易的行商体系④，更为19世纪初的多元交往提供了足够的动力。

这一变迁有多方面的表现。本章关注的非商英国人生活空间变迁，就是其中的一个重要方面。在下文中，我们将从日常生活空间和精神生活空间两个方面，通过马礼逊时代非商英国人在华

---

① 苏精：《中国，开门》，第26页。
② 〔美〕马士：《东印度公司对华贸易编年史》第四卷，第279-280页。
③ 谭树林：《剌佛与马礼逊在华传教事业之关系研究》，《世界宗教研究》2010年第6期，第129页。
④ Austin Coates, *Macao and the British*, 1637-1842, p.74.

生活的经历来说明这种变迁。

二 日常生活空间的变迁

日常饮食起居的空间变化，是衡量外国人在华生活环境变迁的基本指标之一。如前文所述，按照官方的既定政策，非商英国人无论在澳门还是广州都应是举步维艰甚至无处存身的。而实际情况是，他们首先在澳门拓展了自己的生存空间，进而逐步把活动范围扩大到广州。本部分将主要观察非商英国人在澳门日常生活的便利性、受限制程度与费用等方面的变化，以及在这些方面与广州的情况对比。

1. 往来控制

入澳住冬制度建立之后，洋人出入省澳都要履行严格的登记检查程序。如乾隆十九年四月二十一日（1754年5月12日）澳门同知魏绾行理事官委黎多牌内，要求"在省夷商赴澳探亲贸易等事，责成行商、通事查询确实，出具保结，赴关呈明，给予印照，分析开注。一面移知澳防庭，转饬夷目，查询相符，将该夷商交付所探之澳夷收管约束，限满事竣，催令依限回省，勿任逗留。"该牌还引述达丰行商人陈正禀称："有英吉利国夷商或加，欲往澳门清理账目，居住夷目委黎多家内，限五月终回省……随带小厮三名，剑刀三口、鸟枪三枝、衣箱行李全。"在此前后的其他档案也显示对英商往来及携带人员器物都有详细的登记与查验记录。[1]甚至别国商人"藉照蒙混"者，也受到严惩。[2] 而直到19世纪20年代后期，按照规定，在广州的外国商人要前往澳门，也必须通过通事

---

[1] 刘芳辑、章文钦校《葡萄牙东波塔档案馆藏清代澳门中文档案汇编》下册，第731-734页。

[2] 刘芳辑、章文钦校《葡萄牙东波塔档案馆藏清代澳门中文档案汇编》下册，第714页。

然而在住冬制度施行半个多世纪后，这种严格的检查制度看起来早已有所松动了。这种松动不仅表现在从国外到达澳门的检查上，也表现在澳门与广州之间的往来控制上。虽然制度本身并无变化，但制度执行过程中的敷衍了事或假公济私却随处可见。

马礼逊于1807年9月4日乘坐美国商船抵达澳门。之所以绕道美国，是因为他的传教士身份违反前往中国的有关禁令，没有英国商船愿意搭载他。即使到了美国，马礼逊也是通过很多关系才得到前往中国的签证，而且也曾遭到商船的拒绝。[2] 这番曲折的旅程本身就是当时有关禁令仍然发挥作用的一个证明。

不过，从马礼逊在9月4日当晚写的日记看，真正抵达澳门后的所谓入境检查却只是象征性的："我们跟着一名等候着的士兵前往总督住处。总督盘问我们，诸如从哪个国家来等等，他看到我随身带上岸的帽盒，就询问里面装着什么？我告以帽子后，他就放我们走了。"[3]

马礼逊初到澳门时，发现"大部分英国人目前都在澳门，包括斯当东爵士、曼宁先生以及大班罗伯茨先生等"[4]。这说明在19世纪初期，英商在澳门住冬的惯例仍然得到遵守。而且，从他自己和米怜在最初几年的境遇来看，如果新来的英国人的非商身份是明确的，那么禁止在澳门居留的规定也会被提出，有时还会得到比较严格的执行。

马礼逊初到中国时在广州居住了大半年，后于1808年6月由于健康原因返回澳门居住。在这里他反而受到比广州更大的压力，因为澳门的外国人更熟悉他的身份。虽然他们不至于揭发或驱逐

---

① 〔美〕亨特：《广州番鬼录 旧中国杂记》，第58页。
② 〔英〕汤森：《马礼逊——在华传教士的先驱》，第48页。
③ 转引自苏精《中国，开门》，第29页。
④ 苏精：《中国，开门》，第28-29页。

马礼逊，但无论葡澳当局还是天主教会，甚至是英国东印度公司的一些高层，都对马礼逊的存在十分反感，连他的房东都因为他"把住处变成了一座教堂"而要以大幅提高租金的方式把他逼走。所以在那段时间马礼逊足不出户，抑郁成疾。他"不希望引起澳门当地人的注意，所以，他从不敢出门。这对他的健康非常有害。他第一次冒险到城郊去散步是在一个月夜，还有他的两个老师陪着。的确，他在澳门的身份还没有确定，他的压力很大，唯恐稍有不慎就会前功尽弃。"[1] 直到1809年2月马礼逊得到东印度公司的正式职位，情况才有所改观。

1813年7月，伦敦会派往中国的第二位传教士米怜夫妇到达澳门，他们的经历更反映了当时澳门各方对非商英国人的排斥。

米怜是7月4日抵达澳门的，马礼逊带他"按照惯例"去拜见了澳门法官及总督，他们"没有立即反对米怜的到来"。第二天马礼逊又拜访"某先生"（从其日志后文来看，应该是东印度公司的大班剌佛），对方也答应"不采取主动措施"。[2] 不过，米怜来到澳门的消息在其抵达当天就在英国人和葡萄牙人中传遍了。"他们普遍显示出一种敌意。"立法会也召集会议并规定"米怜先生不得居留"。

7月9日，马礼逊被澳门总督召见，通知他米怜"必须在8天内离开"。马礼逊"单膝跪地"恳求的结果也只是把离开的时限改为18天。总督给出的理由是："我们的政府命令我只接受与欧洲商馆有关的欧洲人进入此地；东印度公司也要求我们禁止其他英国人到此；立法会也这样说；（澳门的天主教）主教让我赶他走；特选委员会主席剌佛先生说他不是公司的人。"对于这些说法，马

---

[1] 〔英〕汤森：《马礼逊——在华传教士的先驱》，第62页。
[2] Eilza Morrison ed., *Memoirs of the Life and Labours of Robert Morrison*, Vol. 1, p. 365.（中译本第一卷，第193页。）

礼逊自己也承认"无可辩驳"。而且，总督顺带提到允许马礼逊本人待在澳门也是"出于情谊"网开一面，因为有人要对他在澳门出版中文书籍的事采取行动。① 这样，泥菩萨过河的马礼逊只好接受现实，为米怜另谋出路。

外国人在澳门与广州之间往来也有相应的制度约束。比如必须首先获得许可，要在路上接受官兵的检查等。亨特说一般这种许可获批要经过四天，而且要通过通事联络、行商担保、海关审批等多个环节。② 只不过这种约束同样未得到有效而有力的执行。马礼逊离开澳门首次前往广州的路上，"十一英里的航程遇到至少五艘海关船只"，然而每次的检查都不过是为了索取贿赂，给官员一至二元以后就平安通过了。③

即便如此，正如马礼逊自己感慨，这种寻求获得往来许可凭证的合法途径也是"既费钱又费时"，因此偷渡的情况就比较普遍。1810 年，马礼逊作为东印度公司译员必须有半年时间住在广州，而新婚的妻子玛丽独自在澳门居住，还患有重病。于是马礼逊"只要有机会，就偷偷地搭乘一条中国船，穿越 90 英里的路程回澳门探望妻子。"④ 显然马礼逊的偷渡行为是很成功的，因为他没有提到这类行为所造成的任何麻烦。

而米怜在 1814 年在澳门的经历也颇具有讽刺意味。经过多方努力仍无法公开留在澳门的结果，是米怜顺利地秘密潜往广州。米怜避开了需要花费 500 元的合法渠道，乘坐一艘中国快船"偷

---

① Eilza Morrison ed., *Memoirs of the Life and Labours of Robert Morrison*, Vol. 1, p. 366. （中译本第一卷，第 194 页）。
② 〔美〕亨特：《广州番鬼录 旧中国杂记》，第 87－91 页。
③ 苏精：《中国，开门》，第 32 页。
④ Eilza Morrison ed., *Memoirs of the Life and Labours of Robert Morrison*, Vol. 1, p. 294. （中译本第一卷，第 157 页）。

偷地进入黄埔",然后登上停泊在那里的"某艘船",前往了广州①。虽然马礼逊语焉不详,但对照他本人多次秘密往返省澳的经历,可以确信这个非法入境的渠道是安全畅通的,而且很可能是常态化的。在广州,米怜安全地"非法居留"了几个月②。期间在10月15日前后米怜还回澳门居住了半个多月,待其女儿出生后,在月底又返回广州③。显然这次往返也不可能是通过合法渠道实现的。后来只是因为非法居留不方便开展传教活动,米怜才离开广州前往南洋。或许离开广州的经过可以作为他的这些旅行的"非法性"的最好注解,根据米怜的记载,他与两位先生搭乘的小船是在"侥幸逃过了一艘中国水师船的围堵后",才登上一艘大船驶向爪哇的。④

米怜在马六甲工作之后,仍能够回到广州,而且不止一次。1814年9月5日,米怜"返回中国并与朋友团聚"⑤。几年之后,米怜再次返回中国,并在广州和澳门居住了数月之久。马礼逊写于1817年9月4日的信中提到:"我的同工米怜先生带着全家到我这里住了些日子……打算明年1月离开这里。"而米怜来到广州不仅是为了健康的缘故,还为了"在华传教的事务,来和我一起查看他翻译的《申命记》和《约书亚记》"。⑥ 米怜自己的记载表明,这次返回中国是因为米怜妻子生产后大病初愈,已于1817年7月

---

① Eilza Morrison ed., *Memoirs of the Life and Labours of Robert Morrison*, Vol. 1, p. 368. (中译本第一卷,第195页。)
② 吴义雄:《在宗教与世俗之间》,广东教育出版社,2000,第46页。
③ Eilza Morrison ed., *Memoirs of the Life and Labours of Robert Morrison*, Vol. 1, p. 371. (中译本第一卷,第197页。)
④ 〔英〕米怜:《新教在华传教前十年回顾》,北京外国语大学中国海外汉学研究中心翻译组译,大象出版社,2008,第55页。
⑤ 〔英〕米怜:《新教在华传教前十年回顾》,第57页。
⑥ Eilza Morrison ed., *Memoirs of the Life and Labours of Robert Morrison*, Vol. 1, pp. 476–477. (中译本第一卷,第248页。)

29 日先返回澳门疗养，米怜自己是 9 月 3 日抵达中国的，直到 1818 年 2 月 17 日才与夫人一起返回马六甲。①

要理解米怜的境遇，他自己的体会更有参考价值。米怜在其《新教在华传教前十年回顾》中提到，第一次到广州后他住到那个贸易季结束，"并受到来自异教徒的礼遇"，这里显然指的是广州的非官方社会对一个外国人的开放态度。至于澳门，对米怜的拒绝也没有维持多久，逼迫他放弃常住澳门的想法后，澳门当局也给予了他足够的礼遇。米怜说，"要公正地指出，后来每当工作需要，我都获准返回澳门；我再也没有遇到来自政府或民众的阻碍；与此相反，我要诚挚地感谢几个葡萄牙家庭给我的友善。"② 至于东印度公司，也在 1814 年冬米怜居留广州期间，让他"免费使用几个房间，为中华传道团节省了一笔可观的资金"。③

到 30 年代左右，无论广州还是澳门，对非商英国人的出入境控制更无甚效果了。马礼逊去世后，麦都思于 1835 年 7 月到广州接替他的传教工作，很快与当地的中国籍基督徒建立了联系。他甚至在同年 9－10 月间乘船在中国沿海地区窥探，进行传教活动。④ 1839 年同时来华的伦敦会传教士雒魏林（William Lockhart）、合信（Benjamin Hobson）和美魏茶（William Charles Milne，米怜之子），因中英关系风云突变，无法在广州立足，便将澳门作为他们的主要活动地点，分别从事由新教传教士和英美商人共同兴办的医疗、教育事业。⑤ 他们都没有因为身份问题受到澳门当局的非难。

值得一提的是，作为"华夷大防"一个重要方面的禁止外国妇

---

① 〔英〕米怜：《新教在华传教前十年回顾》，第 90、97 页。
② 〔英〕米怜：《新教在华传教前十年回顾》，第 51 页。
③ 〔英〕米怜：《新教在华传教前十年回顾》，第 62 页。
④ 吴义雄：《在宗教与世俗之间》，第 57－59 页。
⑤ 吴义雄：《基督教传教士在澳门的早期文化活动略论》，《学术研究》2002 年第 6 期，第 44 页。

女随便出入省澳的规定,在这一时期也渐渐沦为官吏索贿的一个由头。1814年4月,一位英国船户报称其一艘洋船前往黄埔贸易时,"经过澳门南湾关口,巡役见船内带有女眷一口,即在例外勒索规银,将船只女眷扣留,船户备银三十五元,给有收单。"虽然香山知县张其修最后裁定是英商"捏词妄控",但此事当非空穴来风。①

1830年10月英国东印度公司大班盼师携妻婢擅入广州,几乎引发武力冲突,甚至惊动了皇帝。但从英国人的明知故犯以及事发后的反应来看,外国妇女禁入广州的规定在之前执行得并不严格。马士就认为这一事件引发的"离奇的"冲突,有可能是中国当局在有关荷兰船长美坚治被杀案件的司法管辖权被英国人漠视之后"盛怒之下故意采取的一种恶作剧的政策"。事实上这次洋妇事件最终也不了了之。同年11月新任大班马奇班克斯(Charles Marjoribanks)到达广州,盼师才以卸任的理由携妻婢离开广州。②在洋妇禁令执行方面的弹性在同年的另一事例中可以印证。1830年初,英国散商怀特曼带着他的妻子住进广州的商馆,中国当局曾提出抗议,但没有采取任何强制性的行动,怀特曼一家一直在广州居留到贸易季节结束才移居澳门。③ 材料显示,当时的实际情况是,有些地方官员知道"夷馆中有白种妇女,且有穿男子衣服招摇过市者,亦视若无睹"。而作为外商保证人的少数行商则不但不履行职守,反而"协助外国妇女潜入广州"。官员奏折也承认仍有少数外商"私携番妇来省,或潜住数日,无人知晓,旋即回澳,此则无案可稽。"④ 虽然在盼师事件后清政府又颁布了更严厉的

---

① 刘芳辑、章文钦校《葡萄牙东波塔档案馆藏清代澳门中文档案汇编》下册,第756页。
② 〔美〕马士:《东印度公司对华贸易编年史》第四卷,第247页。
③ 〔美〕马士:《东印度公司对华贸易编年史》第四卷,第279页。
④ 郭卫东:《鸦片战争前后外国妇女进入中国通商口岸问题》,《近代史研究》1999年第1期,第247页。

《防范夷人章程八条》，重申并强化限关以来的有关禁令，但在外国人在华生活已有相当规模并对既有的限制早有不满的背景下，这种政策非但不能起到间隔华夷的作用，反而只能激化矛盾，加速最终冲突的到来。1832年1月，马奇班克斯辞职回国，向英国政府提交了语义激烈的建议书，"长期以来，外国人对中国的专制主义采取温和的屈从方式，结果是中国对卑躬屈膝更为轻蔑，反而将禁制进一步扩大"，为此，他得出的结论是"只有英国海军司令才是最好的驻华大使"。①

不仅洋妇入境的禁令有所松动，当时在澳门甚至还存在走私中国妇女到英国的"投机生意"。1824年，美国人亨特乘船到广州，同船的一位英国医生史密斯就到澳门物色了两位"汉家"小脚女人，辗转送到英国，欲献给国王乔治四世，失败后又把她们送了回来。②

2. 饮食居住

19世纪初，无论在澳门还是广州，外国人的生活活动空间都比较狭小，清政府还严格限制外国人社区的扩展。1809年两广总督百龄在奏折中明确提出，"澳内为地无多，民夷杂处，请将西洋人现有房屋户口查明造册，不许再行添造。"③ 但是此时来自欧洲各国的洋商却大量增加。据统计，在1800年前后的贸易旺季，在广州的外国人达到8400人之多。④ 这就导致这一时期在省澳两地的生活费用都十分昂贵。

---

① 郭卫东：《鸦片战争前后外国妇女进入中国通商口岸问题》，《近代史研究》1999年第1期，第255页。
② 〔美〕亨特：《广州番鬼录 旧中国杂记》，第16－17页。
③ 郭廷以：《近代中国史》，商务印书馆，1947，第395页。
④ 〔英〕廖乐柏（Robert Nield）：《中国通商口岸：贸易与最早的条约港》，李筱译，东方出版中心，2010，第52页。

马礼逊初抵澳门时,对澳门昂贵的物价感觉难以接受。① 最初在广州借住在美国商馆时,马礼逊估算其食宿费是 750 元,加上付给仆人 100 元工钱,洗衣服 70 元,总计 920 元。而如果贸易季结束后必须到澳门,"费用会更高"。② 事实上马礼逊第一年在澳门和广州的生活费用也确实比较高昂。据他写给伦敦会的报告所说,"包括食物、房租、购书、聘请教师、雇仆人以及从广州到澳门来回搬家的费用,超过 500 镑"。③ 这一情况对马礼逊的在华活动和伦敦会扩大对华传教的计划都产生了一定的阻滞作用。

居住费用是所有费用当中占最大份额的,也是马礼逊初来时觉得最不方便的地方。长期以来,在澳门住冬的英国公司和人员都是租赁葡萄牙人的房屋居住。这种状况一直维持到 18、19 世纪之交。在 1794 年香山知县董凤鸣就番妇出逃案件下谕,明确提到:"所有澳门住冬夷行,悉系澳夷物业,日有夷目稽查,夜有夷兵巡逻。"④

不过,澳门葡萄牙人可以租赁房屋给英国人和其他外国人,但仅限商人。这一点在 1816 年阿美士德使团私赁澳门房屋居住引起的风波中有所反映。香山知县马德滋专门饬令理事官不得私自租赁房屋给英国贡使,指出"澳门本系天朝地方,其从前赁与别国夷人暂时寄寓,原不可深究。如果擅行延留英吉利贡使居住,则是无知妄作,自外生成,一经奏明大皇帝,恐该夷人不能当此重咎"。⑤

---

① 苏精:《中国,开门》,第 29 页。
② Eilza Morrison ed., *Memoirs of the Life and Labours of Robert Morrison*, Vol. 1, p. 156. (中译本第一卷,第 84 页。)
③ Eilza Morrison ed., *Memoirs of the Life and Labours of Robert Morrison*, Vol. 1, p. 240. (中译本第一卷,第 127 页。)
④ 刘芳辑、章文钦校《葡萄牙东波塔档案馆藏清代澳门中文档案汇编》下册,第 717 页。
⑤ 刘芳辑、章文钦校《葡萄牙东波塔档案馆藏清代澳门中文档案汇编》下册,第 739 页。

这些都在马礼逊的经历中有所反映，但制度执行的松动和外国人之间的私下运作空间也十分可观。马礼逊 1807 年抵达澳门时住在一家由英国人经营的旅馆。① 这显然也不怎么符合清政府的有关政策。在前往广州栖身美国商馆一段时间之后，1808 年夏马礼逊回到澳门。此次马礼逊的居住得到英国大班剌佛等人的资助，马礼逊再次提到澳门房租的昂贵②。而且这样昂贵的租金租到的却是一所摇摇欲坠的房子，因为房主是"怕她的房子坍塌才搬走的"。显然这一担心不是杞人忧天，入住不到一个月，马礼逊就在 6 月 25 日的日记中写道："我住的房子有一间屋顶轰然坍塌了。"③

1812 年，马礼逊从住了几年的房子搬出，有两名葡萄牙先生替他在澳门总督面前美言之后，他才获准在澳门另找一个住处。这是"一处更凉爽、更漂亮的住所，但是房租也更高。"④ 马礼逊在澳门的居住便利显然得益于他在东印度公司任职的身份，不过，从他后来可以多次长期地在其寓所接待助手米怜及其家人的情况来看，在居住方面限制的放松也是毋庸置疑的。

还要提到的是英国人在澳门的墓地。今天我们都知道在澳门白鸽巢旁边有一块面积不小的英国人墓地，19 世纪中期入土的那些墓主人也是英国人在澳门早期活动扩张的见证者。不过，马礼逊初抵澳门时，英国人在当地还没有墓地。1810 年马礼逊的第一个孩子出生时夭折，马礼逊只能自己找地方埋葬婴儿的尸骨。最

---

① 苏精：《中国，开门》，第 29 页。
② Eilza Morrison ed., *Memoirs of the Life and Labours of Robert Morrison*, Vol. 1, p. 222.（中译本第一卷，第 117 页。）
③ Eilza Morrison ed., *Memoirs of the Life and Labours of Robert Morrison*, Vol. 1, p. 225.（中译本第一卷，第 119 页。）
④ Eilza Morrison ed., *Memoirs of the Life and Labours of Robert Morrison*, Vol. 1, p. 356.（中译本第一卷，第 189 页。）

终他在澳门最北面的一个山顶上埋葬了婴儿。① 这个最初的英国人墓地曾遭到当地中国人的强烈反对，而澳门的葡萄牙人也"出于顽固和无知，在墓碑上涂写粗野的言词"。② 但这里随后发展为英国人的墓园，并逐步扩大至相当的规模。

在衣食住行方面的状况逐步好转的同时，在澳门的英国人社区生活也日益丰富。马礼逊抵达当天，正赶上一位霸菱先生举办聚会，大多数在澳门的英国人都受邀出席。③ 在一定程度上，被迫从广州前往澳门住冬变成重温西式生活的契机。"越来越多的英国侨民从广州商馆的一个季度的圈禁生活中逃出来，在这'讲究仪表和礼节'的沉闷地方，沉迷于纯英国的'欢欣鼓舞的娱乐'——音乐会、化妆跳舞会、赛马、业余戏剧"。④ 在澳门这一相对宽松的环境中，逐渐培育出了英式文化的第一批中国种子。

官方档案显示，清政府对澳门的英式文化娱乐活动也不是完全放任不管的。1829年，香山县令下书给澳门检查官，命他立即禁止住在澳门的外国人跑马取乐的行为，称跑马对步行者构成威胁，是对大清法律的严重不敬。不过，这并未阻止赛马这项英国人至爱的体育活动在澳门影响的扩大。其他很多西式体育运动也在19世纪早期就风行澳门。⑤

与此相应，外国人在广州的活动空间也日益扩大，很大程度上摆脱了"八项规章"的掣肘。亨特虽然是美国人，但他对30年代前后外国侨民在广州生活状况的记载无疑可以让我们看到包括

---

① Eilza Morrison ed., *Memoirs of the Life and Labours of Robert Morrison*, Vol. 1, p. 295. （中译本第一卷，第157页。）
② 〔英〕米怜：《新教在华传教前十年回顾》，第42页。
③ 苏精：《中国，开门》，第29页。
④ 〔英〕格林堡：《鸦片战争前中英通商史》，康成译，商务印书馆，1961，第119－120页。
⑤ 汤开建、颜小华：《清中后期西洋体育在澳门的传播》，《社会科学》2005第5期，第105页。

英国人在澳门的生活空间变迁

英国人在内的所谓"外夷"事实上享受到的自由待遇。据他自述，虽然有各方面的政令限制，但外国侨民通过行贿等手段，"使得任何事情都顺利进行，而和对我们作出的命令完全相反。我们满不在乎地按照自己的方式行事，照料我们的生意、划船、散步、吃喝，使岁月尽可能过得愉快一些。"①

比如，按照广东地方政府的规定，除了一个月三次固定的日子之外，在广州商馆的外国人被禁止外出游荡，而且永远不得离开一名通事："兹酌定每月初八、十八、二十八三次，每次十名，准其前赴海幢寺、花地闲游散解。着令通事赴经过行后西炮台各口报名，带同前往，限于日落时，仍赴各口报名回馆；如不照所定日期名数，或私行给予酒食，一经查出，定将行商通事从重究治，夷人即不准再去闲游。"②

此项规定将外国人出行的时间、人数、路线和地点以及申报程序都详细说明，考虑不可谓不周全，但是亨特却不无得意地宣称，"我们只要高兴，就出去散步，而且想在外边待多久就待多久，很少有通事跟着。"③ 外国水手酒醉后在同文街喧闹骚扰，却受到中国官兵的保护，为他们驱赶围观的中国人，结果"'番鬼'走到哪里都像是个君主。"④ 当然官兵并不是每次都会出现，于是亨特也有在长寿寺外的广场被"烂仔"用砖头和石块伺候，仓皇而逃的遭遇。不过之后他还是会去"入虎穴，捋虎须"，因为"你不会仅仅因为怕可能被打破头而拒绝去散步的"。⑤ 中国农历新年时，商馆的外国侨民甚至组织60多人的庞大队伍，包乘"最华丽的喜庆花艇"，到花地去通宵达旦地宴饮寻欢。虽然招待他们的阿

① 〔美〕亨特：《广州番鬼录 旧中国杂记》，第194页。
② 谭树林：《马礼逊与中西文化交流》，第56页。
③ 〔美〕亨特：《广州番鬼录 旧中国杂记》，第193页。
④ 〔美〕亨特：《广州番鬼录 旧中国杂记》，第198页。
⑤ 〔美〕亨特：《广州番鬼录 旧中国杂记》，第268-269页。

清"为官员的到来而哭泣",说明这些活动仍是有违禁令的,但这些外国人却毫不在乎,"盘子里刀叉的铿锵声,'祖国,祖国,亲爱的祖国'的合唱声淹没了一切"。①

甚至,与澳门蓬勃开展的赛马活动相呼应,广州的外国侨民也开展了赛艇的运动。他们在 1837 年就组织了"广州划船俱乐部",有几十艘供比赛用的划艇和轻便小艇,还有供帆船赛的三艘约 26 英尺长的双桅纵帆船。这些年轻的"番鬼"不顾行商的哀求,在珠江上多次组织比赛"斗艇"。"这么多'番鬼'聚集在一起,他们众多的船艇都由精神抖擞的英国和美国水手、还有戴着洁白的新头巾的印度水手驾驶着。这在羊城的珠江河上,真是一幅前所未有的欢乐场景。"② 这样的盛况一直持续到 1839 年中英交恶才告一段落。

当然,如果认为此时在华的英国人完全可以不理会规章条令而自行其是,那也不符合事实。只要是地方政府知晓的有违旧例的行为,还是会被严格地禁止。黄埔海员医院的筹备与流产便是一个例证。③ 在英国东印度公司垄断对华贸易期间,其每艘大船总是配备 2 - 3 名船医,但东印度公司垄断终结后,散商来华贸易日增,其中多为小船,极少有船只配备医生,生病船员的医疗护理成为一个日益凸现的问题。于是由英国驻华商务监督牵头筹备在黄埔利用一艘船来创建英国海员医院,并于 1836 年前后募捐购买了一艘船"北架"号停泊于黄埔,派驻医生在这里收治病人。这所浮动医院的医疗对象不限于英国海员,还包括在黄埔港的各国海员以及中国船员百姓。筹备之初,他们甚至设想该医院"将成为我们和该国交往中一件重要和光荣的事情,这也将提高中国人

---

① 〔美〕亨特:《广州番鬼录 旧中国杂记》,第 203 页。
② 〔美〕亨特:《广州番鬼录 旧中国杂记》,第 487 页。
③ 相关史事参见张坤《鸦片战争前在华英美海员福利机构及其活动》,《暨南学报(哲学社会科学版)》2011 年第 1 期,第 134 - 139 页。

的医学知识和药物治疗",在"扫除中国人的无知,打破他们的规条框框"方面将和马礼逊教育会具有异曲同工之效果。然而,这所船上医院违背了外国船不准长期停泊黄埔的旧例,与广东政府交涉的结果是不但没有得到批准,还被下令限期离开黄埔。在两广总督邓廷桢多次询问该船为何不装货出口的情况下,英国人先以"北架"号破损无法远行为由拖延,后不得不在1838年6月将该船卖给行商并拆毁,海员医院最终被迫关闭。广东政府干涉的理由除所有贸易船只验货起舱后即应离开,不得长期滞留黄埔之外,还因为他们认为船员生病不是常有的事,而澳门有医院,可将黄埔的生病船员如旧例送往澳门医治,因此没有必要在黄埔设立这样一个医院。

3. 人员交往

英国人与当地社会的接触程度也是其日常生活空间大小的重要指标。非商英国人在澳门和广州与当地人在日常生活和相关工作中交往的便利性与受限制程度的变化,也反映了其生活空间变迁的趋势。

在中国居留的外国人只能是商人,在马礼逊东来的最初时期,这不只是官方的训令,而且是他在与华人交往的实践中得到的教训。初到广州的时候,和当时所有的西方传教士一样,马礼逊试图把融入当地社区、与当地人"打成一片"作为开展传教活动的第一步。因此他认真学习当地人的生活方式,给自己添置了中国人的衣服和餐具,"犹如中国人那样任由指甲生长,留起了一束发辫,并且娴熟地使用筷子。他穿着僧袍和厚底中式靴子在商行四处行走……他以中国人的方式进餐,并和他的中文老师一起用餐"。但他很快发现这一做法是错误的,因为他这样做等于向中国人宣告他与广州的其他外国人是不一样的,"也等于宣称他怀有异于商业的目的,而在当时商业是得到中国政府批准的外国人唯一能够合法从事的活动"。为了能够待下去,马礼逊不仅不再穿中国人的服装，而且也不再总是穿传教士的黑色衣服，"和其他欧洲人的热带装束类似，他也穿白色夹克，戴草帽"。①

英国人不得雇佣中国人的规定在这一时期也常见于官方政策的宣示当中。1802 年 1 月，澳门三角亭一位英国妇人家中发生打斗刀伤案件，华人叶亚庚等人被指控击伤英妇。澳门理事官将案件上报至香山知县徐乃来处。案件本身并不复杂，但理事官上报说案件有"工人杜亚日见证"，引起知县的不满，因为英妇雇用杜亚日为仆工显然有违定例。在致理事官的谕令中，徐乃来教训道："夷人雇用华人，久有饬禁明文，今夷妇雇用华人杜亚日在家佣工，显违定例，该夷目敢于公然具禀，成何事体？"这位县令还表示"本应同禀各宪，行文该国王撤回查办……姑念该夷目接管未久，宽其已往，予以自新"，并下令"再申明华夷定例，另行出示晓谕"。②

澳门中国居民也禁止与外国妇女接触。在 1794 年洋人妇婢出逃案中，民人陈成富和徐亚仲被指控船载 7 位洋人妇婢逃往外洋。官府称"载夷妇出入，例有明禁"。③

然而 1802 年澳门理事官将英妇雇用中国仆人一事"公然具禀"并非偶然，其背后是这种雇用现象的普遍化，当地无论官民都已见怪不怪了。又过了十年多，连官方的"定例"也有所松动了。1814 年香山知县马德滋在回复英国大班禀帖时，就其所提"来粤贸易须用民人为挑夫、守门，所用不下数百丁，若用夷人，恐与小民争执"的问题，答复说"以十三行及澳门公司向来雇用挑夫、守门、烧茶、煮饭、买物等项人等均不可少，请照旧章，

---

① 〔英〕米怜:《新教在华传教前十年回顾》，第 31 页。需要指出，本书虽以米怜名义出版，但最初几年的记述是马礼逊本人起草的。
② 刘芳辑、章文钦校《葡萄牙东波塔档案馆藏清代澳门中文档案汇编》下册，第 719-720 页。
③ 刘芳辑、章文钦校《葡萄牙东波塔档案馆藏清代澳门中文档案汇编》下册，第 716 页。

准其雇用。"算是正式认可了这一现象。不过仍声明"惟跟班沙文，向例并未准行，请照旧章禁止"。而且要求"每处须用若干名，应请移知粤海关，酌定名数，饬行遵照，俾易稽核。其沙文名目，仍应严行禁止"①。也就是说，雇用华人从事各项杂役可以，但做贴身仆人和跟班则仍禁止。其出发点除了将雇用限制在必要之最低程度外，应该还有华夷大防的考虑，力图避免华人做洋人随身仆人而导致的过多交流。

在广州，外国人雇用中国仆人也很普遍。马礼逊最初到中国时，就"雇了一个男仆做杂务，但是他不认为打水是他的分内之事，因此我必须另雇一个苦力。"② 加上一个负责采买的人，马礼逊雇了三名中国人。不过在受到几个仆人的欺骗和恶待以后，马礼逊领悟到，要雇用"有担保人的仆人，外国人更需要如此，因为中国官府不会替外国人讨公道。"③

禁止雇用中国人的规定在特殊时期可以作为打击洋人的杀手锏。1808年因英国人图占澳门而爆发冲突后，清政府下令暂停贸易。在广州"所有的中国仆人都从欧洲人家里撤离了，还禁止卖给外国人生活必需品"④。不久马礼逊不得不离开广州回到澳门。

然而在澳门的情况并不乐观。在1809年12月5日写于广州的一封信中，马礼逊谈到他一年来在澳门的生活，抱怨"中国政府的官员给我们带来了很多麻烦。"其中就包括对他的仆人的限制："我的中国助手由于害怕，一次又一次地离开我。……我们的仆人

---

① 刘芳辑、章文钦校《葡萄牙东波塔档案馆藏清代澳门中文档案汇编》下册，第725页。

② Eilza Morrison ed., *Memoirs of the Life and Labours of Robert Morrison*, Vol. 1, p. 155. （中译本第一卷，第84页。）

③ Eilza Morrison ed., *Memoirs of the Life and Labours of Robert Mo-rison*, Vol. 1, p. 237. （中译本第一卷，第126页。）

④ Eilza Morrison ed., *Memoirs of the Life and Labours of Robert Mcrrison*, Vol. 1, p. 234. （中译本第一卷，第124页。）

到市场买东西时被抓走了。我们不得不连家里的女佣也打发走了。在这里,替外国人购买食物的人必须出示一种凭证,并且要回答一切关于所服务的外国人家庭境况的盘问。"①

1814年,中英发生摩擦,天主教徒又涉嫌参与叛乱,中国官府再次发出禁止雇用中国人的命令。马礼逊日记中说"中国官府下令逮捕所有为外国人做事的中国人。"② 不过米怜记载的发生在同一年的另一件事会让我们对这些政府命令的执行程度有所认识。米怜说,马礼逊雇用一位中国人帮他誊写《新约》。1814年7月28日这名中国人被官府逮捕,原因是此人已经去世十一二年的父亲欠下一笔债务。因为马礼逊认识县官,就将他保释出狱。"检举人的目的就是想借恐吓迫使其雇主马礼逊拿钱出来。"③

到30年代,在美国侨民亨特眼里,雇用中国人早已不成问题。他知道按照规章每个商馆只准雇用八名中国人担任挑水、扫地、做饭等工作,然而"实际人数是毫无限制的。"④ 据亨特说,1839年清政府下令外国商馆的中国人撤离,总人数达800人之多。⑤

三 精神生活空间的变迁

华夷之防,当然要防备外夷与天朝子民的日常接触,但其根本,则在杜绝外夷在精神和文化方面对天朝人心的蛊惑和对天朝制度的动摇。这种杜绝是双方面的:既不允许外夷深入学习了解

---

① Eilza Morrison ed., *Memoirs of the Life and Labours of Robert Morrison*, Vol. 1, pp. 288 – 289. (中译本第一卷,第154页。)
② Eilza Morrison ed., *Memoirs of the Life and Labours of Robert Morrison*, Vol. 1, p. 410. (中译本第一卷,第217页。)
③ 〔英〕米怜:《新教在华传教前十年回顾》,第61页。
④ 〔美〕亨特:《广州番鬼录 旧中国杂记》,第194页。
⑤ 〔美〕亨特:《广州番鬼录 旧中国杂记》,第140页。

中华文化甚至文字（作为一个天朝，这种小气何其可悲！），也不允许外夷传播自己的文化到天朝来。可见，闭关锁国，用的是有形和无形的两把锁，而且是不得入也不得出的死锁。

然而，在马礼逊时代，虽然这把大锁仍堂皇地挂在天朝的大门上，但天朝的窗户纸早已被捅破，甚至其墙壁也已被外面和里面的人一起挖出洞来，既不能阻挡物质和人员的交流，也就无法防备精神的沟通了。马礼逊和他的朋友们在澳门和广州立足之后，便开始学习中国的语言和文化，并以之完成其传教的使命。这些活动面临的限制及其解决，反映出他们在精神层面的生活空间的演变，对于了解当时中英交往的环境，具有更核心的参考价值。

1. 学习中文

马礼逊来华的使命是传教，而掌握中文是与当地人沟通的必要前提，也是伦敦传教会希望他达到的主要目标之一。① 因此马礼逊抓住一切机会寻找中文教师，提高中文水平。但因为外国人被禁止学习中文，② 中国人教授外国人中文更是杀头之罪，所以马礼逊的求学历程也颇为周折。但这番周折之下马礼逊学习中文取得的巨大成功又可以让我们对这些禁令的实际效用形成切实的认识。

洪任辉事件后清政府即严格禁止华人给外国人教授中文。在数十年间这一禁令得到严格的执行，导致东印度公司长期聘请不到中文教习。直到1793年公司终于找到一个中国人愿意担任中文教师，但是即使在澳门，为安全起见，这位教师还是拒绝住到公司的房子里来，而是坚持"住到远离市区的偏僻地方去"，要求学

---

① 谭树林：《马礼逊与中西文化交流》，第47页。
② 事实上明确禁止外国人学习中文的政策也只能上溯到18世纪中期，与礼仪之争的激化和洪任辉事件有直接的关系。在此之前，外国传教士学习中文较少受到官方的限制。最近的相关研究参见肖应云《明清西方传教士的汉语学习与文化交流（1582–1795）》，暨南大学博士学位论文，2010。

生到他的住处学习，并且不能超过3人。①

对于学习中文的困难，马礼逊是有充分了解的。第一次前往广州时，为了通过检查，马礼逊对行李"采取了预防措施，把所有中文书籍和有汉字的纸都拿了出来"。②

然而马礼逊很快发现在广州从事"地下"活动的空间还是很广阔的。在一封信中马礼逊写道："我希望这两个中国人能帮助我。迄今为止，他们还行。他们中的一位李先生（le Seen-sang），中文造诣颇深，写得一手好字，中过举，不像一些商人那样可怕。另一位叫云官明（Abel Yun），是乔治爵士（斯当东）举荐的。云官明祖籍山西，他是罗马天主教在北京的代表。北京话是中国的官话。他一生大部分时间（大概有30年）都在北京传教。"③

此外，马礼逊还可以跟李先生的儿子学广东方言，可以托人购买需要的中文书。虽然马礼逊抱怨男仆和代他买书的人合伙骗了他30元钱④，但这些人选择骗他而不是报官，恰恰反映了当时华夷屏蔽政策的微妙之处。

在广州居住一年后，马礼逊"计划住在澳门而非广州"，原因就是澳门"可以更自由地外出锻炼身体，同时可以自由地接待中国人和学习汉语"。⑤ 可见1808年左右，外国人在广州与澳门的生活自由度还是有明显差别的，特别在从事文化方面的活动上。

但是在澳门也绝不是十分自由的。在1808年搬回澳门后，马礼逊不久就被迫搬家，原因就是房东因马礼逊把房子变成了教堂

---

① 〔美〕马士：《东印度公司对华贸易编年史》第一、二卷，第528页。
② Eilza Morrison ed., *Memoirs of the Life and Labours of Robert Morrison*, Vol.1, p.161.（中译本第一卷，第87页。）
③ 〔英〕汤森：《马礼逊——在华传教士的先驱》，第54页。
④ Eilza Morrison ed., *Memoirs of the Life and Labours of Robert Morrison*, Vol.1, p.162.（中译本第一卷，第88页。）
⑤ Eilza Morrison ed., *Memoirs of the Life and Labours of Robert Morrison*, Vol.1, p.238.（中译本第一卷，第126页。）

而不悦,"随之提高了三分之一的房租"。①

即便如此,传教士的身份也让他"想留在澳门的阻力极大",学习汉语和传教工作都无法顺利开展,因此在 1809 年初,马礼逊"已经决心到槟榔屿去,希望在那里继续学习汉语,完成他使命的前期目标","离开的时间也定了"。② 但巧合的是,马礼逊在 1809 年 2 月 20 日结婚当天,得到了担任东印度公司广州商馆中文译员的聘书,③ 从而获得合法地留在广州和澳门的身份,才使他顺利地留了下来。

关于雇请中文教师的条件,马礼逊在 1814 年给东印度公司的一个关于学习中文的建议中提出自己的看法。他说由于中国官府严厉禁止中国人教授外国人汉语,"中国教师做这项工作有性命之忧,他们甚至不敢出入英国商馆,害怕被官府的捕快抓去。因此学习者必须得在自己的寓所里为中国教师提供食宿,提供一份配得上他们冒风险的薪金"。"据说一个中国士绅家里聘用教师的年金在 200 元至 400 元,此外还提供他食宿。"④ 这些显然是马礼逊学习过程中的经验之谈。多年后他曾告诉美国人亨特,说自己 1807 年到中国时只能在晚上学习中文,而且要将房间里的灯光遮蔽,以保护其中文教师。⑤

最初传授中文知识给马礼逊的是两位小商人古生和华生(Coo-shing 和 Wa-shing,一译古胜和华胜,但这里的 shing 显然是粤语里的"生",即先生,古先生和华先生)。不过,古生很快就

---

① Eilza Morrison ed., *Memoirs of the Life and Labours of Robert Morrison*, Vol. 1, p. 241. (中译本第一卷,第 128 页。)
② Eilza Morrison ed., *Memoirs of the Life and Labours of Robert Morrison*, Vol. 1, p. 245. (中译本第一卷,第 130 页。)
③ 〔美〕马士:《东印度公司对华贸易编年史》第三卷,第 68 页。
④ Eilza Morrison ed., *Memoirs of the Life and Labours of Robert Morrison*, Vol. 1, p. 397. (中译本第一卷,第 210 页。)
⑤ 〔美〕亨特:《广州番鬼录 旧中国杂记》,第 67 页。

担心官府知道此事而惹来杀身之祸，于是不但拒绝再教，而且要求马礼逊烧毁自己先前写给他的中文字纸，甚至几次追问不休。①

当然也不是所有的人都那么胆小。马礼逊就曾遇到一位英文名为约翰的行商，主动表示愿意教他中文。不过马礼逊怀疑他是为官府收集外国人资料，同时发现约翰卖给他的历书谋取了"暴利"②，因此这一教学关系也没有维持很久。

马礼逊秘密学习中文，进展迅速。1809年初，他因中文水平被公认而得到担任东印度公司中文译员的职位。1809年底写给伦敦会的报告中，马礼逊自述其学习中文的进展："现在我能给广东总督写出语意清晰的中文信函，也和几个政府的高级官员当面交谈过……我翻译了大量的公文信函，也翻译了两本中国蒙童读物，此外还翻译了孔夫子著作的前两部《大学》、《中庸》以及第三部《论语》的一部分。"③虽然马礼逊声明自己对中国文学的知识"有很多不正确的地方，又肤浅片面"，但是仅用两年就达到这个程度实属不易，尤其是考虑到他一直处于"地下"的学习条件。

在澳门学习汉语的阻力不止来自中国官方，天主教势力也在为马礼逊设置障碍。马礼逊在1809年末的一封信中写道，"澳门的葡萄牙天主教士没有强烈地反对我，但他们禁止中国天主教徒帮助我学汉语。以前在广州教我汉语的人，虽然葡萄牙天主教会并不知道他，当我在澳门时也不敢登门来访了。"④

1812年，与马礼逊关系密切的云官明告诉他，澳门的主教发

---

① 苏精：《中国，开门》，第36页。
② 苏精：《中国，开门》，第37页。
③ Eilza Morrison ed., *Memoirs of the Life and Labours of Robert Morrison*, Vol.1, p. 268.（中译本第一卷，第142页。）
④ Eilza Morrison ed., *Memoirs of the Life and Labours of Robert Morrison*, Vol.1, p. 288.（中译本第一卷，第154页。）

布了一条针对他的命令，禁止天主教徒和他交谈或给他中文书籍。①

当然我们对这种地下活动的困难程度也不能夸大，除了能够雇用到多位中文教师，马礼逊还能够大量地收集中文图书，到1809年底前的短短两年内，已经收集"各类书籍总计已达1229卷"，包括"中国人的经典和天文地理方面的书，还有法律、历史、宗教、解剖、医学等"，还有早期翻译的各类中文基督教经典。②

马礼逊还担任东印度公司的中文教员，把自己的中文知识传授给公司的职员。③ 这项工作应该是从1810年夏天在广州开始的，而且教授对象从一开始就不只是东印度公司职员。马礼逊最初的学生有五位，包括东印度公司广州商馆的三位职员，还有"一位在华居住了20年的先生"，第五位学生是"一个荷兰青年"。④

马礼逊学习和传授中文的方法十分实用，我们有幸可以通过他的中文学生之一米怜的叙述了解到其中的一些精华。米怜说，他学习中文"完全依赖马礼逊先生的指导"。马礼逊给他的指导之一是要求他"把其他的学习任务暂时放在一边，全身心地投入到学习汉语中。"因此米怜把从早到晚一天的时间都用来学习汉语，并体会到了这样做的好处。另外米怜提到了马礼逊关于学习汉语的其他三条建议，一是"在学习一门外语时，最初应特别注重其口语，因为当他一旦能够开口问问题，或者掌握几个常用的短语，

---

① Eilza Morrison ed., *Memoirs of the Life and Labours of Robert Morrison*, Vol. 1, p. 347. （中译本第一卷，第184页。）
② Eilza Morrison ed., *Memoirs of the Life and Labours of Robert Morrison*, Vol. 1, p. 268. （中译本第一卷，第142-3页。）
③ 吴义雄：《在宗教与世俗之间》，第39页。
④ Eilza Morrison ed., *Memoirs of the Life and Labours of Robert Morrison*, Vol. 1, p. 293. （中译本第一卷，第156页。）

他就能够从当地老师的指导和他所听到的日常谈话中获益良多。"其次，"从汉语自身的特性来看，记忆背诵似乎对学习者十分重要。中国人自己的学习方法也有力地支持这一观点。"最后，"马礼逊建议在阅读时应该特别注意汉字，每天要练习书写一些汉字并加以仔细分析。"① 可以说，这些实用的方法是马礼逊本人迅速掌握汉语的经验，也是他引导西方人打破汉语难以学习的神话的基础。

1812年，由于斯当东爵士离开了中国，马礼逊得到东印度公司的进一步重用，薪酬提高到1000镑，此外还有额外的补助，包括聘请中国教师的费用。②

在1813年，马礼逊的中文知识已经在与中国官府的交涉中发挥了极大作用，特别是使东印度公司在起草中文文件和谈判中摆脱了中国译员的掣肘，让官府很不适应，从而也引来了忌恨。马礼逊说中国官府的人"普遍不喜欢我学会了他们的语言和文化。"而按照当年处理洪任辉事件时的思路，官方把怒火再次发泄到马礼逊身边的中国人身上，总督下令抓捕他们。马礼逊不得不让他的中文教师兼助手葛先生和他的儿子回家躲避。③

1816年随阿美士德使团前往北京的旅程是马礼逊深入了解中国语言文化的一个绝好机会。他沿途收集了各地的大量历史资料，还接触了很多种方言。他撰写的《英使回忆录》对当时中国的生活方式、风俗和观念进行了描述。坚实的汉语基础使他的观察比其他不懂中文的外国人深入准确得多，使这本书成为了解中国的难得资料。米怜还希望马礼逊特别注意描述一下当时中国政府的

---

① 〔英〕米怜：《新教在华传教前十年回顾》，第51页。
② Eilza Morrison ed., *Memoirs of the Life and Labours of Robert Morrison*, Vol. 1, p. 315. （中译本第一卷，第168页。）
③ Eilza Morrison ed., *Memoirs of the Life and Labours of Robert Morrison*, Vol. 1, p. 375. （中译本第一卷，第199页。）

运作特点，以帮助传教和学习汉语的外国人，因为这种介绍十分缺乏，以致学生们"对此毫无所知，还心满意足地认为中国仍是几百年前的那个样子"。①

在1821年参与处理伶仃岛事件引起的中英纠纷时，马礼逊的中文能力已经足以使他应付复杂的外交文牍往来，并成功地使英国方面摆脱了被动的局面。在一份报告中，马礼逊的作用受到充分的肯定："他使特选委员会能撰写在格式上、语言和态度上得体的致中国人的文书和通报，去面对和抵制广东巡抚及其同僚们的傲慢言论和狂妄自负以及非分的要求，这些文书由马礼逊博士译成措辞得体的中文，决不致使中国政府产生误解，哪怕是假装出的对东印度公司代表的看法、观点和决定的误解。这种情况在与中国人谈判和讨论的任何时刻都是非常重要的。"②

1823年，马礼逊编纂16年的《英华字典》出版了，这是马礼逊一生最重要的成就之一。这部字典有4595页，收录了4万多个汉字。它既可以当作一部字典，又可以当作一部百科全书来使用，它包括了有关中国的传记资料、历史和民族风情、礼仪和国家制度的评介，是一部汇集了有关中国人的生活和历史文献的资料丰富的工具书。③ 就我们关注的主题来说，这部字典的编纂和出版，显然是对清政府禁止外国人学习中文这一政策的最大讽刺。为编纂《英华字典》，马礼逊收集了约1万卷中文图书。更难能可贵的是马礼逊广泛接触当地民众，采集了鲜活的俗语、俚语等资料，使这部字典不但在保存和记录汉语文化方面的价值超越了一般的中文字典，而且成为早期中英文化交流的一个见证。而马礼逊在广东学习粤语方言的一项成果，就是1828年出版的《广东省土话字汇》。

---

① 〔英〕米怜：《新教在华传教前十年回顾》，第86页。
② 〔英〕汤森：《马礼逊——在华传教士的先驱》，第107页。
③ 〔英〕汤森：《马礼逊——在华传教士的先驱》，第111页。

经过十几年的经营，马礼逊开创的中文学习和教育活动影响日益扩大。美国人亨特在新加坡英华书院进修中文之后于1827年初回到广州，美国商馆的人专门请马礼逊主持考察了他的中文程度，并且为亨特推荐了一位姓李的教师继续指导他学习。① 虽然亨特说在他到广州后的许多年中，懂中文的外国侨民只有马礼逊、东印度公司的德庇时和他自己三个人，② 但从他们的经历中，不难看出当时外国人学习中国语言文化的环境已经有了显著的改观。

2. 出版与传教

马礼逊费尽心机留在中国的最终目的就是传教，学习中文为马礼逊解决了与传教对象沟通的工具问题，但文化的隔阂和中国政府的干预却让马礼逊没有多少机会向更多的中国人面对面地传教。所以，为潜在的传教对象提供易于接受的宗教经典成为完成这项使命的必要基础和扩大影响的重要途径。在当时清朝政府实行严厉禁教政策的背景下，这也是马礼逊可以选择的极少数传教活动之一。

同时马礼逊也不觉得文字传教仅仅是权宜之计，而是在外国传教的"最有效的方法"。他认为，"一个外国人的书面译本即使非常蹩脚，也可以使当地学生非常清楚地理解原文的意义和精神，并且也比口头表达的效果要好得多。而一个对教义有良好判断的基督教传教士的译本，即使不太清晰顺畅，也比一个非常有技巧的异教徒学者的译本更能传达神的启示"。③ 因此，马礼逊来到中国不久，就开始不顾风险、不计成本地翻译和印刷了大量中文基督教典籍。④ 正如马礼逊1812年向伦敦差会报告中所说："在这种

---

① 〔美〕亨特：《广州番鬼录 旧中国杂记》，第29页。
② 〔美〕亨特：《广州番鬼录 旧中国杂记》，第66页。
③ Eilza Morrison ed., *Memoirs of the Life and Labours of Robert Morrison*, Vol. 2, p. 8.
④ 马礼逊在华期间的印刷与出版内容还包括了《英华字典》《五车韵府》《广东省土话字汇》等重要的非直接传教书籍，具有同等重要的价值，不过因主题原因，本章不专门介绍这些书籍的印刷与出版情况，仅在必要时顺带提及。

阻力中，我已经证明了在不长的时间内学习语言、翻译经书并在中国印行是可行的。"① 他的印刷出版事业在新教传教史上受到高度评价，被称为"打制镀金的钩子"。②

从另一个角度看，宗教经典的传播无疑意味着西方文化的传播，所以这项事业真正触及了华夷大防的核心领域。其中，设厂雇人印行经书又比在书房内翻译经书具有更直接的影响，从而也具有更大的风险。清政府对西洋人私刻书刊的威胁早已注意，嘉庆十年（1805）的上谕要求严禁西洋人刻书传教，"如有西洋人私刊书籍，即行查出销毁。"③ 因此，马礼逊印刷出版事业的波折与进展，也更能折射出英国人在当时的中国，特别是在澳门和广州的精神生活空间变迁的路径。

根据米怜的记载，马礼逊最初尝试在中国印刷出版中文《圣经》是在1810年，"他确信能够相当容易地完成这项工作"。正因为如此，他才极力要求英国伦敦会增派一名传教士与他共同工作。不过，当时的印刷费用高得惊人，印刷一册《使徒行传》的费用超过半个银元，相当于后来印刷整部《新约》的价钱。米怜也知道其原因在于"这被认为是一部禁书，承印的印工都冒着一定的风险。"④ 马礼逊对"相当容易地完成"印刷中文《圣经》的信心，和因为风险而导致的高昂印价同时存在，这种看似矛盾的现象，其实正是前述各种华夷屏蔽措施在当时真实效用的反映。

在这种背景下，考虑到传播的便利性，马礼逊对印刷的宗教书籍不断进行改进。首先是从大8开本改为12开本，以便于携带。这项改变对于秘密传教来说是十分重要的进步。因为米怜曾几次遇到中国人抱怨，他们对8开本《新约》的唯一不满就是体积太

---

① 〔英〕汤森：《马礼逊——在华传教士的先驱》，第66页。
② 谭树林：《马礼逊与中西文化交流》，第148页。
③ 王之春撰《清朝柔远记》，赵春晨点校，第149页。
④ 〔英〕米怜：《新教在华传教前十年回顾》，第41页。

大了。"假如小一点，他们即使带几册进入内陆省份也比带一册现在的版本容易。"显然这些中国人是游走各地卖书谋利的书商，马礼逊当然十分注意这些帮他传播教会书籍的中国书商的反馈。马礼逊还计划利用这些书商的逐利心理，为他们免费提供 1000 套《圣经》的刻版，使之可以自己印刷出售赚钱，以达到传播福音的目的。"我们衷心地希望出售这本神圣的书会在中国成为赢利的事业，除此之外，没有任何东西能保证这本书得以有效、广泛地传播……成千上万我们无法靠近的人家，他们却能进入。"① 我们不知道马礼逊有没有真的做出 1000 套刻版，但这个计划肯定得到了实施，因为马礼逊在 1815 年曾提到，因为中国颁行禁教令，持有 12 开本《新约圣经》刻版的书商怕被人发现而把它们秘密销毁了。② 米怜说这些刻版后来又重新被刻制，但也未说明究竟有多少套刻版。③

1812 年嘉庆皇帝颁布禁教令，对传教士的工作可谓雪上加霜。禁教令称：

> 西洋人素奉天主，其本国之人自行传习原可置之不闻，至若诳惑内地民人，甚至私立神甫等项名号，蔓延各省，实属大干法纪。而内地民人安心被其诱惑，递相传授，迷罔不解，岂不荒悖。试思，其教不敬神明、不孝祖先，显叛正道。内地民人听从传习，受其诡立名号，此与悖逆何异？若不严定科条大加惩创，何以杜邪术而正人心。嗣后，西洋人有私自刊刻经卷、倡立讲会、蛊惑多人及旗民人等向西洋人转为传习并私设名号煽惑及众，确有实据，为首

---

① 〔英〕米怜：《新教在华传教前十年回顾》，第 59 页。
② Eilza Morrison ed., *Memoirs of the Life and Labours of Robert Morrison*, Vol. 1, p. 436. （中译本第一卷，第 230 页。）
③ 〔英〕米怜：《新教在华传教前十年回顾》，第 67 页。

者竟当定为绞决；其传教煽惑而人数不多亦无名号者，着定为绞候；其仅止听从入教不知悛改者，发往黑龙江给索伦达呼尔为奴，旗人销去旗档。至西洋人现在京师居住者，不过令其在钦天监推步天文。无他技艺足供差使，其不谙天文者，何容任其闲住滋事，着该管大臣等即行查明。除在钦天监有推步天文差使者仍令供职外，其余西洋人俱着发交两广总督，俟有该国船只到粤，附便遣令归国，其在京当差之西洋人，仍当严加约束，禁绝旗民往来，以杜流弊。至直省地方更无西洋人应当差役，岂得容其潜住，传习邪教。着各该督抚等实力严查，如有在境逗留者，立即查拿，分别办理，以净根株。①

马礼逊在当年 4 月 2 日致伦敦会的一封信中指出了禁教令对他打击最大的方面，"出版中文的基督教书籍和小册子都是杀头之罪"。② 因为在当时的情况下，翻译和出版基督教经典是马礼逊唯一能做的工作，也是他主要的收获。值得注意的是，禁教令对澳门的中国人也是有效的。马礼逊记录说，1812 年夏季，"管辖澳门的中国地方官公布了一条禁止中国人接受基督教的政令"。③

不过马礼逊声称并不会被禁教令阻碍，将继续他的使命，只是要尽量避免引起中国官府的注意。在 1812 年 10 月的日记中，马礼逊欣喜地记录了广州城的一个捕快因读了他出版的小册子而悔过自新的故事。他说这个人曾是一名天主教徒，"此前是一个非常坏的人……简直不可救药"。但他偶尔从亲戚的桌上拿了小册子，

---

① 中国第一历史档案馆：《嘉庆十六年严禁西洋人传教史料》，《历史档案》2004 年第 1 期，第 30 页。

② Eilza Morrison ed., *Memoirs of the Life and Labours of Robert Morrison*, Vol. 1, p. 334. （中译本第一卷，第 177 页。）

③ Eilza Morrison ed., *Memoirs of the Life and Labours of Robert Morrison*, Vol. 1, p. 356. （中译本第一卷，第 189 页。）

然后"据说每个人都见证了他的转变"。① 这个故事显然对马礼逊意义重大,因为他在当年12月写给伦敦会一位友人的信中再次提到这个故事。他在信中特别强调此事发生在"我不能进去"的广州城里。② 这当然会让我们对故事的可信度生疑,但马礼逊想强调的,则应该是他的出版事业的功效。而且一个捕快在广州城受到传教小册子的感化,恰是禁教令有名无实的一个绝好的例证。

马礼逊自己的行动也反映了禁教令的无力。在1812年12月22日的信中,马礼逊说他通过书商来散发中文《圣经》,并且抱怨书商把他赠送的《圣经》低价出售牟利。"夏季我往福建省送来好几百本《圣经》,我自己付的运费。"③ 在澳门,禁止中国人接受基督教的政令也没有"导致宗教迫害事件"。④

澳门天主教势力对马礼逊的出版与传教事业虽然没有直接迫害,但也有很多严厉的限制措施。1813年,马礼逊报告说,他曾经送给两名中国的天主教徒大约100本中文基督教书籍,包括《圣路加氏传福音书》《神道论赎救世总说真本》和《问答浅注耶稣教法》,结果被澳门的主教"下令把这些书当作异端邪说烧毁了"。⑤

1814年,中国发生的叛乱据称与天主教徒有牵连,全国都严格清查天主教徒,澳门的中国官员再次公布禁止中国人接受外国

---

① Eilza Morrison ed., *Memoirs of the Life and Labours of Robert Morrison*, Vol.1, p.342. (中译本第一卷,第181页。)
② Eilza Morrison ed., *Memoirs of the Life and Labours of Robert Morrison*, Vol.1, p.338. (中译本第一卷,第179页。)
③ Eilza Morrison ed., *Memoirs of the Life and Labours of Robert Morrison*, Vol.1, p.352. (中译本第一卷,第187页。)
④ Eilza Morrison ed., *Memoirs of the Life and Labours of Robert Morrison*, Vol.1, p.356. (中译本第一卷,第189页。)
⑤ Eilza Morrison ed., *Memoirs of the Life and Labours of Robert Morrison*, Vol.1, p.359. (中译本第一卷,第190页。)

人宗教的谕令，在澳门还有九名教徒为此被抓。① 而马礼逊的中文教师，天主教徒云官明也在广州受到追捕，不得不于4月9日逃到澳门。随后秘密搜查波及澳门，云官明又被迫藏在澳门的一座教堂里。6月，追捕进一步升级，两广总督悬赏1000元捉拿云官明，他最终只得逃到马尼拉避难。②

在中国的各种限制虽然漏洞很多，但已对马礼逊的传教目标造成了足够的打击。到1814年，马礼逊终于接受现实，悲叹"在中国的心脏部位找到一个自由稳固的居留地目前根本不切实际"，而无论广州、澳门都"不适合做传教总部"。③ 这也是米怜前往马六甲开辟传教站的原因。

在此背景下，马礼逊出版与传播中文圣经和传教小册子的活动，也引起了中国官方的追查，清廷颁布谕令，凡印刷中文的西教书籍者处死刑。东印度公司为防止受到牵连，被中国政府以此为借口阻止公司的营业，于1814年解除了马礼逊的正式雇员身份。在致马礼逊的信中，公司声明："本部听说先生印刷中文圣经和劝世文，引起中国反对。皇帝有谕旨，禁止这书，并要重治相帮的人。我们想这样下去，与贸易总受影响，现下决议，公司辞退先生职务。"④ 不过私下里，公司的不少高层对马礼逊的传教活动还是给予积极支持的。⑤ 1814年12月16日，大班帕里先生遗赠给马礼

---

① Eilza Morrison ed., *Memoirs of the Life and Labours of Robert Morrison*, Vol. 1, p. 402. （中译本第一卷，第212页。）
② Eilza Morrison ed., *Memoirs of the Life and Labours of Robert Morrison*, Vol. 1, pp. 405 – 7. （中译本第一卷，第214 – 5页。）
③ Eilza Morrison ed., *Memoirs of the Life and Labours of Robert Morrison*, Vol. 1, p. 378. （中译本第一卷，第201页。）
④ 谭树林：《马礼逊与中西文化交流》，第116页。
⑤ 实际上，马礼逊只是失去了东印度公司正式雇员的身份，并没有失去这份工作。在此后近20年的岁月中，马礼逊继续充当广州英国商馆的翻译，继续支取数量相同的年薪。见吴义雄《在宗教与世俗之间》，第40 – 42页。

逊1000西班牙银元，资助他用以传播"我们受上帝赐福的宗教的知识"。①

1815年中国继续严格执行禁教令，天主教徒被迫弃教，否则被处死。马礼逊的出版事业也受到了很大影响。雇用的刻制汉英词典活字典工匠被官府抓走了。不过马礼逊仍"在自己的密室里继续做翻译"。②1815年2月，米怜用中文编写的《救世者言行真史记》在广州出版。8月，马礼逊完成了中文《新约》大字版的修订。③

1817年2月，马礼逊的印刷出版事业再受打击，设在澳门的印刷所遭到广东当局的搜查和破坏，中方人员遭到抓捕。这个印刷所与马礼逊以前的印刷所是否在同一场地无从考证，不过从里面雇用的中方人员来看，仍然是马礼逊身边的那些，包括荣三德、蔡轲、蔡轩和葛先生等。但是此时的印刷所得到东印度公司的庇护，名义上主要印刷马礼逊编纂的汉英字典。按照米怜的说法，马礼逊的《英华字典》编纂完成后，无力负担如此大部头著作的印刷费用，东印度公司的一位"在华的先生"认为这部字典有助于他们与中国的商业交往，同时还能提高普通民众的知识兴趣，于是说服公司承担了这项工作。1814年9月2日，公司董事会派遣的汤姆士先生带着印刷机、字模和其他印刷必备物品抵达澳门。之后努力制作金属活字，1816年1月，第一帖《英华字典》印刷完毕并送回英国后，继续印刷第二贴《英华字典》和《中英对话》一书。④

事件是由中方雇工间的争吵引起的，其中一人为了报复刻字

---

① 〔英〕米怜：《新教在华传教前十年回顾》，第62页。
② Eilza Morrison ed., *Memoirs of the Life and Labours of Robert Morrison*, Vol. 1, p. 436.（中译本第一卷，第230页。）
③ 〔英〕米怜：《新教在华传教前十年回顾》，第64、67页。
④ 〔英〕米怜：《新教在华传教前十年回顾》，第62页。

的雇工，带走了一页词典交给香山县县丞。2月10日，县丞派24名差役手持刀棍闯入印刷所，华人工匠从后门逃走，但一名厨师被抓获，同时收缴了一些中文活字、印刷样张和衣物。由于担心被厨师供出，上述的几位华人雇工纷纷逃离澳门，去了内地或马六甲。甚至连马礼逊也在担心受到株连，考虑离开中国转往马六甲与米怜汇合。事件发生后，东印度公司提出抗议，中方由粤海关监督答复，坚称印刷所收留奸民翻刻图书违反法律，差役执行公务并无不当，查获的活字与印刷样张即是证据。虽然事情最终得到解决，但总督下令禁止中国人替外国人刻印中文字模以及印刷中文书籍，印刷所只得雇用葡萄牙人费力地学习刻印中文活字。①

1819年，马礼逊在澳门秘密开办的印刷所再次被中国官府搜获一批刻版，马礼逊担心这类事情将迫使印刷所迁出澳门。② 此外，天主教会和葡澳当局也对马礼逊在澳门印刷和传播新教书籍十分不满，虽不像中国官府那样下令查抄，但也常试图干涉。1832年，澳门天主教会向葡澳当局告状，说马礼逊的著作违背天主教教义，不应该在澳门印刷出版。而且，除非经过事先审查，使用印刷机印刷出版物在葡萄牙人的管辖区是严令禁止的。在葡澳当局的压力下，英国东印度公司特选委员会要求马礼逊搁置他在澳门出版新书的计划。③

由此可见，马礼逊在澳门和广州的传教事业可谓举步维艰，而他翻译与印刷《圣经》的工作也困难重重，多次遭受打击，远

---

① 苏精：《中国，开门》，第214-215页。Eilza Morrison ed., *Memoirs of the Life and Labours of Robert Morrison*, Vol. 1, pp. 473-474.（中译本第一卷，第247页。）
② Eilza Morrison ed., *Memoirs of the Life and Labours of Robert Morrison*, Vol. 2, p. 2.（中译本第二卷，第2页。）
③ 〔英〕汤森：《马礼逊——在华传教士的先驱》，第154页。

非他在1812年报告中所言那样轻易。这反映出在精神生活的维度，无论是广州还是澳门，对西方文化影响的屏蔽都要比日常生活方面有效得多。

不过，尽管有重重困难，马礼逊的出版与传教活动也绝非归于失败，新教在中国的传播空间还是在不断扩大的。马礼逊去世后不久发生的澳门印刷所查抄案便可从侧面反映出当时教会影响传播的态势。

根据两广总督邓廷桢奏折①的叙述，1835年（道光十五年）因英国船进入福建散布"夷书"引起清政府注意，追查之下，在澳门抓获刻字工匠曲亚熙，并在一处"夷楼"查起8种相关书籍，其中两种与福建查获书籍相同。此处夷楼正是马礼逊的印刷所。当时马礼逊已于一年前去世，其子约翰·马礼逊继承父业，继续印刷和散播传教书籍。案发时印刷所雇用的工人除曲亚昂、曲亚熙父子等人外，还有著名的梁发。

梁发长期受雇于马礼逊，后受洗入教，并编写《救世录撮要略解》等传教宣传册，是对屡受挫折的马礼逊的一大慰藉。马礼逊"相信他确实感受到了神圣真理的力量，他是圣经在这个偶像崇拜国家发挥作用的一个例子。"②梁发本人既参与刻字印刷，也是撰写和传播这些书籍的主力，事实上梁发是伦敦传教会正式任命的第一位从事传教的中国人。③ 1830年，梁发等人向广州高州乡试考生散发经书达七百多本。1832年一年之内他们即送小书和《圣经日课》七万册之多。1833年，梁发将《圣经日课》及其自作之小书以公开的方式分予来省考试之生员。1834年梁发又向参

---

① 吕坚：《从新发现的有关马礼逊梁发传教档案看新教的传入及影响》，《历史档案》1996年第4期，第93—95页。
② Eilza Morrison ed., *Memoirs of the Life and Labours of Robert Morrison*, Vol. 2, p. 38. （中译本第二卷，第20页。）
③ 〔英〕汤森：《马礼逊——在华传教士的先驱》，第95页。

加广州乡试的考生散发《圣经日课》等书5000本。①

从相关案情可以看出,首先马礼逊的印刷事业一直坚持了下来,而且规模扩大,印量日增,大有愈挫愈奋之势。其次,新教的相关书籍的传播数量和范围都有显著的扩大。奏折显示散布"夷书"的英国船在福建、江浙甚至山东附近海面都有活动,而有些在当地起获的书籍显然是中国书商或传教士多年前就散发开来的。据麦都思的不完全统计,"从1810年到1836年,有不少于751763册劝世小册子和书籍从中国的传教印刷所中分发到各地。这些书中相当数量的图书都是马礼逊博士撰写的。"这些书甚至传播到了长城以北的地方。② 这些情况都反映出此时从事传教活动空间的扩大。无论印刷所的存在还是英国船的北上,还是梁发的"公开"散发书籍,都为清政府的有关禁令所不容,但事实是它们不但未被斩草除根,而且还稳步地扩大着影响的范围。

不仅印刷事业,马礼逊传教的其他方面也基本是这样的态势,有官方的压力和邻人的监督,活动空间很小,进展十分缓慢,经常受到干扰甚或打击,但确实在不断发展。

比如,在吸引当地华人受洗入教方面,在重重限制之下,马礼逊最初几年的努力收效甚微,他甚至发现连居住在中国的英国人也不愿响应他的宗教礼拜活动,"冷淡了对神的敬仰"。③ 无法大规模向中国人布道,马礼逊只能把教化的重点放在自己的助手和仆人身上。具有初步的中文能力之后,马礼逊就同家人和佣人在自己家里秘密举行礼拜活动,少则一人,多则十一二人,一直不懈地坚持了多年。经过7年多的努力,马礼逊才等到了第一位可以接纳入教的人。1814年7月16日,马礼逊为他的仆人蔡高举行了

---

① 吕坚:《从新发现的有关马礼逊梁发传教档案看新教的传入及影响》,《历史档案》1996年第4期,第97页。
② 〔英〕汤森:《马礼逊——在华传教士的先驱》,第154页。
③ 〔英〕汤森:《马礼逊——在华传教士的先驱》,第58页。

受洗仪式。马礼逊对他的辛劳终于结出果实自然十分欣喜，但这显然与他最初的期望相去甚远，而且他明白即使唯一的果实也是为环境所不容的，于是受洗仪式只能"在人们注意不到的海边山脚下的一股清泉旁边"举行。① 1816年11月，梁发经过多年的考验后由米怜在马六甲施洗入教，几年后梁发回国，成为马礼逊的得力助手，也成为之后十多年中在华传播新教的主要传教士之一。1817年，一封美国来信告诉马礼逊说一位从澳门到纽约居住的大约26岁的中国人因为阅读中文《新约》而皈依基督教，"使马礼逊在鼓噪无味的翻译推敲中心情特别舒畅"，② 这也算是对马礼逊辛勤劳动的另一个确切的回馈。不过，马礼逊再次主持中国人的洗礼，就要等到1830年了，那一年，他为印刷工屈亚昂举办了入教仪式。③ 直到马礼逊1834年去世，正式皈依基督教的中国人寥寥可数，而受马礼逊本人施洗的"不过5人"，④ 而且这些人都是马礼逊身边的仆人、雇工或者他们的家人。

马礼逊还是新教在华进行医药传教活动的开创者。根据东印度公司医生利文斯顿博士的说法，马礼逊在1820年前后在澳门（或广州）开设了一家医馆。利文斯顿认为这是建立与中国人交流渠道的好方法，可以"快速取得最佳结果"。⑤ 马礼逊的医馆请了一位医道高明的中医主持，但马礼逊每天都亲自到医馆照料一两个小时，"病人中有一部分被西方医药治愈了"。⑥ 事实上马礼逊的医学知识也是在确定要来华传教之后，于1805年在伦敦特别学习

---

① 〔英〕汤森：《马礼逊——在华传教士的先驱》，第80页。
② 〔英〕汤森：《马礼逊——在华传教士的先驱》，第91页。
③ 〔英〕汤森：《马礼逊——在华传教士的先驱》，第149页。
④ 孙尚扬、钟鸣旦：《1840年前的中国基督教》，学苑出版社，2004，第428页。
⑤ Eilza Morrison ed., *Memoirs of the Life and Labours of Robert Morrison*, Vol. 2, p. 24. （中译本第二卷，第13页。）
⑥ Eilza Morrison ed., *Memoirs of the Life and Labours of Robert Morrison*, Vol. 2, p. 22. （中译本第二卷，第12页。）

的"去中国有用的知识"。① 后来郭雷枢担任东印度公司医生，因他在眼科上有专长，马礼逊和利文斯顿将诊所扩大，在东印度公司的资助下，于 1827 年在澳门又租赁两间平房开设眼科医馆，专为无钱看病的穷人服务。除澳门外，也有一些乡村农人前来诊治。到 1832 年 10 月，治疗的人数即达 4000 人之多。② 然而从当时的情况看，多年设馆行医也并未给马礼逊带来更多的新教信徒。

马礼逊在华的近 30 年当中，新教在华传教活动的环境表面看来没有什么根本性的改观，因而马礼逊的许多努力似乎都没有换来应得的收获。确实，没有公开宣教的机会，缺乏必要的宗教礼拜活动，仅凭散布宗教书籍或开馆行医，很难让人改变信仰。然而这些努力正悄然地腐蚀着华夷大防的铜墙铁壁，这也是毋庸置疑的。下面这些事实或许可以反映出一些事实上的变化。

马礼逊去世后，在广州出现了由来自英美的新教传教士组织的一些文化团体。1834 年 11 月 29 日成立的"在华实用知识传播会"是传教士与英美商人共同发起成立，由商人出钱，传教士承担具体工作的团体。它的宗旨是"尽其所能，用各种办法，以廉价的方式，准备并出版通俗易懂的、介绍适合于中国之现状的实用知识的中文书刊。"该协会资助出版了大量介绍西方文化的中文书刊。1836 年 9 月 28 日成立的"马礼逊教育会"则是以纪念马礼逊为名成立的一个教育机构。它的"目的是在中国建立并资助一些学校，以教育本地的青年，使他们在掌握本国语言的同时，能够阅读和书写英文；并能借助这一工具，掌握西方各种门类的知识……以改善并提高中国的教育。"该会在澳门创办了著名的马礼逊学校。1838 年 2 月 21 日成立的"中国医务传道会"也是基于马礼逊的医务传教理念而创立的。它的宗旨是：由受过医学训练的

---

① 〔英〕汤森：《马礼逊——在华传教士的先驱》，第 43 页。
② 谭树林：《马礼逊与中西文化交流》，第 155 页。

传教医生开办医院、诊所，向中国人提供免费的医疗服务，对中国的医务人员进行培训和教育，由此接近中国的百姓，使他们对西方文化产生好感，从而为基督教在中国的传播创造必要的社会文化条件。① 这几个团体在广州的存在几乎未受干扰，直到鸦片战争爆发前才迁往澳门。这当然与官方无法掌握外国人社区的信息有关，但无疑也反映了外国人的精神文化活动空间的扩大。

而且，官方是否能够掌握外国人的活动信息，和与外国人接触的中国人的心态也有很大关系。下面这件事也许可以让我们窥探到一些中国人自身转变的端倪。1840年1月，广东官方抓获一名法国籍的教会信使，携带一批外文信件。林则徐命令伍秉鉴负责找人翻译。伍秉鉴找到了美国人亨特。亨特"浏览之下发现这些信件是从中国各地和鞑靼地方寄出的。大部分是用法文和葡萄牙文写的。其中有各个布道团的报告，包括一些写信人（传教士）本人所受迫害的记叙"。亨特知道如果把这些信件翻译出来，肯定会"导致更严重的灾难，可能有人会被杀头。"于是他拒绝了翻译的请求。有意思的是亨特对伍秉鉴并未隐瞒自己可以读懂这些信件，而是说"这些信我不能给你讲解"。而包括伍秉鉴也不为难亨特，而是感慨"钦差太蠢了"。后来在林则徐再次严厉督促后，包括伍秉鉴在内的行商们也只是想办法应付。在请亨特确认除他之外广州没有其他人可以翻译这些信件的情况下，他们自己去欺骗林则徐，禀报说在广州找不到人把这些信件翻译成中文。②

从这件事中除了可以看出教会活动在中国已有蓬勃的开展外，行商这些半官方人士对于禁教的冷漠态度更值得注意，在这件事

---

① 吴义雄：《基督教传教士在澳门的早期文化活动略论》，《学术研究》2002年第6期，第45页。
② 〔美〕亨特：《广州番鬼录 旧中国杂记》，第252-254页。

上，他们早已忘记了自己负有的监督外国人"乖乖地"遵守各项规章的使命①，宁可欺瞒打破其既有生态的钦差，也不愿为难作为生意伙伴的"外夷"。精神上的"华夷大防"只存在于遥远的天朝中心和空降的理想主义者当中，而在华夷交往的前线，双方的关系虽不至于"融合"，也不止于"容忍"了。

结　语

澳门由于其特殊的地理位置和文化背景，从18世纪中叶起被清朝政府选为将西方影响拒斥于天朝之外的一道防护墙。外国人在澳门、在广州乃至整个中国的活动空间和内容都被严格限制在既定的范围，以"取其精华、去其糟粕"。澳门的这种华夷屏蔽作用确实维持了很长时间。然而，华洋交通的形式和规模既受官方政策和规划的影响，更为这种交通实际参与者的意愿和实践所决定。这些参与者包括合法来华的商人，也包括曲折潜入的传教士等非商人士，包括维护贸易口岸运作的行商、地方官吏，更包括从日常生计中感受到华洋交通影响的各阶层普通百姓。

本章对19世纪初至鸦片战争前英国人在澳门日常生活和精神生活空间的考察表明，虽然这一时段内清朝官方的有关政策并无变化，甚至在一些方面的限制还有所加强，但官方政策与实际情形有很大差别。散商的涌入和整体商业规模的扩大使在华外商群体不断膨胀和复杂化，这个群体对生活空间的需求日增，同时也为非商业活动的进入提供了掩护。另一方面，外商的涌入不但是口岸商业阶层的商机，也成为相关管理者的财源，还为一些底层的百姓提供了改善生活的机会。各种利益的驱动扩大了相互交往

---

① 〔美〕亨特：《广州番鬼录 旧中国杂记》，第428页。

的需求，也为文化影响的发挥提供了空间：一方面，维护"华夷大防"的各种禁令或变成官员的贿赂收入，或变成地下社会繁荣的基础；另一方面，越来越多的普通人对外来文化因接触而认知，由认知而认同，或至少是容忍。

在此背景下，澳门的华夷屏蔽作用在鸦片战争之前数十年就开始逐渐减弱，西方人及其文化的渗透早已开始并逐步加剧。至19世纪30年代末，不但在澳门的外国人生活便利程度和活动空间大为改善，非商外国人在澳门和广州的活动空间的许多差别也已消失，甚至在某些方面广州比澳门更加便利。这样，到鸦片战争爆发之前，中英之间的这道屏障虽然框架仍然支撑未倒，但两端的来往早已相当可观了。而在这一系列变迁当中，澳门在中西文化交往中的角色，也逐渐从屏蔽的防火墙，转变为辐射的能量源。

受到这种转变冲击的"官方"，除了相对于中国民间对外交往参与者的清朝政府，也包括受到自由的港脚贸易参与者冲击的英国东印度公司，还包括相对于普通在澳葡萄牙居民的澳门天主教势力。出于各种考虑而一度共同排斥英国非商业因素渗入澳门的这三大"官方"都面临着现实情形的威胁，有的被迫让步，如葡澳政府；有的顺势而为，如东印度公司；有的则悲剧地没有注意到这种变化，更没有认真应对，如清朝政府。

更为悲剧的是，清朝政府的屏蔽政策面临着事实上的开放形势的倒逼。越来越多的外国人将其所见所感视为常态，对清政府按照既有政策而进行的阻隔却日益无法理解和忍受。双方都"理直气壮"的结果，是一场巨大冲突的爆发，和一次根本变革的启动。

清朝对澳门的海关管理：从澳门总口到拱北海关（1684–1887）

李爱丽

一 明朝政府对澳门贸易的管理

1. 明朝政府对澳门贸易的管理

在考察清朝对澳门的海关管理之前，应对明朝政府对澳门地区的贸易管理做简单的回顾。嘉靖三十二年（1553），葡萄牙人占据澳门后，澳门逐渐成为中外贸易的中转港。中国商品汇聚广州，经澳门转运到世界各地。主要的贸易路线有：广州—澳门—果阿—里斯本—欧洲航线；广州—澳门—马尼拉—墨西哥—拉丁美洲航线；广州—澳门—长崎（日本）航线；广州—澳门—望加锡—帝汶（东南亚）航线。葡萄牙商人将丝绸、瓷器等中国产品运往日本、欧洲、东南亚岛屿，或运至马尼拉再由西班牙商船运往美洲，并将日本、欧洲和美洲的白银、毛织品以及东南亚的檀香木等商品运至中国。[①]

明朝政府对澳门的中外贸易进行了管理和征税工作。最初是向货物征收实物税。嘉靖四十三年（1564），曾任广东监察御史的

[①] 全汉昇：《明代中叶后澳门的海外贸易》，黄启臣、邓开松著《中外学者论澳门历史》，澳门基金会，1995，第148–174页。黄启臣：《澳门是最重要的中西文化交流桥梁》，香港天马出版有限公司，2010，第38–49页。黄启臣：《明清时期中国政府对澳门海关的管理》，《中山大学学报》（社会科学版）1996年第1期。

庞尚鹏在一份奏疏中写道："濠镜澳……乃番夷市舶交易之所。往年夷人入贡，附至货物，照例抽盘。其余番商私赍货物至者，守澳官验实，申海道，闻于抚按衙门，始放入澳，候委官封籍，抽其十之二，乃听贸易"。① 这里的"抽其十之二"，指货物的20%。隆庆五年（1571），开始征收丈抽，即船税。原因是"夷人报货奸期，难于查验，改定丈抽之例，按船大小以为税额"。② 丈抽抽银，货税也逐渐改为抽银。这时，贸易在澳门进行，中国商人下澳，进出口货税均由中国商人承担，船税由葡人缴纳。万历六年（1578）以后，葡商可以赴广州城采购贸易，则出口货税由葡人在广州缴纳，直至崇祯十三年（1640）禁止葡人进入广州。③ 无论在澳门或广州，进出口货物的货税通常是从量税，税率大体是："细丝每担12钱银子，粗丝每担8钱银子，其他各类商品每担征税2钱银子"。④ 万历二十六年（1598）之前，澳门货税和船税的总定额是白银26000两，这年以后，定额降为22000两。⑤ 税款虽有定额，实无定规，因为葡国商船经常在澳门港口之外停泊，逃避丈抽。

葡国商船之所以能逃避丈抽，主要因为明朝政府没有管理贸易的专门机构和官员，各个时期管理澳门中外贸易的官职不尽相同。首先是庞尚鹏奏疏中提到的守澳官，守澳官是明朝下级武官

---

① 庞尚鹏：《区画濠镜保安海隅疏》；印光任、张汝霖：《澳门记略》，赵春晨点校，广东高等教育出版社，1988，卷上《官守篇》，第20页。
② 梁廷枏总纂，袁钟仁校注《粤海关志》，卷二二《贡舶二》，广东人民出版社，2002，第448页。
③ 〔瑞典〕龙思泰：《早期澳门史》，吴义雄等译，章文钦校注，东方出版社，1997，第101页。全汉昇：《明代中叶后澳门的海外贸易》，《中外学者论澳门历史》，第141页。
④ 〔瑞典〕龙思泰：《早期澳门史》，第108页。
⑤ 李侍问：《罢采珠池盐铁澳税疏》。广东省地方志办公室辑《广东历代方志集成》，广府部（五），（乾隆）《广州府志》（二），岭南美术出版社，2007，第1168页。

清朝对澳门的海关管理：从澳门总口到拱北海关（1684—1887）

的官名，不是专门管理澳门的官员。据《粤海关志》记载："明初置互市，其番舶之来泊无定所，率择滨海地之湾环者为澳，若新宁则有广海、望峒，东莞则有虎头门、屯门、鸡栖，香山则有浪白、濠镜，皆置守澳官"。① 而且，守澳官不专管理贸易和税务，各种中外交涉均归其负责。其次是这份奏疏中提到的海道，即广东海道副使，是管理广东省海上治安的武官。接受贿赂，允许葡人在澳门居住的官员汪柏，正是海道副使。据记载："佛郎机夷舶来泊广东海上，比有周鸾号客纲（中外贸易经纪人），乃与番夷冒他国名，诳报海道，照例抽分，副使汪柏故许通市。"② 再次是明朝专管外商来华贸易的市舶司官员——市舶提举。市舶司明初即设立，但 16 世纪初正德和嘉靖年间，由于防范倭寇实行海禁，市舶司时设时废，所以由海道副使兼管抽分事务，或者由海道、市舶提举和香山知县共同负责丈抽。一份万历后期的史料显示："年年洋船到澳（门），该管官见报香山县，通详布政司并海道俱批。市舶司会同香山县诣船丈抽，照例算饷，详报司道批回该司，照征饷银。各彝（夷）办纳饷银，驾船来省，经香山县盘明造册，报道及关，报该司照数收完饷银存库。"③ 万历时期，还出现了市舶太监李凤赴澳督税，极尽盘剥勒索之事④。

由此可见，在市舶体制下，明朝政府没有停止过对澳门中外贸易的管理，但没有明确的规章制度，官员设置不固定，职责也不分明，致使"角色冲突"，"纷杂无序"，即使是多

---

① 《粤海关志》，卷二六《夷商一》，第 503 页。
② 郑舜功：《日本一鉴·穷河话海》，卷十一《海市》。转引自黄鸿钊《澳门史》，福建人民出版社，1999，第 106 页。
③ 《广东赋役全书》（顺治九年）。转引自张维华《明史欧洲四国传注释》，上海古籍出版社，1982，第 41 页。
④ 参见王川《市舶太监李凤事迹考述》，蔡鸿生主编《广州与海洋文明》，中山大学出版社，1997。

方共同管理，仍不能相互监督，杜绝徇贿勒索。究其原因，一方面是明朝中央政府对地方的管理本身就混乱，吏政时好时坏；同时，海疆时靖时乱，政府和官员对葡人居澳贸易的意见变幻不定。① 这种情况到清朝康熙时期设粤海关后才逐步改观。

2. 明末清初澳门贸易地位急剧衰落

暂且不论明朝政府对澳门贸易的管理，单就贸易本身而言，从 1553 年葡人入据澳门到 1640 年明朝灭亡的前几年，这 80 多年是澳门中外贸易的兴盛时期。而明朝灭亡前的最后几年，中外诸多因素交汇在一起，葡人以澳门为中心的全球化贸易迅速衰落。清朝初年，海事不靖，推行海禁，使贸易持续不振，直到康熙二十二年（1683），政府取消迁界，结束海禁，海上贸易始得以恢复。西方学者将 1640－1670 年称为澳门"危机重重的时代"。②

明末葡人贸易急剧衰落的主要原因在于航线中断：1639 年，日本德川幕府出于禁止天主教的考虑，将葡人完全逐出日本，葡人多次要求恢复通商的努力均告失败。1640 年，一度合并的葡萄牙和西班牙分开，葡萄牙人因此失去了澳门与马尼拉之间贸易路线。1641 年，葡人在马六甲的据点落入新兴海上强国荷兰手中，澳门至果阿和里斯本的航线中断。三条航线受阻，澳门急剧地衰落了。③

其次，葡商与华商之间的走私贸易使明朝政府反感。万历初年允许葡商赴广州采购货物的政策极大地促进了澳门贸易的繁荣，但中葡商人仍然在澳门和广州以外的泊口交易，希图逃避税收。

---

① 汤开建：《澳门开埠初期史研究》，中华书局，1999，第 198 页。
② 〔英〕博克塞：《16－17 世纪澳门的宗教和贸易中转港之作用》，《中外学者论澳门历史》，第 184 页。
③ 全汉昇：《明代中叶后澳门的海外贸易》，《中外学者论澳门历史》，第 156 页。

清朝对澳门的海关管理：从澳门总口到拱北海关（1684–1887）

万历四十二年（1614），海道副使俞安性曾颁布《海道禁约》，刻成石碑立在澳门议事亭前，禁止中外商人的走私行为，对于葡船，《禁约》规定："凡番船到澳，许即进港，听候丈抽，如有抛泊大调环、马骝洲等处外洋，即系奸刁，定将本船人货焚戮。"对于华商，《禁约》规定："凡夷趁贸货物，俱赴省城公卖输饷，如有奸徒潜运到澳与夷，执送提调司报道，将所获之货，尽行赏给首报者，船器没官。敢有违禁接买，一并究治。"① 崇祯四年（1631），明朝政府决定"向葡萄牙人关闭广州港口"，澳门曾派出由六人组成的代表团到广州恳请恢复贸易，但遭到拒绝，最后在崇祯十三年（1640），皇帝批准了广东官员的奏疏，谕旨禁止葡人赴广州贸易。② 对此，西方学者亦认为"这要更多地归咎于葡萄牙人自己，而不是中国人"。③ 但是，走私的持续和向广东官员行贿说情使这种猜疑和压抑不能成为影响澳门衰落的主要原因。④

清初顺治四年（1647），朝廷采纳首任两广总督佟养甲的上奏，在澳门问题上沿袭明制，禁止葡人赴广州贸易，只准中国商人下澳。⑤ 不久，为了平定郑成功势力和南方的三藩之乱，清政府在东南沿海推行严酷的禁海和迁界政策，顺治十二年至康熙十七年（1655–1678），先后五次颁布禁海令，三次颁布迁界令，广东省的迁界政策尤其严格。澳门隶属广东省香山县，本在迁界之列，但由于种种原因，竟成为粤省沿海唯一免于迁界之地。在迁界政策和日本、马尼拉航线受阻的内外压力下，葡人依靠澳门与广州、

---

① 印光任、张汝霖：《澳门记略》，卷上《官守篇》，第22页。
② 〔瑞典〕龙思泰：《早期澳门史》，第101页。《粤海关志》中有"前明崇祯十三年禁其（佛郎机）入省之例"语。《粤海关志》，卷二六《夷商一》，第505页。
③ 〔瑞典〕龙思泰：《早期澳门史》，第100页。
④ 〔日〕矢野仁一：《明代澳门的贸易及其兴衰》，《中外学者论澳门历史》，第146页。
⑤ 《粤海关志》，卷二六《夷商一》，第505页。

香山的陆上贸易和澳门至东帝汶、越南和暹罗的海上贸易,"奇迹般地自我生存下来"。①

澳门得以免于迁界,皆因为广东省"官员从澳门人身上大量渔利,不喜欢他们离开那里"。② 当时盘踞广东的平南王尚可喜违抗朝廷命令,纵容亲信沈上达"勾结党棍,打造海舡,私通外洋,一次可得利银四五万两,一年之中,千(十)舡往回,可得利银四五十万两,其获利甚大也。"③ 还"于入香山县隘道,曰横石矶(即莲花茎),设为关闸。许买食内地米石,计口而授,月两启放,内货随之,得航出大黄、茶叶如故。转缘禁海得独专其利"。④ "其内地所用犀象、香珀、哆啰、哔吱、羽段、羽纱、苏木、椒檀、玻璃种种洋物,皆与之互市"。⑤ 除了私自贸易,尚可喜等人还借机索贿,葡人声称,"早在1665年(康熙四年),中国官吏已经要求交纳五千两白银才准我们通航。而到1666年,该金额提高到十五万两,其中三万两必须立即缴付。因为澳门没有资金,就以'礼品'交付"。⑥ 如此行径,却有人称赞平南王请免葡人迁界的"仁政",声称"王以为既奉泛海之禁,则澳彝之船不许出海贸易;界内之米,不敢私运出边。内地既不便安插,彼不知耕种,又别

---

① 〔英〕博克塞:《16-17世纪澳门的宗教和贸易中转港之作用》,《中外学者论澳门历史》,第185、188页。
② 〔葡〕多明戈·费尔南德斯·纳瓦雷特:《中国王朝历史、政治、伦理和宗教论》,转引自张海鹏主编《中葡关系史资料》上册,四川人民出版社,1999,第487页。
③ 李士桢:《抚粤政略》,卷七《议覆粤东增豁税饷疏》,中国第一历史档案馆、澳门基金会、暨南大学古籍研究所合编《明清时期澳门问题档案文献汇编》第六册,人民出版社,1999,第342页。
④ 梁廷枏:《夷氛闻记》,《明清时期澳门问题档案文献汇编》第六册,第638页。
⑤ 吴震方:《岭南杂记》,《明清时期澳门问题档案文献汇编》第六册,第600页。
⑥ 〔葡〕施白蒂:《澳门编年史》,小雨译,澳门基金会,1995,第55页。

无营运，是坐而待毙也。恐非朝廷柔远至意。乃与将军督抚会题请命"。①

为争取免于迁界和继续贸易，同时也希望借助中国政府压制劲敌荷兰的贸易竞争，澳门葡人还在葡萄牙政府支持下竭力与清廷中央建立联系。于是出现了康熙八年（1669）从果阿派出的萨尔达尼亚（Manuel de Saldanha，撒尔达聂）使团进京送礼和康熙十七年（1678）著名的本托·白垒拉（Ben Pereyra de Faria）使团贡狮事件。有关这两次使团进京，学术界已多有论述，本文不再赘述。② 使团拜访和进献贡狮，在一定程度上舒缓了澳门的贸易困境，皇帝了解到"奥（澳）门界外孤洲"，"禁海困苦"，派出官员"到奥（澳）踏勘……旱路准其贸易，其水路贸易，俟灭海贼之日"，再题请开放。③ 其实，省澳之间旱路贸易一直没有停止，只不过原来是藩王私允，现在是皇帝议准，而且，议准的根本原因亦非贡狮，而是海疆渐趋宁静，禁海松弛的结果。④

纵观明末清初澳门中外贸易的艰难维系，无论是藩王时期禁海迁界政策下沈上达等人垄断性的私运贸易，还是禁海后期渐次开放省澳陆路贸易，以及澳门葡人为贸易重开所做的种种努力，都说明，中外贸易是不可逆转的潮流，澳门作为一扇再也无法关闭的门，在清初粗粝的海疆纷乱和海禁政策下成为东西方经济文化交流的缓冲地带。但在当时，这扇门开放的大小，仍取决于明清两朝中国政府的意愿。

---

① 尹源进：《平南王元功垂范》，《明清时期澳门问题档案文献汇编》第六册，第583－584页。
② 江滢河：《澳门与康熙十七年葡萄牙贡狮》，蔡鸿生主编《澳门史与中西交通研究》，广东高等教育出版社，1998。
③ 李士祯：《抚粤政略》，卷二《请除市舶澳门旱路税银疏》，《明清时期澳门问题档案文献汇编》第六册，第338页。
④ 参见彭泽益《清代广东洋行制度的起源》，《历史研究》第4卷第1期，1957年1月。

二 清朝前期粤海关对澳门的海关管理和澳门总口的沿革（1684－1744）

1. 康熙朝粤海关建立初期对澳门的海关管理

康熙二十三年（1684），清政府平定郑氏集团，收复台湾。海疆初靖，随即开放沿海贸易。康熙二十四年（1685），清政府设立江海、浙海、闽海和粤海四关，取消明朝的市舶制度，逐步建立了针对朝贡贸易、民船沿海贸易和中外贸易的管理和征税体系。作为"南洋互市"和"西洋来市"①口岸的广州，在外城五仙门内设立了粤海关。与江海关、浙海关委诸巡抚管辖，闽海关委诸将军不同，粤海关"专设监督，诚重其任也"。第一任粤海关监督是宜尔格图。②

粤海关建立之初，官员和体制并不健全。虽然《粤海关志》的"职官表"详细列明了康熙年间历任粤海关监督的名字，但因为资料匮乏，我们对康熙时期粤海关的运作和机构建置了解甚少。这份"职官表"还显示出，整个雍正时期，直到乾隆十五年（1750）之前，粤海关监督通常由两广总督、广东巡抚、督粮道和广州将军兼任，有学者称之为"监督废置不定的二十八年"。③

澳门作为广州的外港，其中外贸易自然是粤海关的管辖对象。目前学术界一般认为，粤海关在澳门的分支机构是澳门总口，由总口委员负责，总口委员由广州将军（八旗军）派下属的低级武官担任，通常是防御或骁骑校。总口的一般工作人员则由海关监督或奉旨兼管关务之督抚分派家人带同书役管理。这些认识主要

---

① 陈国栋：《东亚海域一千年：历史上的海洋中国与对外贸易》，山东画报出版社，2006，第204页。
② 《粤海关志》，卷七《设官（表附）》，第114页。
③ 《粤海关志》，卷七《设官》，第123页。陈国栋：《粤海关（1683－1842）的行政体系》，《食货月刊》（台北）第11卷第4期，1981年7月。

清朝对澳门的海关管理：从澳门总口到拱北海关（1684–1887）

源自鸦片战争前夕（道光年间）编纂完成的《粤海关志》。书中记载，澳门总口是粤海关在广东省沿海各府设立的七个总口之一，七个总口分别是：广州大关（粤海关总部）、澳门总口、乌坎总口、庵埠总口、梅菉总口、海安总口和海口总口。澳门总口的重要性仅次于广州大关，所谓"口岸以虎门为最重，而濠镜一澳，杂处诸番，百货流通，定则征税，故澳门次之"。[①] 但是，《粤海关志》没有明确提及澳门总口的设立时间，亦未提及总口委员一职设立的时间。职官表中记载的第一个"关澳委员"（澳门总口委员）是乾隆五十三年（1788）任职的翰章阿。[②]

目前认知中的另一方面是将澳门总口等同于关部行台。《粤海关志》中无关部行台的说法，只提到"行廨"一词："（粤海关）廨舍在广东外城五仙门内，康熙二十四年以旧盐政署改建。又有行廨在香山县澳门，监督时出稽查则居之"（此句并不能推定澳门的行廨也建于康熙二十四年）。[③] 乾隆十六年（1751）成书的《澳门纪略》（又称《澳门记略》）中提到了关部行台，"国朝设有海关监督行台及税馆"。[④] 该书《正面澳门图》（见图1）中绘出了关部行台的位置，与《粤海关志》中《澳门总口图》（见图2）中绘出的总口位置相同，故有澳门总口即关部行台之说。《澳门纪略》中没有提到澳门总口或总口委员。该书作者印光任是第一任澳门海防同知，张汝霖亦担任过香山知县和澳门同知，对澳门情况应该非常熟悉，如果澳门总口和委员已经存在，不会略而不记。

有学者认为，澳门总口或关部行台在1685年粤海关建立后随即建立，依据是，1684年岁末（或1685年初），粤海关第一任满汉海关监督宜尔格图和成克大等人曾造访澳门。记录这次访问的

[①]《粤海关志》，卷五《口岸一》，第59页。
[②]《粤海关志》，卷七《设官》，第134页。
[③]《粤海关志》，卷七《设官》，第115页。
[④]《澳门记略》，卷上《形势篇》，第2页。

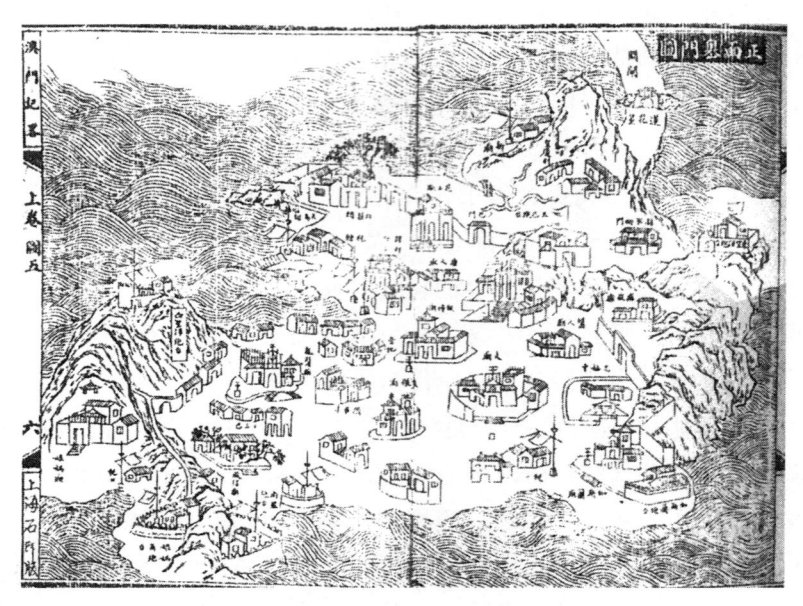

蠔镜映西潮：屏蔽与缓冲中的清代澳门中西交流

图1 《正面澳门图》（《澳门纪略》）

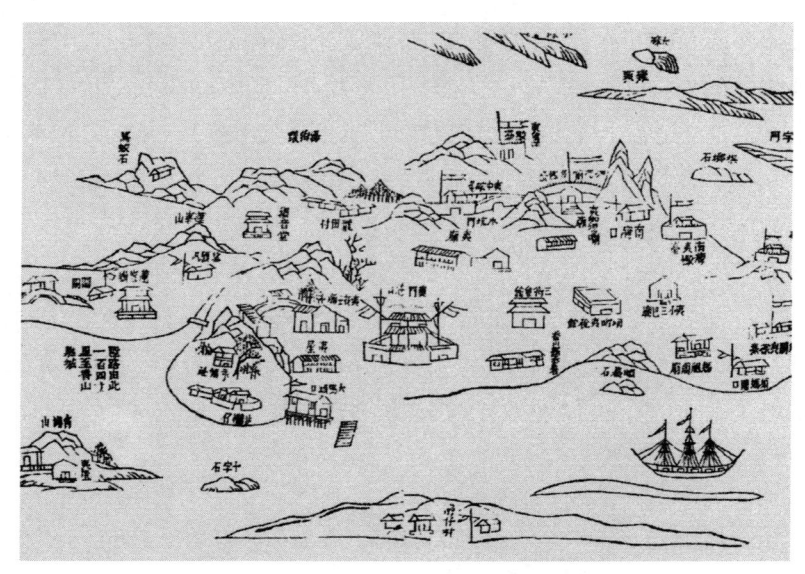

图2 《澳门总口图》（《粤海关志》）

中国史料中有"薄暮抵行馆"等语,"行馆",就是行廨,就是关部行台,就是澳门总口。① 可是,这份史料未提及行馆在何处,因此不能断定宜尔格图等人下榻的行馆就是后来的关部行台。在平定海疆之后,宜尔格图和成克大此次访问澳门之前,已有两次清政府官员对澳门的造访,两次造访的下榻之所,一次在僧舍,一次在葡人安排的馆舍。②

宜尔格图等人这次造访澳门,是清朝开放海上贸易后在澳门执行海关管理的开端。根据中文史料,两位海关监督访问澳门的目的是解决华夷纠纷。"乙丑(1685)初设海关,额未定,商人仗新权立威,乘澳夷演炮误触其船,以夷人劫货伤人起讼端"。③ 另一方面,此行要向葡澳当局说明开海设关之后的贸易管理办法。这个办法可以从一份葡方的史料里反推出来。1685 年 11 月,葡澳当局在一份给葡萄牙国王的申呈中抱怨:"皇帝在平定福尔摩萨的大捷后,即开海禁,允许全中国如同以前一样自由航行贸易。为此,他下令征收所有以前规定的商税,他设立了新的衙门,专事税收。这一机构是近来本城最大的灾难,因为它强迫我们支付即便是过去(繁荣的日子)也难以支付的款项。这简直是敲骨吸髓。但最致命的毁灭是,随着新的贸易自由,其他外国更有理由在对华贸易中注入巨大资本"。④ 反推出来的清政府管理贸易的办法是:一切外夷均可从海上赴澳门从事贸易,海禁期间葡人在关闸与中

---

① 吴志良:《Hopo 的词源及其设立年代考》,金国平、吴志良编《东西望洋》,澳门成人教育出版社,2002。吴志良、汤开建、金国平主编《澳门编年史》第二卷,广东人民出版社,2009,第 668 – 669 页。
② 宜尔格图等人此次访问澳门之前,有两广总督吴兴祚和钦差大臣杜榛访问澳门,分别住僧舍和葡人安排的馆舍。参见章文钦《明清时代中国高级官员对澳门的巡视》,章文钦:《澳门历史文化》,中华书局,1999,第 10 – 11 页。
③ 章文钦:《明清时代中国高级官员对澳门的巡视》,《澳门历史文化》,第 11 页。
④ 《澳门议事亭致唐佩德罗二世国王申呈》,转引自吴志良《Hopo 的词源及其设立年代》,《东西望洋》,第 350 页。

国商人进行陆上贸易的特权没有了，货税和丈抽将要恢复。这个变化对葡人影响很大，首先，葡人船只将与英国、荷兰等国的船只处于同样的贸易地位，他们对失去垄断和充满竞争的未来感到担忧；其次，海关的税收将高于在关闸陆上贸易的税收。因此，海关的设立引起了澳门葡人的不满。

　　向葡澳当局宣讲征税政策后，很可能会讨论具体征税办法和建立常驻海关机构等问题。粤海关是新设立的机构，它在广州的衙署由旧盐政署改建而来，因此，在澳门的海关机构很可能沿用明朝政府在澳门旧有的房屋。据《澳门纪略》记载："前明故有提调、备倭、巡缉行署三，今惟议事亭不废。国朝设有海关监督行台及税馆。"① 乾隆朝《香山县志》（暴煜）亦谓："旧有提调、备倭、巡缉行署三所，今惟关部税署及议事亭。"② 据此可以认为，明朝有武官驻守澳门时，留下了三处行署，③ 到了清朝，只有议事亭还在，其余几处，已经变成今天的海关监督行台和税馆。有学者根据中西文献对明朝"提调备倭巡缉"官职及三处行署进行了缜密的考察，推断行署的位置在花王堂和三巴寺附近（图3中的方框部分，文字为 Caza do Mandarim，意为官员之家或官府）。④ 议事亭之外的行署为何没有保留下来？一则译自葡文的史料提供了一种说法。1625年1月，"澳督弗兰西斯科·马士加路也下令就黑人拆毁明朝驻澳门守澳官（Mandarim do porto）宅第并盗其木材一

---

① 《澳门记略》，卷上《形势篇》，第2页。
② 乾隆《香山县志》，卷八《濠镜澳》，《明清时期澳门问题档案文献汇编》第六册，第177页。
③ 《中国官员临澳驻节地考》一文还提出了"行署非中方所建，而由葡澳提供"和"三个职官驻扎于一个建筑物之内"等观点，见金国平、吴志良《过十字门》，澳门成人教育学会，2004，第178页。
④ 金国平：《从外籍文献考察澳门提调及提调司》，《澳门研究》第14期，2002年9月。图3出自《澳门编年史》第一卷，第341页。

事向守澳官道歉",葡澳官员还"命3名木匠进行了修复"。①

埃雷迪亚绘《澳门平面图》

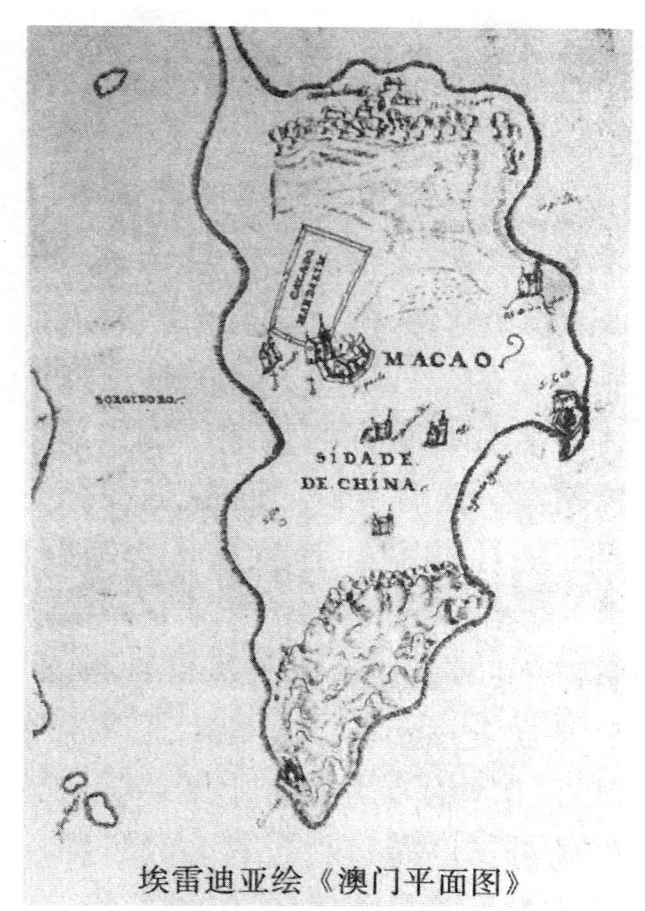

图3 《澳门平面图》

综上所述,完整的表述为,明朝的守澳官或提调澳官在澳门设有行署,位于花王堂和三巴寺附近。1625年,这两所房子曾被葡人黑奴拆毁,葡澳总督向中方道歉并派人维修。清朝平定海疆

---

① 埃武拉公共图书馆及区档案馆 CXV I/2-5号手稿,第301页。转引自金国平《从外籍文献考察澳门提调及提调司》。

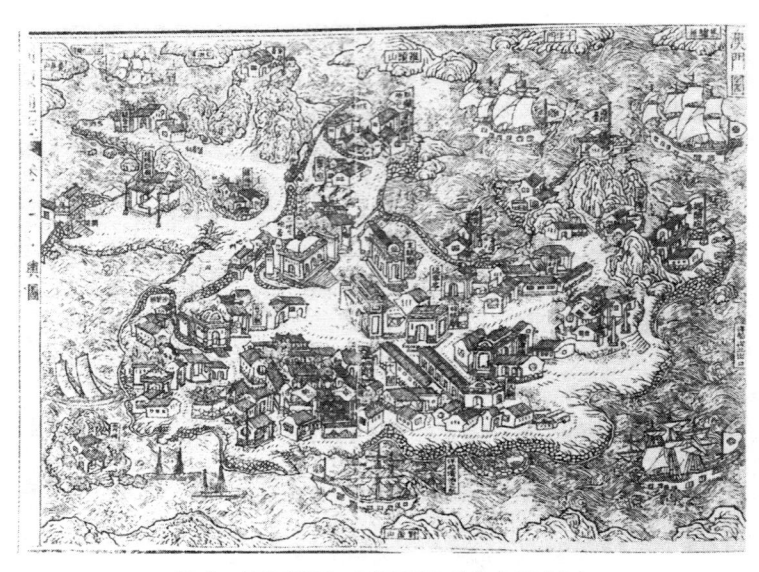

图 4　《澳门图》（雍正朝《广东通志》）

后，最初到访澳门的两批官员分别住在僧舍和葡人安排的馆舍。宜尔格图等人 1685 年为海关事访问澳门时，一种可能是住在修缮后的行署房屋，因此这里成为关部行台；另一种可能是，住在别处，但指定将修缮后的行署房屋作为日后监督到访时的行台和海关税馆。将葡人所绘《澳门平面图》（图 3）与雍正朝《广东通志》中的《澳门图》（图 4[①]）、《澳门纪略》中的《正面澳门图》（图 1）和《粤海关志》中的《澳门总口图》（图 2）加以比对，明朝守澳官员行署与关部行台、澳门总口及大码头税馆的承继关系即可一目了然，位于今天澳门大码头街、关前正街和后街一带。

宜尔格图和成克大离开澳门后，粤海关在澳门是否留下了常驻人员开始征税工作呢？瑞典学者龙思泰在《早期澳门史》中谈到澳门的海关机构（Hoppo）时，耐人寻味地写了一句："在近 150 年中，海关并非常设"（No regular Hoppo was for nearly one hun-

---

[①]　图 4 出自《澳门编年史》第二卷，第 886 页。

dred and fifty years established)。随后写到，1688 年，当一艘荷兰船只驶向澳门内港时，葡人在娘妈角炮台开炮加以阻止，大关委员（Hoppo‐chief，直译为海关负责人）闻讯后叫来葡澳当局的理事官严加质问，并宣布"前来贸易的外国人可以进入任何被看中的港口"。① 这说明，1688 年澳门是有海关官员的。

1689 年，英国商船"防卫"（Defence）号停泊在澳门附近，试图上行黄埔未果，海关监督从广州来到澳门对"防卫"号进行丈量抽税。虽然有学者指出不一定是海关监督亲自来，而是他派人来，② 但能否据此推断，这一年澳门没有粤海关常驻官员。

1699 年，英国商船"麦士里菲尔德"（Macclesfield）号驶抵澳门，仍然是海关监督从广州来到澳门，然后才丈量抽税，而且，该船大班和海关监督就船体大小和税额进行了讨价还价。③

1703 年，一艘英国"散商船"到达澳门，"海关监督亲自来到澳门"后，该船被丈量抽税。④

1704 年，英国商船"斯特雷特姆"（Stretham）号抵达澳门，"按照那个时期的惯例，主任大班布雷斯特（Brewster）往广州，商量船的丈量。他带同海关官吏回到澳门，丈量结果索取 1500 两"。⑤

根据上述四条英国东印度公司商船的材料推断，在康熙朝中期，即 17 世纪末到 18 世纪初的这段时间里，粤海关很可能在澳门并没有常驻的分支机构，有外船到达时，才从广州派人下澳完成丈抽。但是，葡萄牙学者徐萨斯认为，中国海关在澳门建立的时

---

① 〔瑞典〕龙思泰：《早期澳门史》，第 105 页。
② 〔美〕马士：《东印度公司对华贸易编年史》第一卷，区宗华译，中山大学出版社，1991，第 77－79 页。
③ 〔美〕马士：《东印度公司对华贸易编年史》第一卷，第 86－87 页。
④ 〔美〕马士：《东印度公司对华贸易编年史》第一卷，第 100－101 页。
⑤ 〔美〕马士：《东印度公司对华贸易编年史》第一卷，第 133 页。

间是 1688 年，而在这之前，清朝官员"在澳门派驻了 4 名海关巡役"。① 此说是否准确，仍需进一步考察。

做出这一推断的另一个理由是：整个康熙朝，每年葡船进出澳门的数量极少。美国学者 G. B. Souza 在其著作 *The Survival Empire: Portuguese Trade and Society in China and the South China Sea, 1630 – 1754* 中给出了统计数字。② 由于海禁政策，澳门葡人只能在关闸从陆路与中国进行商品交换。贸易规模小，澳门出海的船只就少。开海后，葡船贸易恢复缓慢。大体看来，从 1685 年开海设关到 1717 年禁止中国商人往贩南洋之前，每年返回澳门的葡船最多不超过 5 艘，大部分年份只有 1 艘或 2 艘。自澳门出发前往巴达维亚、马尼拉或经马六甲前往果阿的船只最多时有 6 艘，大部分年份只有 3 – 4 艘。1685 年，"澳门仅有 10 艘船"。③ 试想一下，粤海关建立之初，每年只有 1 – 2 艘葡船返回澳门，再加上几年才来一艘的英国船只，为了这些船只的丈抽工作，粤海关在澳门设立常驻分支机构的可能性不大，或可认为无常驻澳门的海关机构和官员。

至于康熙年间粤海关官员下澳对葡船实行丈抽的主要办法，据《早期澳门史》记载："在一个选定的日子，澳门总口（the principal officer of Hoppo，或应译为海关的主要官员），或他的副手，在理事官或船长在场的情况下，登上待丈量的船。停泊税依船只的大小而定，并付现金"。④ 至于船钞的数额，根据船的大小分为几个等级，数额有几次变动。明朝时期，丈抽税额曾有一次

---

① 〔葡〕徐萨斯：《历史上的澳门》，黄鸿钊、李保平译，澳门基金会，2000，第 83 页。
② G. B. Souza, *The Survival Empire: Portuguese Trade and Society in China and the South China Sea, 1630 – 1754* (Cambridge: Cambridge University Press), 2004, pp. 134 – 135, 137 – 140.
③ 〔葡〕施白蒂：《澳门编年史》第二卷，第 678 页。
④ 〔瑞典〕龙思泰：《早期澳门史》，第 105 页。

减免，清初禁海之前亦援例丈抽。康熙二十四年（1685），粤海关建立之初，皇帝即允准第一任粤海关监督宜尔格图的建议，"请于原减之外，再减二分"，西洋船、东洋船一律执行。① 这个办法在1699年英船麦士里菲尔德接受丈抽时得到体现。粤海关监督同意"将皇上册籍上规定的三等船的收费减免1/5"，从600两减为480两。② 康熙三十七年（1698），清政府又规定，"澳门的船钞按福建、浙江和其他东路航线的税率征收……按此办法，澳门的船只分为三等……通常豁免原来（船钞）数目的2/3。除在中国注册登记的澳门船只外，其他欧洲船只都得不到这种恩惠"。③ 与这条记载对应的中文史料称："澳门发往外洋船，（船钞）照本省洋船例科料。"④ 根据《粤海关志》，三等出洋大船的船钞约120两，与前述三等英船的480两船钞相比，澳门葡船缴纳船钞的数额的确大大低于其他西洋船的船钞。

在给予葡船船钞优惠的基础上，康熙五十六年（1717），清政府开始禁止中国人赴南洋贸易，经澳门当局多次申请和送礼，葡船不在禁止之列，葡船贸易由此进入一个繁荣时期。1721年，澳门船队从8艘猛增至21艘，⑤ 另有记载："自一七一八年康熙帝下令禁止南洋贸易后，澳门至马尼剌和巴达维亚的船只，出入频繁，澳门关税达二万两。"⑥ 据考证，康熙开海前夕的1681年，粤澳在关闸的陆上贸易共收税银12200两，1682年为18000两，1683年

---

① 《粤海关志》，卷二二《贡舶二》，第448页。卷九《税则二》亦载：'东西洋船饷银，俱照额减贰征收"，第181页。
② 《东印度公司对华贸易编年史》第一卷，第87页。
③ 〔瑞典〕龙思泰：《早期澳门史》，第106页。
④ 《粤海关志》，卷九《税则二》，第181页。
⑤ 〔葡〕徐萨斯：《历史上的澳门》，第88页。
⑥ 周景濂：《中葡外交史》，商务印书馆，1936，第137页；《早期澳门史》，第146页。

定税额 20250 两。① 由此可见，中国人禁贩南洋时期，葡船贸易繁荣，税额才与关闸陆上贸易时期的税额持平。因此，可以推测，1685－1717 年这段时间里，葡船贸易发展缓慢，粤海关亦未在澳门设立常驻机构，直至 1720 年前后，抵澳船只增加，粤海关开始常驻澳门，税收始得增加。

纵观康熙朝开海以来粤海关在澳门的管理，主要是向中国商人征收货税，向外洋船只征收船钞，从目前掌握的史料看，船钞的丈抽工作通常由粤海关监督本人或下属从广州出发赴澳门完成，尚无常驻澳门的海关机构和官员。

这一时期，对澳门葡人的优惠政策已有三端。一是在船钞问题上，将澳门葡船与其他西洋船分开，而与中国出洋船等同，船钞税额较低。二是在禁止中国人赴南洋贸易期间，对葡船网开一面。与南洋贸易的繁荣使澳门的城市人口和葡船数量急剧上升。三是允许别国商船停泊黄埔。西文史料记载，1716 年，有三艘英国商船到达黄埔。中文史料亦称："外国洋船，每年来中国贸易者，俱泊于省城之黄埔地方，听粤海关征税查货，并不到澳门湾泊也。"② 以上三条，皆为葡人反复申请和送礼所得，反映清政府对澳门的主权自不待言，更能反映当时澳门在中外交流中的地位。

正如前文所论，清初广东实行海禁和迁海政策时期，清政府允许葡人定期在关闸附近与中国人进行贸易，使濒于中断的中外交流悬于一线，澳门成为东西方物质与文化相互交流的缓冲区。

---

① 庞尚鹏:《抚粤政略》，卷二《请除市舶澳门旱路税银疏》，《明清时期澳门问题档案文献汇编》第六册，第 338 页；亦可参见彭泽益《清代广东洋行制度的起源》。
② 《东印度公司对华贸易编年史》第一卷，第 152 页；《两广总督孔毓珣奏陈梁文科所奏不许夷人久留澳门限定夷船数目等条切中粤东时事折》，《明清时期澳门问题档案文献汇编》第一册，第 142 页。

开海设关后对葡船的船钞优惠和允许往贩南洋，则有助于澳门口岸的繁荣。有学者指出："澳门是对外贸易的特别渠道，又是'禁通南洋'的缓冲区。"清政府禁止华商赴南洋贸易，涉及船只、人口和粮食外流等诸多因素，但对南洋的某些商品和关税收入的渴求，绝不可能完全禁绝，"利用澳门的特殊地位以实现大禁小开，有意保存一个半公开的合法通道，即可堵杜私卖船只，私运粮食和人口私留外国诸弊，又仍可保持着某些重要商品的进出转口以及人物讯息的往来，保留着一定的机动"。① 此论极是，它准确地概括出澳门在东西方物质与文化交流中的缓冲作用。"大禁小开"，一切尽在掌控，这也成为后代皇帝澳门政策的基石。

2. 雍正朝和乾隆朝前期粤海关在澳门管理体系的完善

沿袭前代政策基调，雍正时期对澳门贸易进行海关管理的最引人注意之处是额船制度的确立，清政府对澳门的行政管理和海关管理体制也在乾隆前期最终定型。以下分而述之。

额船制度的提出，与葡船赴南洋贸易、澳门经济繁荣有关；也与清政府对外国人的态度有关。雍正初年，福建省官员奏请将通历算和医学之外国传教士送往北京，其余全部遣往澳门。两广总督孔毓珣反对这个建议，并提议对澳门夷人加以管束。雍正二年（1724），孔毓珣奏称，禁止国人往贩南洋以来，澳门葡人不受限制，"独占其利，近年每从外国买造船只驾回。贸易船只日多，恐致滋事。臣拟查其现有船只，仍听贸易，定为额数，朽坏准修，以后不许添置，以杜其逐岁增多之势"。② 查得澳门有旧船 18 艘，新船 7 艘，"将现在洋船二十五只，编

---

① 韦庆远：《澳门在清代康熙时期的特殊地位和作用》；韦庆远：《澳门史论稿》，广东人民出版社，2005，第 102、104 页。
② 《两广总督孔毓珣奏陈梁文科所奏不许夷人久留澳门限定夷船数目等条切中粤东时事折》，《明清时期澳门问题档案文献汇编》第一册，第 142 页。

列字号，即为定额，不许添置"。① 雍正皇帝默许了这个建议。孔毓珣提出的注册额船的具体办法是：

> 请将现在船只令地方官编列字号，刊刻印烙，各给验票一张，将船户、舵工、水手及商贩夷人、该管头目姓名，俱逐一填注票内，出口之时于沿海该管营汛验明挂号，申报督抚存案。如有夹带违禁货物，并将中国人偷载出洋者，一经查出，将该管头目、商贩夷人并船户舵水人等，俱照通贼之例治罪。若地方官不实力盘查，徇情疏纵，事发之日俱照讳盗例题参革职。此夷船二十五只题定之后，如有实在朽坏，不堪修补者，报明该地方官查验证明，出具印甘各结，申报督抚，准其补造，仍用原编字号。倘有敢偷造船只者，将头目、工匠亦俱照通贼例治罪。地方官失于觉察者，亦俱照讳盗例革职。其西洋人头目遇有事故，由该国发来更换者，应听其更换。其无故前来之西洋人，一概不许容留居住。每年于夷船出口、入口之时，守口各官俱照票将各船人数、姓名逐一验明通报。倘有将无故前来之人夹带入口及容留居住者，将守口各官并该管之地方文武各官照失察例议处，舵工、水手及头目人等俱照窝盗例治罪。②

孔毓珣制定的办法很详细，地方官的责任也大，惩罚也严，但是，地方官是谁却语焉不详。全段没有说出任何一个具体的官职，只笼统地出现了"沿海该管营汛""地方官""守口各官"和"该管之地方文武各官"等字眼。负责给额船编列字号的地方官，据《澳门纪略》："（额船）向编香字号，由海关监督给照，凡二

---

① 《两广总督孔毓珣题报清查澳门西洋人数并请限定洋船数目本》，《明清时期澳门问题档案文献汇编》第一册，第144页。
② 孔毓珣：《酌陈澳门等事疏略》，《澳门记略》，卷上《官守篇》，第24页。

十五号。"① 显然，孔毓珣提出限定额船贸易的办法时，澳门尚无足够的政府部门能执行这个计划，额船出口时负责验票挂号的是水师部队（沿海该管营汛）。当时，香山县丞和澳门海防同知等官职尚未设立，澳门附近文官只有香山知县，军事上仅有"香山协把总一员，带兵五十名防守"，以及前山寨和关闸，"有都司、守备带领兵丁驻防"。② 值得注意的是，如果当时澳门已经有粤海关常驻机构负责丈抽船钞，为何孔毓珣未提到他们的盘查之职。如前所述，雍正朝和乾隆朝前期，海关监督的职位颇不固定，总督、巡抚、粮道、将军均兼任过。因此，虽然在雍正二年（1724）就制定了额船制度，但是，在粤海关监督人选、粤海关派驻澳门的人员不定，香山县丞、澳门海防同知等管澳文官尚未设立之时，额船管理只好委诸水师，或者还有香山知县，具体管理办法尚需进一步研究。

由此可知，正是由于往贩南洋带来的澳门人口增加，贸易繁荣，使地方督抚和朝廷认识到对澳门加强管理的重要性。在编订额船的基础上，雍正九年（1731），应两广总督郝玉麟请奏，清政府在前山寨复设香山县丞；乾隆九年（1744），应广东省按察使潘思榘奏请，清政府进而在前山寨设立澳门海防同知衙署，香山县丞移设关闸以南的望厦村。因为"县丞职分卑微，不足以资弹压，仍于澳地无益，似宜仿照理猺（瑶）抚黎同知之例，移驻府佐一员，专理澳夷事务，兼管督捕海防……凡住澳民夷，编查有法，洋船出入，盘验以时，遇有奸匪窜匿，唆诱民夷斗争、盗窃及贩卖人口、私运禁物等事，悉归查察办理，通报查核，庶防微杜渐"。③

---

① 《澳门纪略》，卷下《澳蕃篇》，第67页。
② 《两广总督孔毓珣奏梁文科所奏不许夷人久留澳门限定夷船数目等条切中粤东时事折》，《明清时期澳门问题档案文献汇编》第一册，第142页。
③ 《广东按察使潘思榘奏请于澳门地方移驻同知一员专理夷务折》，《明清时期澳门问题档案文献汇编》第一册，第193页。

"鉴于澳门同知职司海防、兼理民蕃,责任尤重",因此专门给他配备了足够的军事力量,军事责任也很重大。"增设左右哨把总,马步兵凡一百名,桨橹哨船四舵,于香山、虎门二协改拨,别立海防营,直隶督标。兼管番禺、东莞、顺德、香山四县捕务水利。一切香、虎各营春秋巡洋,及轮防老万山官兵沿海汛守机宜,皆得关白办理。"由此可见,"澳门同知专为防守海疆重镇澳门,兼管在澳民蕃而设,具有海防同知和理蕃同知的双重职能"。"以澳门同知为最高实际负责官员,与香山知县及香山县丞互相协调,共同管理澳门事务,构成鸦片战争前清政府管治澳门的实际管理体制。"①

从督抚到同知,再到知县、县丞,地方政府管理澳门的体制已然建立,但是,管理澳门的海关机构在哪里?海关在澳门的主要工作是向葡船征收船钞,丈抽办法、船钞数额和葡船数量较少的史实前文均已述及。1717年起,由于中国人不准赴南洋贸易,澳门葡船的进出口数量激增。在澳门港注册的商船由4艘增至23艘。②康熙五十八年(1719),抵澳葡船数量最多,有14艘,这一年,葡船总数达到25艘。康熙六十一年(1722),抵澳船只12艘,雍正二年(1724)抵澳船只13艘;从澳门出发的船只也出现过一年16或14艘的峰值。③两广总督孔毓珣编订额船的奏议就是在这个背景下提出。如果每年都有超过10艘葡船抵达,粤海关在澳门设立常驻机构就有必要了。

目前所见有关澳门海关机构的文献中,最早的是雍正三年

---

① 章文钦、刘芳:《一部关于清代澳门的珍贵历史纪录——葡萄牙东波塔档案馆藏清代澳门中文档案述要》,刘芳辑、章文钦校《葡萄牙东波塔档案馆藏清代澳门中文档案汇编》下册,澳门基金会,1999,第868-869页。
② 〔葡〕施白蒂:《澳门编年史》第二卷,第814页。
③ 参考前述《澳门编年史》,该书根据Souza著作和其他西文著述,列明了每年进出澳门的葡船数量。

(1725)。据广东提督董象纬奏,拨防澳门把总刘发报称,雍正三年三月十七日晚,"有南湾口税馆差役食饭,适黑鬼一名入屋索酒,差役见其已醉,推出门口,遇着番兵,两相打骂,差役奔报内司,内司着人往看,行至大庙,又遇番兵数名,缠至税馆,随拥番兵数十名,将门扇打烂,打伤厨子一名,又将翟内司家人一名捉到彝屋捆打。该把总闻信,登即驰往解散,其捉去之人旋即放回。次日,澳中铺户俱不开铺"。这次由黑人入屋索酒引发伤人并致商人罢市的事件,最后由提督差人调查,香山协副将汤崴派千把总钟应选与香山知县亲行劝谕铺户开门而告结束,澳门西洋理事官委黎多亦出面恳请免于深究。①

由这条史料可以看出,首先,至少在 1725 年,已有南湾口税馆。其次,文献中的翟姓内司是否就是处理海关事务的人,此人是官,还是役?因为引发的番兵毁屋伤人事件,只好请绿营兵前往弹压。事件最终亦由绿营解决,说明当时还没有八旗军下级军官担任澳门总口委员驻扎澳门。再次,文中有"内司着人往看,行至大庙"等语,内司驻在何处?前往南湾口税馆要经过大庙,看起来应该是在步行可到的范围内。如果以《澳门记略》中的《正面澳门图》来看,内司很可能驻在关部行台。

第二条有关澳门海关的史料是雍正九年(1731)成书、两广总督郝玉麟监修的《广东通志》,该书卷三"舆图"中有一幅《澳门图》,有学者认为它是"中国古地图中第一幅以绘画形式详细绘制澳门地理及建筑的澳门地图",② 图中澳门半岛西岸"洋船湾泊之所"旁边绘出了名为"关部"的气势恢弘的衙署式建筑和旁边名为"税馆"的普通房屋。图中的关部与税馆的位置与《澳

---

① 《广东提督董象纬奏报澳门洋人醉酒伤人业已平复结案折》,《明清时期澳门问题档案文献汇编》第一册,第 147 页。
② 汤开建:《雍正〈广东通志·澳门图〉研究》,《暨南学报》第 22 卷第 6 期,2000 年 11 月。

门记略》《正面澳门图》中的关部行台和税馆位置相同，应该就是明朝提调澳官留下的行署。但是，这幅《澳门图》中没有绘出南湾口税馆。既然图中明确绘出了关部和税馆，说明1731年之前，关部和税馆中应有海关常驻人员。

这些海关常驻人员是什么人？《粤海关志》引乾隆五十一年（1786）的一份奏折称，大关总口和澳门总口一向是从广州将军衙门中选派旗员防御"弹压一切关税事务"，"大关、澳门两总口又分为附省十小口，向由监督及奉旨监管关务之督、抚分派家人带同书役管理"。① 台湾学者陈国栋指出："粤海关辖区辽远，除了大关、澳门离监督衙门较近外，其他五个总口的辖区监督都不可能亲自管理，甚至监督在任内都未曾到过这些地方。除了监督派遣家人、长随、书役前往管理外，一直缺少一个主管总其成。"②

在这里，应该将弹压关务的旗员防御与管理关务的家人书役区别开来。前文提到，雍正朝和乾隆朝初期，海关监督一职经常由总督、巡抚、粮道和将军等地方文武官员兼任，他们各自选派自己府内的家人带同书役赴澳门管理关务，如前文提到的翟内司。这些人应该就是澳门关部行台和税馆里最初的常驻人员，最早大约在康末雍初出现，他们没有正式的官衔，但是与官员关系密切，能得到官员信任。一份史料表明，乾隆九年（1744）前后，包括澳门在内的粤海关各下属机构，每年"家人书役前往各口稽税（的）……往来路费"达到白银500－900两。③

至于广州将军衙门中选派的弹压关务的旗员防御，《粤海关

---

① 《粤海关志》，卷七《设官》，第116页。
② 陈国栋：《粤海关（1684－1842）的行政体系》，《食货月刊》第11卷第4期，1981年7月。
③ 《广州将军兼管粤海关务策楞奏陈改革海关事务折》，中山市档案局（馆）、中国第一历史档案馆编《香山明清档案辑录》，上海古籍出版社，2006，第720页。

清朝对澳门的海关管理：从澳门总口到拱北海关（1684—1887）

志》中没有说明最初派驻澳门的时间。陈国栋认为，派八旗军下级军官管理澳门海关，很可能始于乾隆九年（1744）广州将军策楞兼任粤海关监督时期。[1] 这个推测是有根据的。这一年，策楞上奏汇报改革海关事务（策楞也建议设立澳门海防同知），前段所引家人书役往来各口路费的材料即出自这篇奏折。对于海关事务，策楞建议，"查照闽关之例，各派旗员在彼（指粤海关总口七处）稽收税银"。[2] 乾隆十五年（1750），两广总督陈大受在奏折中提到："乾隆八年，粤海关策楞于将军任内奏请派委军探员弁协同家人征收。"[3] 由此推断，在1744年前后，在广州将军策楞兼管粤海关时，开始派出手下的职位较低的旗员军官弹压澳门关务，这些军官有时是防御，有时是骁骑校。[4]

龙思泰《早期澳门史》一书写道："两广总督于1732年命令澳门的葡萄牙人向一位中国地方文职官员报告外国船只的到来及其武装情况、属于何国及其使命等等。这个讨厌的任务难以得到执行。中国高级官员指责其下属疏忽懈怠，这些较低级的地方官员又责难葡萄牙人的顽固，为了结束这种没完没了的责备申斥，任命了一位较低级的海关官员驻扎南湾，住在一个兵营中。"[5] 很显然，1732年设立的地方文职官员是香山县丞，而这个住在兵营中的"较低级的海关官员"，很可能就是弹压关务的八旗下级军官。但文中没有提到这位低级海关官员设置的时间，总之是在香山县丞设立之后。而且，这个军官驻扎在南湾，不是关部行台。

乾隆十五年（1750）担任香山知县的张甄陶，在任内撰写了

---

[1] 陈国栋：《粤海关（1684—1842）的行政体系》。
[2] 《广州将军兼管粤海关务策楞奏陈改革海关事务折》，《香山明清档案辑录》，第719页。
[3] 《两广总督陈大受奏请清理粤海关弊事折》，《香山明清档案辑录》，第721页。
[4] 《葡萄牙东波塔档案馆藏清代澳门中文档案汇编》上册，第208、209页。
[5] 〔瑞典〕龙思泰：《早期澳门史》，第107页。

三篇有关澳门的文章，其中的《澳门图说》写道："澳有关税，一主抽税，曰小税馆；一主稽查，曰南环税馆，专稽查夷民登岸及探望蕃舶出入；曰娘妈角税馆，专稽查广东福建二省寄港商渔船只，防偷漏，杜奸匪。"① 可见，到1744年，与澳门同知的设立时间相同，粤海关在澳门的体制与人员设置也基本完成。海关的地点有四处：关部行台（海关监督的行台，平时由家人书役常驻，处理关务）、小税馆（即大码头税馆）、南环（南湾口）税馆（来自八旗军的总口委员在此驻扎）、娘妈角税馆。《澳门纪略》一书的《正面澳门图》（图1）中，可以清楚地看到这四处。目前所见第一份以澳门总口委员名义发出的公文是在乾隆二十一年（1756），下谕澳夷理事官通知两艘返澳额船尽快"请丈输钞"，该总口委员的全称是"奉委管理澳门总口税务防御府"。②

综上所述，因康熙末年禁止中国人往贩南洋而带来澳门贸易繁荣和人口增加，清政府在雍正朝和乾隆朝初年加强了对澳门的管理，行政上先后设立香山县丞和澳门海防同知，贸易上则规定了额船登记制度，并由海关监督或兼管海关之督抚派出家人书役在澳门的关部及各税口负责海关业务，同时从八旗军中选派防御或骁骑校弹压关务。至于家人书役的人数和职责分工，《粤海关志》中有详细记载，这里不加赘述。这个海关体制在1744年左右建立，并非康熙二十四年（1685）与粤海关同时建立。这样的行政和海关体制，在建立之初，各官的职责分工和协调仍需磨合。香山知县张甄陶曾指出："税关司稽查而民事不亲，同知驻前山而鞭长莫及，虽有县丞移驻，官卑秩小，政令难行。"③ "澳门设有海防同知，专司弹压番夷，规制颇为郑重，其实事权不属，夷性桀

---

① 张甄陶：《澳门图说》，《明清时期澳门问题档案文献汇编》第六册，第607页。
② 《澳关委员杨为六号十一号船报丈输钞事下理事官谕》，《葡萄牙东波塔档案馆藏清代澳门中文档案汇编》上册，第208页。
③ 《知县张甄陶论澳门形势状》，《粤海关志》，卷二八《夷商三》，第539页。

鹜如初……其驻扎衙门在前山寨内，离澳地十三里，凡事不闻不见，不过委之驻澳县丞，此官几于虚设。虽有标兵一百、把总二员，稽查夷船出入，其实夷船只由关部稽查，同知、兵役不登船查验，不过照依关部禀报，具文而已。"张甄陶建议："应将税关委员改用同知料理，则一切番舶出入，皆听同知之稽查，而一切情形无不了于同知之意内。"对有人担心"夷性难测，不宜以同知迫处，恐有意外之事"，张甄陶提出了反驳意见："县丞、骁骑校，亦皆职官，杂居已久，何尝滋事哉！"①

张甄陶作为香山知县，对澳门现状和管理政策提出了自己的看法。很明显，他的"将税关委员改用同知料理"的建议并未执行，由于海关业务的需要，澳门总口委员一直存在。文中提到的"骁骑校"，无疑是指总口委员，县丞驻在关闸内，而总口委员骁骑校更驻在澳城内，（与夷）杂居日久。

三　澳门总口委员设立后的海关管理体制（1744-1843）

乾隆九年（1744），广州将军策楞兼任粤海关监督时，开始在澳门派驻八旗下级军官弹压关务，目前所见第一份由总口委员发出的文件是在乾隆二十一年（1756）。本小节着重考察乾隆中叶到鸦片战争爆发的近100年时间里，以澳门总口为核心，清政府在澳门的海关管理体制。

总体看来，"凡关部之例，各番舶俱由东莞虎门入口，即时赴关上税。每番舶一只，上税二三万金不等。惟澳夷之舶，则由十字门入口，收泊澳门，并不向关上税。先将货搬入澳，自行抽收，以充番官、番兵俸饷，又有羡余，则解回本国。至十三行商人赴澳承买，然后赴关上税，是所税乃商人之税，与澳夷无与，又则

---

① 《知县张甄陶上制澳夷状》，《粤海关志》，卷二八《夷商三》，第543页。

例甚轻，每一舶不过税收三四千金不等"。① 这一段话将当时西洋船与澳门额船的征税办法说得非常清楚。西洋船经虎门赴黄埔丈抽上税，额船在澳门丈抽，额船的税额远低于别国洋船。出现这种情况的原因，主要是由于澳门额船享有比别国商船更优惠的船钞税率，而且额船的大小和吨位也逊于别国船只。至于货税税率，在黄埔和在澳门是一样的，不过，"则例甚轻"也是实情，具体货税税率，《粤海关志》中已详细载明。既然清政府允许其他西洋船只经虎门在黄埔停泊和丈抽纳税，澳门总口的主要工作就是向25艘澳门额船征收船钞，向下澳买卖货物的中国商人征收货税，同时关注或检查重要商品或违禁商品的进出口情况。

始于雍正初年的额船制度是清政府管理澳门中外贸易的重要制度。额船的注册编号由粤海关监督负责，香山知县、县丞和澳门总口都参与了对额船和额船贸易的管理，香山知县和县丞负责额船进口出口的具报甘结，总口委员负责额船的丈量输钞。

注册编号的25艘额船分别是：

第一号：央打华离，　　　　第二号：安多呢古鲁苏，
第三号：万威必都卢，　　　第四号：禄地里古多尼，
第五号：尼阿古西离华，　　第六号：知古列地，
第七号：戎务各愚，　　　　第八号：尼古劳非乌未，
第九号：若瑟亚波留，　　　第十号：明（月）旺疏夏，
第十一号：毕度虑山度地古鲁苏，第十二号：利安度路卢马，
第十三号：万威列未西华，　第十四号：马诺哥斯达，
第十五号：万威利瓜路，　　第十六号：委星的黎威鲁，
第十七号：素些变若加剌花卢，第十八号：弗浪斜劳尼劳，
第十九号：类斯山治，　　　第二十号：山度安多尼，
第二十一号：朗皮罗西牙里，第二十二号：若望蒙打惹，

---

① 《知县张甄陶上制澳夷状》，《粤海关志》，卷二八《夷商三》，第544页。

第二十三号：华猫殊，　　　　第二十四号：万威微先地罗自，
第二十五号：弗浪西古打剌家度。①

在后来的一百多年时间里，额船本身发生了很多变化，修缮、顶补、租赁等等，但名称始终保持未变。

关于额船进出口的具报甘结，具体来说就是，"凡额船出洋，必须由理事官向澳门同知、香山知县及县丞分别呈禀，预报开行日期及的实开行日期；并呈上报单、甘结。报单开列船上商梢、炮械、食米、货物等实数。甘结具结该船果系开往报开国度，并无别往，亦无夹带违禁货物。及附搭华商等弊。额船回澳，亦必须禀报进口日期；复呈上报单、甘结。报单开列船上商梢、炮械实数。务与前报名数相符，进口货物或单独开列具报，以凭查验。甘结具结该船装载各项货物，并无以多报少，亦无夹带违禁货物，及搭华人等弊。再由各官造册，申缴敷转。倘具报错漏迟缓，前后不符，或甘结式样不符，则由地方官行文申饬，发回另换"。②

易言之，额船进口时要及时具报，将船牌及船上的人数、武器、粮食（只供船上口粮，不得贸易）、所载货物一一列明申报，如延误申报时间，或有与原记录不符的武器、粮食、人员和货物，均要责问理事官，说明详情，额船的出口日期、去向和所载货物亦需报告。如有推迟出港、目的地改变或货物变更，知县或县丞亦要责问理事官，说明详情。目的是为了稽查武器、人员、粮食和货物有无非法运送。兹举一例，系乾隆五十六年（1791）香山县丞至澳门理事官的一份下行文书：

---

① 额船名称参考《粤海关志》，卷二七《夷商二》，第 533 – 534 页；阮元：《广东通志》卷一百八《经政略》，《明清时期澳门问题档案文献汇编》第六册，第 51 页。
② 章文钦、刘芳：《一部关于清代澳门的珍贵历史纪录——葡萄牙东波塔档案馆藏清代澳门中文档案述要》，《葡萄牙东波塔档案馆藏清代澳门中文档案汇编》下册，第 875 – 876 页。

查第二十号船主山度安多尼,并未据报进口,今忽报五十六年十月二十九日开往哥斯达贸易,有无别情?

当经谕饬夷目委黎多查报去后。并据该夷目禀称:该船与五十四年四月内回澳,嗣于五十五年十月报往哥斯达,但报后乏本,未经开往。兹具报五十六年十月开往哥斯达,并无别故。

据此查该船五十五年十月内报载白矾三百担、土漆器二十箱、雨伞五百束、食米一十九担八斗,开往哥斯达贸易,何得混称乏本置货。如果并未开行,该货物何作转售?

有无隐瞒捏饰情弊?逐一确查的寔,禀覆本分县,以凭核办。毋得迟违,致干未便。速速。①

额船抵达澳门向县丞提交报单后,就要请澳门总口对船只进行丈量和征收船钞。船钞缴清之后,才能出售货物。当时参与中外贸易的船只主要有四种:西洋船、东洋船、澳门额船和中国出洋船,每种又根据大小分为几等。西洋船的船钞最高,东洋船次之,澳门额船的船钞优惠,与中国出洋船相同。但是,如果原有额船朽毁,有新船顶额,则新船第一次丈抽时照东洋船例丈量。原有额船和新顶额船的船钞分别是:②

旧额船船钞(另收规银35两)

等级	头等	二等	三等	四等
船身体积(长阔相乘)	16丈	14丈	11丈	8丈
征收数量(每尺)	1.5两	1.3两	1.1两	0.9两

新船船钞(参照东洋船例,另收规银70两)

等级	头等	二等	三等
船身体积(长阔相乘)	16丈4尺以上	15丈4尺以下	12丈2尺以下
征收数量(每尺)	6.222222两	5.714285两	4两

---

① 《葡萄牙东波塔档案馆藏清代澳门中文档案汇编》上册,第192页。
② 《葡萄牙东波塔档案馆藏清代澳门中文档案汇编》上册,第419页。

有时，旧额船翻修以后，长度和宽度均有增加，总口委员认为应该按新船输钞，澳门理事官则坚持是原船修大，官司打到粤海关监督，海关监督认为，"以旧牌影射，希冀少完钞饷"是坚决不可以的，"倘敢恃蛮违抗，并关部奉命司榷，执法维严。天朝功令具在，钞饷攸关，断不能稍为宽贷"。①

这样旧船改造的事情并不经常发生，但是旧船朽毁、卖出或出港后不再返回，由新船顶补的情况，却不时发生，成为特有的额船顶补现象。

根据前引额船注册办法："此夷船二十五只题定之后，如有实在朽坏，不堪修补者，报明该地方官查验证明，出具印甘各结，申报督抚，准其补造，仍用原编字号。"② 到乾隆十年（1745）印光任出任第一任澳门海防同知时，额船只有16艘，稍后张汝霖任内，仅存13艘，"二十余年间，飘末殆半，澳蕃生计日绌"。③ 究其原因，"有覆于水者，有失利不能营运者，有坏不修者"。④ 除了覆于水者，失利停运和有坏不修均属资金缺乏，可见随着中国人赴南洋贸易的解禁，以及英国、荷兰等国与中国贸易的发展，曾经短暂繁荣的澳门额船贸易迅速地衰落了，葡澳当局的税收也因此减少。为了弥补收入，葡澳当局开始允许菲律宾的西班牙商船赴澳门贸易，这些船只可以享受额船的船钞优惠，葡澳当局则可以收到货税。中国官员只允许葡萄牙和西班牙的船只顶补。别国船只因为船钞不同，清政府官员当然不会允许它们顶补，为了达到目的，葡澳当局只好向中国官员行贿。"1770年由于议事会同意1艘西班牙船入港，引发了与中国官员的矛盾；为了使他们满足，

---

① 《葡萄牙东波塔档案馆藏清代澳门中文档案汇编》上册，第213页。
② 孔毓珣：《酌陈澳门等事疏略》，《澳门记略》，卷上《官守篇》，第24页。
③ 《澳门记略》，卷下《澳蕃篇》，第67页。
④ 张甄陶：《澳门图说》，《明清时期澳门问题档案文献汇编》第六册，第609页。

花掉了这一年的关税收入，还送了其他东西。"①

18世纪末，额船顶补的现象日益增加。仅以《清代澳门中文档案汇编》一书为例，从1780年到1823年，先后有19号、18号、6号、14号、12号、3号、5号、9号、2号、21号、7号和4号额船出现过合法或非法的顶补行为。这些顶补的额船，主要来自菲律宾（小吕宋，属西班牙）、印度和葡萄牙本土。即使是来自上述地区的船只，葡澳方面也千方百计钻顶补政策的空子，希图偷漏船钞，香山县丞和澳门总口委员须得睁大眼睛，严防非法顶补导致船钞受损，因此，经常要求理事官详细汇报额船顶补情况。嘉庆五年（1801），"查第十二号船嘉庆二年三月内开往吕宋，业已三年余不回，于本年三月方将吕宋贸易商船顶补第十二号缺，现今本年四月内才经开往，并非久远不回，该夷目又将吕宋新来贸易货船顶补第十二号船，显有一号两船循环往来，恐有影射新来贸易商船情弊"。②嘉庆十年（1806），"有大西洋（葡萄牙）船一只，来澳顶补第五号额缺营生……查第五号船只……开往哥斯达贸易，并未报明该船不复回澳……顶补碍难核准……立即查明，不得任听夷目混报，以致错误"。③由于目前史料仅限于清政府官员下谕澳门理事官确查，理事官的答复情况则不得而知。因为新旧额船的船钞不同，对清政府官员来说，切实掌握每一次顶补行为，即可无损于船钞。

在额船制度下，比额船顶补影响更深远的，是鸦片的进口。根据向例，"西洋夷船赴别国贩货回澳，并不经关查验，即将货物运贮澳地，俟卖货时方行报验纳税，难保无夹带违禁货物之事"。④

---

① 张廷茂：《明清时期澳门海上贸易史》，澳亚周刊出版有限公司，2004，第305页。
② 《葡萄牙东波塔档案馆藏清代澳门中文档案汇编》下册，第659页。
③ 《葡萄牙东波塔档案馆藏清代澳门中文档案汇编》上册，第224页。
④ 《两广总督蒋攸铦奏陈酌定查禁鸦片条规片》，《明清时期澳门问题档案文献汇编》第二册，第44页。

这就给鸦片在澳门中转带来极大的便利，连澳门理事官本人拥有的额船也贩运鸦片。① 加之1755年洪任辉事件后，清政府不准西洋船只前往浙江和福建贸易，开始了广州独口通商时代，清朝当局又不准外人常驻广州，于是澳门成为蜂拥而至的各国商人的聚居地，租用额船非法转运鸦片之风愈演愈烈，贸易失利导致的额船数量减少的情况在18世纪后半期得以扭转，以至于额船顶补事件不断出现，主要原因就在于额船开始出租给外国商人，凭借船钞和查验方面的优势，贩运鸦片。而葡澳当局为了增加收入，也允许英国东印度公司在澳门存放和销售鸦片，葡商可获佣金，当局获得税收。②

嘉庆元年（1796），清政府停止鸦片征税，严禁鸦片进口，查禁鸦片就成为广东和澳门地方官的责任。但是，由于鸦片利之所在，不但一些中国商贩参与贩运，一些地方文武官员和海关胥吏也索取规银，放行鸦片，甚至将查禁之鸦片私分获利。嘉庆十六年（1811），澳门当局判事官向清朝地方官禀称："凡有此泥（鸦片）出入澳口，必须诡报，□□（索）规银。澳内现有华商接贩，开张铺户成十余间，混名窑口。交通关口之人，成个成色，胥在关前点验，出入澳口，并不查拿。甚至巡船包装，地方文武衙门俱收规用。"③

针对这种情况，嘉庆二十年（1815），两广总督蒋攸铦联合粤海关监督颁布告示，改变额船到港只丈抽不验货的定例，规定"嗣后西洋船运货到澳，先令将所贩各货开单报明，逐件查验后始准卸载，仍俟售卖货物时纳税，以符旧制而绝弊端……倘地方官

---

① 参见张坤《清代澳门额船制度的完善与演变》，《中国边疆史地研究》第20卷第4期，2010年12月。
② 〔英〕格林堡：《鸦片战争前中英通商史》，康成译，商务印书馆，1961，第103-104页。
③ 《葡萄牙东波塔档案馆藏清代澳门中文档案汇编》上册，第130页。

及管关委员，并守口员弁胆敢得变陋规，狗（徇）情故纵，立即特参拏问；兵差人等挟嫌诬拏，既治以诬良之罪"。① 由此开始，香山县丞和澳门总口委员迭次下谕理事官，要求额船返港后及时申报舱口单，查验货物。与此同时，广东当局还加大力度打击在澳门从事鸦片贩运的华商，先后在嘉庆十九年（1814）、嘉庆二十二年（1817）和道光元年（1821），清除了朱梅官、蔡保官（全青）和叶恒澍等三股势力。②

但是，澳门当局倚重鸦片税收，不惜在鸦片税金中设立专项基金用于贿赂中国官员，鸦片贩子亦千方百计打通关节。是故，虽然广东和澳门地方政府有明确的查禁规定，但基层官员收受陋规，放行鸦片，使从澳门进入内地的鸦片禁而不绝，海关的腐败显露无遗。据光绪朝《香山县志》记载："澳门设有划艇，包载鸦片、私货，入口总派陋规，年终则统计所获，按股均分。而妈阁之关税不能逃。所以澳门之船钞少而货税多，洋货之公税少而鸦片之私税多，鸦片入口之夷税少而鸦片出口之民税多。故省城之关税渐亏而澳门之关税独裕，澳门之总口稍裕而妈阁之子口独丰也。"③ 多卷本《澳门编年史》利用西文史料，列出了1784年（该年葡澳当局设立自己的海关）到1830年之间，澳门每年进口的鸦片数量和税额。1815年清政府开始查验额船货物后，鸦片的进口数量并未减少，还有增加的趋势。即使扣除澳门本土消费的部分，也可说明澳门总口查验鸦片的工作并不理想。

在额船贸易体制下，作为进口商品大宗的鸦片，因其特殊性

---

① 《两广总督蒋攸铦奏陈酌定查禁鸦片条规片》，《明清时期澳门问题档案文献汇编》第二册，第44-45页。
② 《葡萄牙东波塔档案馆藏清代澳门中文档案汇编》上册，第133、141页；《明清时期澳门问题档案文献汇编》第二册，第164-168页。
③ 光绪《香山县志》，卷二二《纪事》，《明清时期澳门问题档案文献汇编》第六册，第245页。

清朝对澳门的海关管理：从澳门总口到拱北海关（1684–1887）

而备受关注，而作为出口大宗的丝、茶和瓷器等商品，照章纳税，纷争较少。值得稍加申说的是白铅之出口与米石之进口。

白铅"为铁、铜和锌的合金。适合做盒子、碟子、家用器皿等用途。欧洲人最初不懂制造白铅的工艺，将其大量（从中国）输出到欧洲和印度。这种情形，一直延续到嘉庆年间。清政府于白铅出洋，原未立明禁。至嘉庆十二年（1807），以白铅出洋日多，致各直省钱局铅斤减少，传谕粤海关监督会同两广总督酌定章程，以示限制。次年遂奏定每年白铅出洋，以七十万斤为率。十五年（1810），判事官眉额带历以白铅为大小西洋各埠所必需，向由澳商代为接办，前往佛山采买，到省输税给照，运回澳门。自行新例以后，尽归十三行商赴买，转售黄埔外船，以致澳船欲买不得，禀请每年允拨额铅三十万斤，归澳商采买下澳。至十七年（1812），由广东当局酌定，饬令行商从每年出洋白铅定额中扣出十四万斤，以备澳蕃承买"。① 对国内紧缺商品白铅实行出口定额，是主权国家应有的权力，既有定额，势必争夺，澳门额船在与黄埔外船的竞争中处于不利地位，故恳请清政府给葡商一定的白铅份额，这明显是对葡商的保护。

在米石贸易的问题上，广东政府和粤海关对澳门额船也实行优待政策。清朝初年，粤海关严禁各类粮食出口，"沿海内地米、谷、麦、豆、杂粮，有偷运出洋，接济奸匪，及虽无接济奸匪情弊，而希图厚利，将米、谷等出洋贩卖者，俱分别治罪，船货入官"。② 出海船只携带的口粮，也有严格的数量限制。③ 但是，从内

---

① 章文钦、刘芳：《一部关于清代澳门的珍贵历史纪录——葡萄牙东波塔档案馆藏清代澳门中文档案述要》，《葡萄牙东波塔档案馆藏清代澳门中文档案汇编》下册，第873页。
② 《粤海关志》，卷十七《禁令一》，第338页。
③ 《粤海关志》，卷十八《禁令二》，第352页。

地运往澳门、仅供澳门居民消费的米石不在禁止之列。[①] 乾隆末年，粤东米价昂贵，广东政府同意，如有夷船"情愿载米来粤发卖，免征其（船）钞"。嘉庆年间，对于载洋米进口的夷船，粤海关曾一度规定，夷船载米入黄埔口，"进出均不能添载丝毫货物"（进口时除洋米之外别无货物，且"空船出口"），就可以"免征钞银"。而"进泊澳门米船……查无夹带进口货物，始免完纳钞银，仍准其装货出口"。[②] 允许澳门额船载米进口后仍装货出口，比起放空出口的黄埔夷船，自是优待。但是，道光四年（1824），两广总督阮元提出，运米外船"虽然免纳船钞，而放空回国，远涉重洋，并无压舱回货，抵御风浪……风涛之险，又无多利可图，是以罕愿运载（外米入口）"。[③] 道光皇帝朱批阮元的上奏，准许运米到黄埔的夷船也可载货出口，与澳门额船待遇相同。

雍正初年制定的额船注册制度，本意是防止中国人出国、限制外国人员和货物的流动规模，从而既保持中外物质与文化的交流，又将其限制在政府允许的范围内，延续了康熙朝以来将澳门作为中外交往缓冲地的思想。18世纪中期以来，随着英国东印度公司船只以黄埔为泊地的贸易规模的不断扩大，额船具有的优惠船钞和顶补制度，以及白铅出口定额分配和米石进口免船钞等项政策，实际上成为对澳门葡人的保护。保护已存在300多年的澳门模式，使清政府能够在东西方交往中居于主导地位。清政府虽然允许外国人赴广州贸易，但在非贸易季节，全体外国人必须住在澳门，利用澳门屏蔽以东印度公司为主的欧美商船带来的自由贸易的强烈要求，屏蔽西方力图更大地打开中国大门的企图。但是，随着鸦片战争和《南京条约》带来的中外交往模式的根本性变化，

[①] 《葡萄牙东波塔档案馆藏清代澳门中文档案汇编》上册，第148页。
[②] 《葡萄牙东波塔档案馆藏清代澳门中文档案汇编》上册，第155页。
[③] 《葡萄牙东波塔档案馆藏清代澳门中文档案汇编》上册，第159页。

澳门在东西方交往中的屏蔽作用已不复存在。

四 鸦片战争后澳门海关体制的变化（1843－1887）

1. 鸦片战争后澳门当局对澳门总口的破坏（1843－1849）

鸦片贸易极大地改变了中外贸易的格局。虽然广东地方政府和粤海关澳门总口加强了对额船货物的检查力度，但澳门当局对鸦片贸易的纵容和清政府澳门地方官员的腐败仍然使澳门成为鸦片进入中国的一个据点，只在1839年林则徐禁烟期间才有所收敛。鸦片战争中，澳门实际上成为英军侵华的后勤基地。《南京条约》签订后，中国开放五口通商，协定关税，英国割占香港，中外贸易体制发生了根本性变化。尤其是香港的自由港地位对澳门贸易产生极大影响。澳门当局迫不及待地要求改变现状，取得等同于香港的地位，挑战包括海关权在内的中国在澳门主权。

1843年7月，澳门议事会向钦差大臣耆英提出了九条要求，企图比照香港和英人权利改变澳门管治模式。耆英等人颟顸无知，竟将居澳葡人称为"意大里亚人"，经与两广总督、广东巡抚和粤海关监督反复协商，并由军机大臣讨论后，在1844年初对葡人的要求作出答复。在葡人要求和清政府答复中，与海关体制相关的主要内容有如下几点。

第一，依照香港，取消澳门地租。清政府未批准，"仍照旧章毋庸议"。

第二，以关闸作为澳门的分界线，三巴门与关闸之间由葡萄牙派兵把守。清政府拒绝，仍"以三巴门围墙为界，不得稍有踰（逾）越"。

第三，澳门的货税按照新税则征收，额船船钞在新税则船钞基础上减三成。额船前往其他五口贸易，或额船之外的新船，按新税则征收船钞。清政府同意。"各国皆已准行，自应一视同仁"。

第四，华商赴澳门卖出货物，在澳门纳税，并且不再有数量限制。清政府认为，可以不再限制数量，但是根据运输路线，货物在省城大关和澳门总口报税均可。

第五，外国商船可以在澳门停泊，税额与黄埔相等，澳门政府代为征收。清政府拒绝，"各国商船向例停泊黄埔，在广州贸易"。①

由上述条款可见，追随英国的不平等条约权利，澳门葡商获得了新船钞、新税则和径赴五口贸易等权益，但是，清政府在澳门的主权仍保留：地租保留，分界线依旧，海关澳门总口仍保留。

虽然澳门葡商获得了上述条约权利，但香港开埠对澳门的影响是立竿见影的。香港开埠前，澳门额船在船钞方面的优惠能够吸引鸦片贩子和一般商人雇佣额船从事中外贸易，澳门当局因此设立自己的海关征收鸦片税和货税，每年有八九万元收入。香港开埠后的自由港地位，迅速吸引了船舶停靠，澳门的商业地位一落千丈，不但澳门海关的税收锐减，粤海关澳门总口的税收也受到牵连。因此，葡萄牙政府和澳门当局必图改变澳门现状，向香港看齐。

1845年8月，葡萄牙澳门总督彼亚度（Jose Gregorio Pegado）在致海外大臣及国务秘书的信中表示："葡萄牙人希望同英国人拥有香港一样拥有澳门，唯一的区别在于中国海关。葡萄牙人要继续每年交纳500两白银的土地租金……如果想要得到我们想要的结果，那么必须在海上力量的伴随下进行谈判。"② 显然，彼亚度希

---

① 《钦差两江总督耆英等奏报大西洋意大里亚国通商章程议定各情形折》；《军机大臣穆彰阿等奏报遵旨议奏耆英等关于大西洋意大里亚国通商章程议定情形折》；《两江总督耆英奏报遵驳妥议意大里亚国通商章程折》。《明清时期澳门问题档案文献汇编》第二册，第497、506、508页。
② 张海鹏主编《中葡关系史资料集》上卷，四川人民出版社，1999，第1053－1055页。

望葡萄牙政府以武力为后盾解决澳门的主权问题。地租是主权的表现，但主权的实际象征物，就是设在三巴门之内的中国海关（即澳门总口及附设小口）。

葡萄牙政府接受了总督彼亚度的建议，开始采取行动。1845年11月20日，葡萄牙海事及海外部长签署的法令称，女王宣布澳门内港、氹仔和澳门锚地为自由港，一律向其他国家开放……悬挂任何旗帜的船只向澳门输入任何货物和物品均豁免关税。此举是葡萄牙政府改变澳门现状的第一步，与此相伴随的是澳门当局海关的裁撤，其打击对象首先是澳门本身，由于没有关税收入，公务人员领不到薪水，教堂、修道院等得不到救济金。① 而且，这个自由港也名不符实，因为，粤海关澳门总口仍然存在。

1846年初，葡萄牙政府任命海军上校亚马留（Ferreira do Amaral）为新任澳门总督，其使命既要解决澳门财政困难的燃眉之急，又要实现对澳门的殖民统治。亚马留野心勃勃，认为要"将澳门彻底置于中华帝国内部秩序之外"，要控制三个至关重要的领域"领土、行政及税收"。②

1846年4月，亚马留抵澳上任后，第一件事就是登记停泊在澳门内港的华人快艇，每船每月纳税一元，此举既可增加当局收入，也是当局管理华人的第一步。亚马留的政策遭到澳门中国民众的抗议，他们表示，"治理华民有县丞，稽查船只有关澳委员，（澳门）实与香港大不相同"。10月，亚马留从香港调请英国军舰来澳震慑，并宴请前来磋商的清政府官员，最终实现了目的。③

接下来1847－1848年的两年里，亚马留得寸进尺，一步一步

---

① 〔葡〕施白蒂：《澳门编年史》第四卷，第1612页。
② 〔葡〕萨安东：《葡萄牙在华外交政策，1841－1854》，金国平译，葡中关系研究中心，澳门基金会，1997，第89页。
③ 〔葡〕施白蒂：《澳门编年史》第四卷，第1619－1620页。

实现其野心。将"白鸽票"等赌博合法化。要求华人商铺编号、登记和纳税。对三巴门界墙与关闸之间的土地实行编号、竖界和强征地租,变更土地归属,以修筑道路的名义拆毁华人坟冢。这个过程中,亚马留没有将位于望厦村的香山县丞衙署房屋编号,由此换取县丞同意他将关闸大门加宽了一倍,其实,亚马留保留县丞衙署的目的是将其作为清政府在澳门的领事机构,显然是夺取中国在这一带的主权。与此同时,亚马留强行将澳门半岛南面的氹仔岛据为所有,并下令拆除了议事亭中象征中国对澳门管辖权的《澳夷善后事宜条议》石碑。

亚马留的种种行径虽然都遭到华人民众和官员的抵制,但最终都能得逞,而亚马留本人承认,"执政中最棘手的一个措施",[①]就是取消澳门城内的粤海关澳门总口。

1847年,亚马留先试探性地关闭了澳门总口下属的主司稽查的南湾口税馆,赶走了工作人员,拆毁用于瞭望的棚寮,材料公开拍卖,理由是那里的人"贪赃枉法,为所欲为"。对于两广总督耆英的质疑,亚马留进行了蛮横无理的狡辩,耆英最后表示:"此事虽不重大,但涉及旧制,最好议而不决。"[②]

1849年2月,亚马留终于借着两广总督因广州入城问题与英国交涉不休的时机,提出裁撤澳门总口。两广总督徐广缙驳斥了亚马留的无理要求:"澳门税口历久相安,更何得扰乱旧制。该国频年穷蹙,共见共闻,倘再无知妄作,中外各商俱报不平,生理必至愈见消耗。切宜熟思,勿贻后悔。"[③]亚马留不理会徐广缙的警告,3月5日发布公文:"葡萄牙女王陛下诏令澳门开港,取消葡萄牙海关,因此,无法再容忍一外国海关对货物……及其他商

[①] 〔葡〕萨安东:《葡萄牙在华外交政策,1841-1854》,第116页。
[②] 〔葡〕萨安东:《葡萄牙在华外交政策,1841-1854》,第118页。
[③] 《两广总督徐广缙等奏报酌移税口试办情形折》,《明清时期澳门问题档案文献汇编》第二册,第573页。

品征税……本人宣布，从今起八天后，本城中国海关不可征收任何税收。"① 3月12日，"在广东巡抚未命令税馆人员撤走的情况下，亚马留总督悍然下令在税馆正门前架设路障，禁止人员出入，架设了一尊大炮，以保护所有出口货物、日用品的安全运出"。3月13日，"澳门首席翻译公陆霜率一支四人卫队前往中国海关。他向在场的人宣读了这一命令，所有的人收拾了衣服，一声不吭地走了。亚马留又率领数十名士兵钉闭澳门的中国海关，推倒关前悬挂中国旗帜的旗杆"。② 中国政府对澳门拥有主权的象征物——粤海关澳门总口——就这样被关闭了，冒险的殖民主义者亚马留完全是借助英国的力量。关闭海关后，亚马留亲自赴香港求借英国兵船和士兵协助防守澳门的炮台。

对于亚马留的公然挑衅行为，两广总督徐广缙、广东巡抚叶名琛和粤海关监督基溥协商之后认为不可轻易开战。一来亚马留有英国帮助，美国、法国、西班牙也会出手；清军开赴澳门，英军可能乘虚而入广州。二来即使清军获胜，亚马留必逃往香港，大军在澳不能久留，一旦撤退，亚马留必然返回。最后决定"以商制夷"，用撤走澳门华商的办法报复澳门。粤海关监督"基溥会同督粮道臣柏贵，传到省中福潮、嘉应各栈商，谕知利害，晓以无关口则无税票，无税票则货皆为私，贸易如何通行？该商等皆深明大义，禀称亚酋因贫穷而横行，既收房租，复抽地税，近年以来，本属不胜其扰，特因关口所在，碍难迁移，权且隐忍。今夷人既如此作耗，情愿另立码头，其余零星小铺，亦当相随迁徙。众商既去，则澳门生意全无，不必縻帑兴师，已可使之坐困。该商等自立条规，互相稽查……断不敢稍亏税课"。华商和澳门总口的转移地点选在黄埔，这里原来就是外国船只停泊之处，粤海关

---

① 〔葡〕萨安东：《葡萄牙在华外交政策，1841－1854》，第119页。
② 〔葡〕施白蒂：《澳门编年史》第四卷，第1641页。

在此设有黄埔税口。澳门总口的人员安置,将由粤海关监督基溥解决。① 道光皇帝批准了徐广缙等人的做法。

在今天看来,徐广缙等人的做法非常软弱,也可以说是无奈。因为正与英人交涉广州入城问题,害怕与外人开战,对亚马留的讹诈一味退让妥协,用撤回华商的办法在经济上制裁澳门,但是没意识到(或者故意不在奏折中提到)该如何恢复澳门总口,恢复对澳门的主权,只说总口和华商撤到黄埔后,海关的税收不受影响。至于华商回撤是否如奏折中说的那么自愿和主动,亦当别论。有西方学者指出,华商愿意重设中国海关,愿意每月付给澳门政府数千两银子,只要能够继续留在澳门贸易。②

我们很难想象,面对广东官员的软弱,亚马留会继续采取怎样的行动,因为就在几个月之后的1849年8月,亚马留在关闸附近被中国村民沈志亮刺死,得到应有的下场。暂时接管澳门政府的政务委员会要求清政府捉拿和惩治凶手,徐广缙为避免得罪外夷,将沈志亮捉拿,枭首示众。

亚马留以武力威胁和野蛮讹诈为手段驱逐了澳门总口,中国在澳门的主权事实上处于缺失状态,继亚马留和两位任期短暂的总督之后,1851年9月起担任澳门总督的吉马良士(Jsodoro Francisco Ginmaraes)试图通过谈判取得清政府对澳门现状的承认,但又拒不接受徐广缙提出的恢复中国对澳门管辖权的前提条件。同一年,粤海关监督曾维奏请咸丰皇帝允准,裁撤了担任担任澳门总口委员的旗员,原来在澳门总口税收中拨付的前山澳门海防同知巡缉经费,改由粤海关广

---

① 《两广总督徐广缙等奏报酌移税口试办情形折》,《明清时期澳门问题档案文献汇编》第二册,第574页。
② 〔葡〕萨安东:《葡萄牙在华外交政策,1841–1854》,第122页。

州大关收入内拨付。①

就这样,在英国发动鸦片战争打开中国大门、中国开始沦为半殖民地社会的背景下,300年来对澳门的主权管理难以维系。康熙年间平定海疆,恢复贸易以来,虽然先后在前山寨设立澳门海防同知,在关闸以南的望厦村设立香山县丞,管理澳门事务,行使主权,但是,同知和县丞衙署毕竟位于澳门界墙以外,唯有设在界墙以内的粤海关澳门总口,是清政府对澳门拥有主权的最实质的象征,所以才被亚马留视为眼中钉。澳门总口之被驱逐、撤回和裁撤,标志着传统华夷体制下对澳门的管理的结束,澳门不再是中外交流的最重要场所,而是殖民地体制下香港模式的追随者。

2.《天津条约》签订前后粤海关的变化和新香六厂的设立（1849－1871）

1849年3月,被亚马留驱逐的澳门总口移驻广州城外的黄埔,员役逐渐并入黄埔税口,稽查税务的八旗军总口委员在1851年由粤海关监督曾维奏准裁撤。也正是从1851年开始,广东乃至中国陷入了长达十余年的内忧外患之中,粤海关的事务也经历了深刻的变化。

鸦片战争后,中外贸易由广州一口通商变成五口通商,广州的贸易份额逐渐下降,加上太平天国运动和第二次鸦片战争的影响,粤海关的税收逐年下降,从1849年的1471318两下降到1859年的841892两,② 但仍是广东省的主要财政收入来源。需要说明的是,从1685年粤海关建立开始,它的收入就包括对外国船只的税收和对国内船只（民船）的税收这两个部分,外船税收主要来

---

① 《粤海关监督曾维奏请裁撤澳门委员以节糜费片》,《明清时期澳门问题档案文献汇编》第二册,第594页。

② 廖伟章:《太平天国革命时期清朝广东财政（1850－1866）》,《中山大学学报（社会科学版）》第32卷第1期,1992年1月。

自广州大关的黄埔税口和澳门总口，民船税收则来自包括大关和澳门总口在内的所有税口（只稽查不征税的稽查口除外）。因此，第二次鸦片战争中，英法联军占据广州，1856年10月至1858年2月，粤海关外船征税部分停止工作，广州成为外国船只的自由港，粤海关在1857年仍有100998两的税收。①

1858年签订的《天津条约》及附约《通商口岸章程》，给中外贸易和海关体制带来了两个非常重要的变化。一是在全部通商口岸推广海关外籍税务司制度。外籍税务司专门管理来到通商口岸的外国船只的船钞与货税，税率依照协定关税，全部收入按月交给海关监督核收，由外籍税务司管理的这部分海关被称为"洋关""新关"，或者继续称作"海关"。海关监督继续保有对民船贸易的征税与管理，沿用旧税率或自定税率，其管辖关口逐渐被称为"常关""旧关"或"大关"。广东临近港澳，省港澳之间的民船贸易特别发达，故而中外贸易形成了两个此消彼长的体系：

洋船体系：香港、澳门——洋船——粤海新关（税务司，海关税）——内地。

民船体系：香港、澳门——民船——粤海常关（粤海关监督，常关税）——内地。

1859年10月，由外籍税务司管理的粤海新关在广州建立，第一任税务司是美国人吉罗福（G. B. Glover），副税务司是英国人赫德（Robert Hart），驻黄埔口的副税务司是孖地臣（Matheson）。②

第二个变化是鸦片进口合法化，海关税率为每担税银30两。此前，鸦片进口属非法走私，但是，以香港和澳门为中转站，大量鸦片通过密集的广东省沿海河汊和珠三角河道由民船运入广东，粤海关从上到下中饱私囊，对此视而不见。鸦片贸易合法化，意

---

① 廖伟章：《太平天国革命时期清朝广东财政（1850–1866）》。
② 〔英〕莱特：《中国关税沿革史》，姚曾廙译，三联书店，1958，第142页。

味着洋船可以运载鸦片到通商口岸，在海关纳税后合法销售。1859年粤海新关开办后，据外籍税务司估计，每月进入广东省的鸦片为1800担（一年约20000担），但是1860年经由新关输入的鸦片只有2340担，1862年为3912担。① 这意味着广东市场上大约90%的鸦片经由民船运载进口，虽然民船贩运鸦片已经合法，但是常关征收的鸦片税低于海关，外籍税务司抱怨粤海新关税收受到影响。

不仅鸦片贸易如此，由于常关和洋关实行不同的税率，如果某种商品用民船运载，常关税率低于用洋船运载的海关税率，则该商品纷纷转由民船运输。咸丰十一年（1861），已代理总税务司职的赫德表示："澳门漏税之茶叶，日见其多，每百斤（新关）税银二两五钱，抽厘局只征五钱，即可任商绕越走私，无一肯到（新）关纳税。"第二年，赫德又在致总理衙门的函件中谈到："澳门绕越私入内地洋药，每月有五六百箱之多，而随此大宗洋药，其余进出口各项货物均系漏税之件，以致百弊丛生。若能在彼立关，即与粤关税务大有裨益。"② 由此可见，常关和洋关在税率上的差别对清政府的税收影响很大，内中还包含着清政府中央与地方之间的财政博弈（后文述及），这种局面不会长久下去。

对于省港澳之间数量庞大的民船贸易，尤其是民船所载鸦片，广东当局和粤海关监督不可能任由其走私。澳门总口回撤并最后撤销后，粤海常关曾在"香山县城西之石岐设立税馆，抽收运贩香山之小货"。③ 同治六年（1867），粤海常关在石龙、陈村、江门

---

① 《1864年广州口岸贸易报告》，广州市地方志编纂委员会办公室、广州海关志编纂委员会编译《近代广州口岸经济社会概况——粤海关报告汇集》，暨南大学出版社，1995，第6-7页。
② 〔葡〕施白蒂：《澳门编年史》第四卷，第1735、1739页。
③ 《广东巡抚郭嵩焘为委员赴澳查明各项事宜并由驿附呈事致总理衙门函》，《明清时期澳门问题档案文献汇编》第二册，第756页。

设立分卡,"这些新设立的分卡把鸦片税率包括进口税(常关税 22.4 两)和战争税(厘金 16 两)在内,定为每箱 38.4 两,比在广州(新关)完税 61.64 两少 32.24 两"。①

不仅如此,为筹集镇压太平天国军费而新设立的厘金征收卡也随之设立。同治七年(1868),两广总督瑞麟发布公告:"由于非法走私,本来能在广东沿海各地区所能征收的鸦片税现在却持续下降。鉴于从外国进口的鸦片都存放在香港和澳门的事实,我们打算在通往香港和澳门的方向选一个合适的地点,用来建立一个总关卡,并且将选派一些行政官员和军事人员去收取鸦片税"。② 7 月,"即于新安、香山两县属海口地方分段设厂,以九龙寨为总厂,以汲水门、佛头洲、沙田渡口、长洲、榕树湾、前山、石角、关闸九处为分厂,并派拨轮船巡艇常川驻扎,梭织巡查……商民赴总厂报抽厘金,给发印花印票后,此外经过各处厘卡,只需验票放行,免其重纳"。这些厘卡向鸦片征收厘金,每箱 16 两,开办一年后,扣除巡船经费,共收厘金 26750 余两,瑞麟认为"办有成效"。③

每箱 16 两的厘金,"与前此每担三十两银的洋药税率相比,于华船较为有利,此举遂令粤海关收入顿减"。④ 同治六年至八年(1867 - 1869),经粤海新关由洋船进口的鸦片分别为 2111 担、807 担和 1101 担。⑤ 总税务司赫德认为这些厘卡影响了粤海新关的

---

① 《1874 年广州口岸贸易报告》,《近代广州口岸经济社会概况——粤海关报告汇集》,第 115 页。

② 马光:《晚清珠三角地区鸦片走私与缉私——以新香六厂为个案研究(1866 - 1899)》,《澳门研究》第 55 期,2009 年 12 月。

③ 《两广总督瑞麟奏报试办洋药总抽厘金已著成效折》,《明清时期澳门问题档案文献汇编》第三册,第 28 页。

④ 莫世祥、虞和平、陈奕平编《近代拱北海关报告汇编》,澳门基金会,1998,第 2 页。

⑤ 《粤海关十年报告(1882 - 1891)》,《近代广州口岸经济社会概况——粤海关报告汇集》,第 868 页。

鸦片税收，向总理衙门提出，既然已经设立厘卡，"无难并征洋药正税"，希望这些厘卡同时征收30两的鸦片进口正税。总理衙门转咨广东地方政府，两广总督答复说："各处商贩，虽自香、澳分路销售，内港岸口关厂，仍行纳税，并派巡船往来查缉，谅已无从避漏。又税厂设海口之内，香、澳外洋从无征税。而厘税数目各别，以少带多，恐于商情洋务两无裨益。"① 两广总督的意思是，民船运输的鸦片，在缴纳厘金之后，行到内港还要缴纳常关税，加之有巡船往来，基本上无法避税和漏税。而且厘金少，正税多，以少带多，对商业和洋务发展不利。

赫德不肯善罢甘休，表示"粤省既未便承办，只可独责其成"。同治九年十一月（1870年底），赫德向总理衙门提出，为了确保鸦片的关税收入，建议"海关应该紧贴着总督所辖的各厘金局卡分别设立一些征收处，以征收（鸦片）进口正税"，② 扣除每月经费10000两之后，预期这些海关分支机构每年可带来四五十万两鸦片税。具言之："拟在香港之佛头门、九龙、汲水门、长洲、榕树脚五处，澳门之拱北湾、关闸、石角、前山寨四处设立公所，代关纳税。其九龙与关闸二处，或水面派船，或岸上立卡，其他七处，各派巡船一只，并火轮船三只巡缉……已……将各关巡查洋税之轮船调赴广东，其巡船已剳粤海关税务司备齐，拟委副税务司布浪专司其事。另由粤海关监督派老成书吏十余名并银号看银之人，一同前往。若照所拟办理，每月需经费银一万两，即从所征税银内扣留，年终计可多征洋药税银四五十万两。"③ 不知赫德是虚张声势，还是势在必得，竟说已将各关巡查洋税之轮船调

---

① 《户部等奏请饬令广东督抚自行觇办征收洋药正税折》，《明清时期澳门问题档案文献汇编》第三册，第31页。
② 〔英〕莱特：《中国关税沿革史》，第298页。
③ 《户部等奏请饬令广东督抚自行觇办征收洋药正税折》，《明清时期澳门问题档案文献汇编》第三册，第31页。

赴广东。而且，赫德给出的成效也很有吸引力，每年可多征洋药税银四五十万两。

两广总督之所以拒绝由厘卡代征关税，是因为厘金收入全归广东省所有，而关税收入尽缴户部，属中央政府。① 厘卡骤然增加沉重的关税负担，势必引发民船设法走私，或者鸦片贩子干脆将鸦片交由洋船运入，赴粤海新关纳税，厘卡什么也收不到了。

面对两广总督与赫德对峙的局面，代表中央政府的户部倾向于站在赫德一边，因为赫德是为中央政府征税。户部清楚地指出，厘金越抽越多，"一切饷项杂支公私经费"皆出于此，"该省官吏实便于纳厘"。两广总督所谓厘卡加常关，民船已难以避漏的说法，户部认为并无确实把握，而且，"设厂抽厘，又与征税何异？"总之，户部认为鸦片正税应该征收，但是，不能交给赫德和他管理的海关。因为民船贸易，"事属华商，向与洋人无涉，该总税务司不分畛域，为兴利除弊之举，诚属可嘉。而以该省应办事件，转令该税务司代任其劳，地方官置身事外，袖手旁观，未免有忝厥职"。因此，户部建议，按照赫德提出的办法，由两广总督和粤海关监督"自行商办"，"在香、澳各厘卡所征厘金十六两外，自行加收正税银两……何处宜岸上立卡，何处宜分派巡船，自行妥为布置……正税即按三十两之数征收，仍于年终将征收总数报部存查"。② 这件事最终惊动了皇帝和太后，下谕军机大臣，让两广总督和粤海关监督照户部的办法做，"核实办公，不致为洋人所窃笑……务

---

① 罗玉东：《中国厘金史》，商务印书馆，1936，第341页。1864年底（同治三年十月），克复金陵后，曾国藩奏准"粤厘全数归粤"。《中国关税沿革史》认为："总督的主要兴趣就是在于这项厘金的征收，因为这项税收是直接收进他的省库，而不是送进帝国国库的。"见该书第297页。
② 《户部等奏请饬令广东督抚自行筹办征收洋药正税折》，《明清时期澳门问题档案文献汇编》第三册，第32页。

即详定章程，斟酌妥办，不得稍事颟顸，亦不准稍涉推诿"。①

民船自香港澳门贩运鸦片入内地，数额庞大，围绕其征税问题，两广总督瑞麟和总税务司赫德存在明显博弈。两广总督设立厘卡，厘金远较鸦片正税低，吸引鸦片商人用民船贩运，征收厘金以裕省库。海关税收是外籍税务司制度存在的根基，赫德总是不遗余力扩大管辖范围，增加税收，取悦于中央政府。朝廷自然寄望于赫德提出的四五十万税收，但户部所言民船由华官管理，与洋人无涉，亦切中要害，故而最终将洋药正税之事委诸常关。常关向由粤海关监督管理，两广总督亦从旁关照。常关税属国税，虽可分拨省用，但总数必须上报户部存查。瑞麟与赫德的对峙，背后实际是地方政府与中央政府在财政收入上的博弈。

根据上谕，同治十年（1871），粤海关监督崇礼和两广总督瑞麟在发布相关公告之后，开始设立一些常关分支机构。西方学者将此叙述为"'河泊'就进而设立关卡，以便对鸦片征收协定关税"。这个讲法非常正确，粤海关监督就是河泊，30两鸦片正税就是协定关税。这位学者继续写道，"这些关卡不是设在总督业经设置的那些（厘）局卡的邻近，便是和它们同署办公。在这些关卡中，一个设在汲水门，扼守粤江的进口；另一个设在往澳门和西海岸中途处的长洲；第三个设在鲤鱼门附近的佛头洲，监视东面的往来贸易；第四个则设在九龙城里。至于澳门，则在马溜（骝）洲和前山都设有关卡"。②

这些由粤海关监督建立的常关税厂，向民船运入内地的鸦片征收每担30两的税银。香港周围的四个，汲水门、长洲、佛头洲和九龙城，位于新安县境内，澳门周围的两个，马骝洲和前山，

---

① 《谕军机大臣等户部奏请饬令广东自行覈办征收洋药正税等事著瑞麟等详定章程斟酌妥办》，《明清时期澳门问题档案文献汇编》第三册，第33页。

② 〔英〕莱特：《中国关税沿革史》，第298页。

位于香山县境内，因而称作新香六厂，它们与两广总督瑞麟设立的九处厘卡完全不同，虽然某些税厂和厘卡在一起办公。最初，六厂只征收鸦片正税，同治十二年（1873）文铦担任粤海关监督时，开始对民船所载一般商品征收关税。[①]

新香六厂中，扼守澳门出港航道的马骝洲税厂和前山税厂，是澳门总口裁撤之后，清政府重新建立的管理澳门贸易的海关机构。但是，与澳门总口相比，性质却截然不同。澳门总口向抵达澳门的额船征收船钞，意味着外船到澳门，就是到了中国，中国在澳门拥有主权。前山税厂和马骝洲税厂设在香山县地界，是澳门通往珠三角内地和粤西地区的航线的必经之路，中国事实上已失去在澳门的主权，澳门与香港一样，成为一个外国的地方，只是没有条约加确认。包括马骝洲和前山税厂在内的新香六厂，实质上是清政府完全拥有主权的常关税厂，它们的设立，由清政府自主决定，它们的管理，由中国官员负责，唯一的主权不完整，就是鸦片的税率系与英国协定，而非清政府自定。

但是，就是这样拥有主权的常关税厂，在中外关系不平等的19世纪，却遭到香港和澳门鸦片商人和当局的无理纠缠，引发了所谓"封锁香港"和"封锁澳门"的争议。

早在同治七年（1868），两广总督瑞麟计划设立九个厘金关卡时，澳门华政衙门的华人事务官庇礼喇（Marques Pereira）就乘船赴广州面见瑞麟，表示"不要忽略澳门领海的存在，按照规定是离海岸3英里半径的范围，否则就会对主权造成严重伤害"。[②] 通常认为，这是澳门政府第一次公开表示对澳门3英里半径的领海拥有主权，[③] 但由于1862年中葡条约未能换约，澳门的主权问题仍

---

① 《近代拱北海关报告汇编》，第3页。
② 〔葡〕徐萨斯：《历史上的澳门》，第239页。
③ 徐素琴：《"封锁"澳门问题与清季中葡关系》，《中山大学学报》（社会科学版）第45卷第2期，2005年3月。

处于搁置状态，抗议无效。"封锁香港"的声音则来自鸦片商人。厘卡的设置使他们肆无忌惮的走私受到一定遏制，他们"污蔑广东当局的正当行动妨碍香港商人开展正常的自由贸易，是对香港的军事'封锁'，是对香港贸易毫无道理的干涉"，他们联名上书香港总督，称"封锁"是对"岛上商业直接而又粗暴的攻击"。香港总督也从殖民主义的立场出发，"对广东当局的缉私措施采取了仇视和敌对态度"。①"封锁香港"和"封锁澳门"的争议由此引发。

3. 围绕"封锁"问题的交涉和九龙、拱北海关的设立（1872－1887）

所谓"封锁香港"和"封锁澳门"的争议，香港方面与澳门方面背后的诉求各不相同，香港方面要的是自由贸易，澳门当局要的是主权，而清政府，要的是税收。

如前所述，无论九处厘卡还是新香六厂，其设置完全属于清政府主权范围之内的事，"封锁香港"的声音主要来自驻港的华洋鸦片商人，商人的本性使他们希望鸦片可以自由贩运，于是他们上书港督，希望借助英国殖民者的强权使清政府屈服，撤销厘卡和税厂。香港当局迫于商人的压力，将此事上报英国驻华公使，希望通过外交途径解决。英国驻华公使阿礼国（Rutherford Alcock）清醒地认识到，为了防范鸦片走私，清政府设置厘卡和税厂是主权范围之内的事，其合理性不容置疑。既然香港真的成为一个导致中国海关岁入严重受损的走私仓库，英国政府就"应该通过一些合法的和平手段去帮助他们控制走私，因为这比阻止他们设立关卡，再包租给无所忌惮的工场、商号，并且以全副武装的欧洲战船对驶离香港的所有中国船只耀武扬威要好得多"。② 另一方面，香港当局和商业团体对厘卡和税厂的态度也有细微差别。

---

① 陈新文：《"封锁香港"问题研究》，《近代史研究》2003 年第 1 期，2003 年 月。
② 陈新文：《"封锁香港"问题研究》，《近代史研究》2003 年第 1 期。

香港当局认为，常关税厂征收鸦片正税，这是《天津条约》规定的，毋庸置疑。厘金是地方政府自行征收的，故应该取缔，但是，部分税厂和厘卡在一起办公，故而一起反对。这样一来，"封锁香港"的问题，实际上变成对于香港运出的鸦片，关税如何征收？由谁征收？厘金该不该征收？如何征收？征多少？

"封锁澳门"问题则与澳门主权问题联系起来。自1849年澳门总督亚马留强行关闭澳门总口之后，澳门实际上已处在葡萄牙的掌控之下。此后，葡萄牙政府一直希望通过条约，将澳门的殖民地地位合法化，而清政府也一直以重新设官和恢复地租来恢复对澳门的主权。关于1862年《大清国大西洋国和好贸易章程》签字前后的种种交涉，换约失败导致澳门主权问题长期搁置，中葡持续交涉未果的情况，学术界已有很好的研究，简言之，清政府一直未放弃对澳门的主权要求。虽然有关条约和换约的交涉大多在北京进行，但总理衙门仍然关心广东与澳门关系的细微变化，将在澳门设官缉私作为恢复主权的标志和谈判的底线。同治八年（1869），总理衙门听说两广总督瑞麟在澳门设局抽厘，非常高兴，希望借此作为与葡萄牙谈判恢复主权的基础，连续两次致函瑞麟询问详情。第一封信中写道：葡萄牙使臣来北京商谈换约之事，提到"西洋人居澳门相安已久，（粤省）在彼抽厘等事从无阻拦"。"此说本处未得其详（这个事我们这里怎么不知道呢？）。澳门既在彼抽厘从无阻滞，何以并不筹议饬令澳门同知等官赴任料理一切，以为规复张本"。[①] 第二封信写得更清楚："现在澳门既设有中国厘局在彼抽税，该国并无阻挠，则设官之议，尚可藉此商办……惟目下澳门既有厘局，自然有人在彼抽税。而抽税之人究竟是官是

---

① 《总理衙门为陈述办理澳门各情形事致两广总督瑞麟函》，《明清时期澳门问题档案文献汇编》第三册，第25页。

役？能否先令同知移驻澳门？其所抽之厘仅止洋药，亦或与别货并抽？每年所抽之厘金约得若干？均望转饬详细查明。"[①] 两广总督瑞麟将详情禀报后，总理衙门没有进一步的行动，可见设在澳门外围、香山县境内的厘卡和税厂并不能代表清政府在澳门的主权。

就这样，清政府与葡萄牙的签约和换约谈判断续进行，香港和澳门周围的厘卡和税厂也一直存在。为了马骝洲和前山税厂巡船的巡缉区域，澳门当局不断与两广总督纠缠，称巡船非法进入了澳门领海，广东政府屡以中葡条约未定加以驳斥，构成了19世纪70年代就"封锁澳门"问题粤澳交涉的主要内容。[②]

光绪元年（1875），中英《烟台条约》签订，就鸦片税厘并征问题达成了协议，英国承认鸦片厘金的存在，香港方面"封锁香港"的责难失去意义，从而肯定了税厂和厘卡存在的合理性。但是，如何实行税厘并征，征税多少，厘金多少，则不仅仅关系到九处厘卡和新香六厂，还涉及全国其他通商口岸和厘金关卡。中英双方就此问题又进行了将近十年的谈判。这期间，清政府各封疆大吏兴办洋务事业，经费每每倚重厘金，加之1883年中法战争爆发，各地军费开支亦落到厘金头上。光绪十年（1885），中英签署《烟台条约续增专条》，英国同意清政府对鸦片实行税厘并征，每百斤（箱）税银30两，厘金80两。这里的80两厘金，是清政府封疆大吏坚持要求的结果，可见1875－1885年这11年间，各地对鸦片抽收的厘金已经达到了怎样的程度。《续增专条》签订后，地方官仍可得到高额的厘金，却失去了自行征收的权利，条约规定，所有洋药税厘并征工作，由赫德领导下的海关完成。海关所征税厘均纳入海关关税收入，再由中央政府将厘金分拨各省，各

---

① 《总理衙门为饬详细查明澳门厘局各情形事致两广总督瑞麟函》，《明清时期澳门问题档案文献汇编》第三册，第27页。
② 参见戴一峰《赫德与澳门：晚清时期澳门民船贸易的管理》，《中国经济史研究》1995年第3期。

省的鸦片厘金由此处于中央掌控之中。这样的结局,既体现了英国政府对赫德的支持,也体现了清朝中央政府利用赫德制衡和限制地方财政和封疆大吏,反过来,赫德领导的海关,对清政府财政的控制能力也进一步加强。

《烟台条约续增专条》签订后,中英双方就新香六厂、"封锁香港、澳门"问题进一步谈判,这个谈判也将是中葡签约决定澳门主权问题的前提,事关几百万两的鸦片税收和澳门主权,其重要性毋庸置疑。光绪十二年(1886),清政府派遣江海关监督(苏松太道)邵友濂和总税务司赫德亲赴香港谈判,主要的谈判者是赫德,随时向总理衙门汇报谈判进展。邵友濂从旁监视,随时向总理衙门和北洋大臣李鸿章汇报,李鸿章与总理衙门之间亦保持沟通。港英方面派出的谈判代表是英国驻天津领事璧利南(Byron Brenan)和香港殖民地法官劳士(James Russell)。与此同时,赫德指派海关驻伦敦办事处的金登干(James Duncan Campbell)待命,俟香港谈判结果出来后,即赴里斯本代表清政府与葡萄牙草签条约。由此可见,两个谈判实际都掌控在赫德手中。

1886年7月,中英谈判小组很快就鸦片问题达成了一致意见,关键内容有四条:①香港当局对抵达香港的一切鸦片进行登记,鸦片起岸、挪动和装船,必须有准单。②自香港运出的所有鸦片,香港当局要向中国海关报明。此两条意味着香港当局对鸦片统计负有责任,协助清政府海关对鸦片征税和缉私。③清政府在九龙设立由外籍税务司管理的海关。这条是赫德领导下的海关权利的扩张。④澳门办法应与香港相同,澳门同意此办法,中英才能签约。因为如果香港严格缉私纳税,澳门不实行,则鸦片尽往澳门矣。①

---

① 《总税务司赫德为请总理衙门允准与葡国订立条约并将澳门永租葡国事致署税司电文》,《明清时期澳门问题档案文献汇编》第三册,第199-200页。

对于这个条约与澳门地位问题的关系，赫德在电报中进行了详细的分析："澳门系葡萄牙久有之地，中国若欲得回，或须用巨款商换，办法很难。或将强取，恐葡萄牙将澳门交与法、德、俄及他国，则其难更甚。闻葡萄牙愿意与中国定立条约以整理贸易，并明定澳门权利。若葡萄牙肯受海关章程及香港所拟办法，则请中国允准以下两层：一、与葡萄牙国定立条约，与国别条约无异。二、将澳门永远租与葡萄牙国，而不收租银"。赫德认为，"此等办法与国体无碍，且可守住洋药税厘"。[1] 简而言之，赫德的建议是：为了巨额税款，值得与葡萄牙订立条约，永租澳门。总理衙门同意了赫德的建议，"所拟港澳各节照办，即令总税司赴澳相机筹商"。[2]

在澳门，赫德的谈判对象是即将卸任返回葡萄牙的澳门总督罗沙（Thomaz de Roza）。罗沙很快就表示，澳门愿照香港办法办理。但是邵友濂突然建议总理衙门通过赫德向澳门提出进一步的要求。邵友濂认为，"港澳情形有别……澳助缉私，非其本意"，"若概照港议，由澳主政，恐稽查不能认真"，因此，"我需专派华员会办，藉存属地之名，并收缉私之实"。[3] 邵友濂的建议显然是想再尝试一下在澳门重设中国海关官员，以恢复澳门的主权。但是，澳门总督罗沙向赫德表示，可以仿照香港在澳门设立税务司，至于"添设（华员）海关一事，搁置不议"。[4] 邵友濂在澳门重设

---

[1] 《总税务司赫德为请总理衙门允准与葡国定立条约并将澳门永租葡国事致署税司电文》，《明清时期澳门问题档案文献汇编》第三册，第 200 页。

[2] 《总理衙门为即令赫德赴澳相机筹商并著随时电闻事致邵友濂电文》，《明清时期澳门问题档案文献汇编》第三册，第 201 页。

[3] 《北洋大臣李鸿章为澳督允照一体办理应否照准请饬遵事致总理衙门电文》，《明清时期澳门问题档案文献汇编》第三册，第 204 页。

[4] 《总税务司赫德为澳督约可允办停泊趸船设立税务司至添设海关之事暂搁置不议仍在澳等候事致德益电文》，《明清时期澳门问题档案文献汇编》第三册，第 209 页。

华官的最后尝试失败。

不仅如此,罗沙还提出了三条新要求:一、"准葡国人永远驻扎管理(澳门)";二、将澳门外的厘卡撤销,才能设立税务司管理的海关;三、将对面山借给澳门驻扎。① 对此要求,清政府允准将"永远驻扎"字眼写进条约,借驻对面山一节则坚决拒绝。至于裁撤澳外厘卡,总理衙门试图拖延,"澳外厘卡系中国防弊之卡,澳门不应干预,或留或撤,俟洋药新章开办后,由中国查看情形,自行酌定。倘与中国有损,即难裁撤"。② 两广总督张之洞则坚决反对,张之洞认为:"澳外之卡,正为缉私,卡不止一处,所缉不独药私一端,所抽亦不止赴澳之货,关系各口税厘大局,断难裁撤。药私,澳门最甚,税加,则私愈多。彼既代我筹加税,何以又阻设卡?诡谋难测"。③ 但是赫德却建议总理衙门同意撤销澳外厘卡,赫德认为:一方面,澳外厘卡,很少按则例征税,反而"勒索无定",因而"常致口角","小民被损而国家不得利"。另一方面,如果关闭厘卡,则"葡国方肯允中国在澳门征收洋药税银",则"利微之生意免收重累,而国家所亏甚轻"。如果不关闭厘卡,"敝总司不能在澳门议定洋药办法,而因此香港办法亦不成"。④ 张之洞与赫德的对立与前次瑞麟与赫德的对立一样,再次体现了清朝中央政府与地方大吏在财政问题上的博弈。总理衙门期待着鸦片税厘并征后的巨额收入,最终站在了赫德一边。"中国不允撤卡,英葡即不允缉私,漏卮既不能除,巨款终成画饼。此

---

① 《总税务司赫德为澳督所问三节是否应允或将拟议办法画押事致总理衙门电文》,《明清时期澳门问题档案文献汇编》第三册,第212页。
② 《总理衙门为澳外厘卡俟洋药新章开办后再定事致总税务司赫德电文》,《明清时期澳门问题档案文献汇编》第三册,第212-213页。
③ 《两广总督张之洞为澳外厘卡断难裁撤并望驳之事致总理衙门电文》,《明清时期澳门问题档案文献汇编》第三册,第219页。
④ 《总税务司赫德为厘卡趸船不便宜及关闭卡子之故并请允回京等事致总理衙门电文》,《明清时期澳门问题档案文献汇编》第三册,第218页。

时事在必行，势不能顾惜一隅，动摇全局。""赫一力承担，果能杜绝私漏，岁至增至七八百万，海军衙门专待增款应用。"①

张之洞无奈接受，但内心仍然不服。1886年底至1887年初，他多次致电总理衙门，力陈撤卡是"揽夺中国利权"，并一一奏陈现有税厂和厘卡的各项收入，希望税务司代征后能尽征尽拨。最终，张之洞惹恼了皇帝，遭到皇帝下旨痛斥，点明张之洞所谓海关代征税厘乃"天下利权悉入洋人之手"的说法是"挟持偏见，故作危词"，实际上"与广东税厘无损，所不便者，不过厂员利薮一空，未免浮言胥动耳"。②

皇帝、总理衙门都坚定地支持赫德，张之洞的一切反抗均属徒劳。澳门主权问题就这样在清政府筹款建设海军的迫切需求中尘埃落定。1886年9月，《香港鸦片贸易协定》签订，协定规定："税务司官员负责管理九龙局，倘有往来香港之华船禀报被附近关卡或巡船骚扰等事，应查明定断……完全实行此等办法将使所谓'封锁香港'之有关问题获得相当满意解决。"另外，"中国与澳门商议，采取同样措施"。③

1887年4月，九龙海关和拱北海关建立，总税务司赫德派遣英国人马根（F. A. Morgan）和匈牙利人法来格（E. Farago）分别担任两海关的税务司。拱北海关下辖两个关厂：马骝洲厂和莭山厂，后者又辖三个分卡：关闸、吉大和石角。④ 税务司管辖下的九龙和拱北海关，不仅要负责鸦片税厘并征，而且还一同接管了新香六厂原来负责的一切百货常关税和1868年以后逐渐增加的各种

---

① 《总理衙门为议定香澳各厂巡缉抽收统交税司代办事致两广总督张之洞电文》，《明清时期澳门问题档案文献汇编》第三册，第224页。
② 《电谕两广总督张之洞等著禀遵办理税厘并征新章》，《明清时期澳门问题档案文献汇编》第三册，第199-200、232页。
③ 王铁崖编《中外旧约章汇编》第一册，三联书店，1957，第487-488页。
④ 王铁崖主编《近代拱北海关报告汇编》，第1页。

厘金的征收,是赫德领导下的海关权力的重大扩张。

1887年3月,中葡《里斯本草约》在里斯本签订。《草约》只有简单的三条:"由中国坚准,葡国永驻、管理澳门及属澳之地,与葡国治理他处无异。""由葡国坚准,若未经中国首肯,则葡国永不得将澳地让与他国。""由葡国坚允,洋药税征事宜应如何会同各节,凡英国在香港施办之件,则葡国在澳类推办理。"①

一直以来,清政府未肯放弃在澳门的主权,但是,中法战争使南洋水师覆灭,为重建海军,在并不光彩的鸦片税厘并征可能带来的巨额新增税款面前,清政府只好在澳门问题上让步。随着九龙海关和拱北海关的设立,葡萄牙终于得以"永驻"澳门。中英《南京条约》中有关香港的条文写着:"将香港一岛给予大英君主暨嗣后世袭主位者长远据守主掌,任便立法治理",②"永驻"与"给予"的区别,只是清政府给自己最后的安慰。

结　语

本章试图说明,明朝开始对澳门中外贸易实行的抽分(货税)和丈抽(船钞)等海关管理制度,在清朝得以延续。清朝初年,无论藩王割据还是平定海疆,无论禁海迁界还是禁止国人往贩南洋,以澳门为孔道的中外贸易从来没有停止过。为了维护统治,清政府防止华洋接触,但是,通过澳门,朝廷仍可获得西方之珍奇商品和历算、绘画、医生等有用之人;地方官员和海关人员屡屡为澳门请命,借此可获得丰厚的规银和贿赂;沿海商民,借此可发展民生;由此,澳门成为全球化早期东西方交流中一个重要的场所和缓冲地。康熙朝中期重新开海,粤海关及下属澳门总口

---

① 王铁崖主编《中外旧约章汇编》第一册,第505-506页。
② 王铁崖主编《中外旧约章汇编》第一册,第31页。

的设立，就是上述情势的产物。康熙年间，粤海关在澳门并没有常驻的分支机构，雍正年间，随着往来澳门的船只的增加，常驻海关人员逐渐派驻，直到乾隆朝中期，以澳门总口为代表的海关管理体制才得以确立。与之相伴随，以澳门海防同知和香山县丞为代表的清政府对澳门的行政管理体制也正式形成。试想一下，行政体制尚未健全，海关体制怎能单独早早确立？因此，18世纪40年代，澳门海防同知与澳门总口委员一职基本上同时设置，应该更符合历史事实。澳门总口通过对25艘额船的管理，掌控着澳门的中外贸易，为朝廷增加关税收入，同时，也屏蔽着日益扩大的全球化贸易浪潮。但是，澳门额船之外的欧美船只纷纷驻泊广州黄埔，不断冲击着澳门的屏蔽作用。于是，清政府要求所有外商在贸易季节之外驻留澳门，继续用澳门屏蔽西方文化的渗透。

  19世纪以来，英国殖民者通过罪恶的鸦片贸易和船坚炮利，终于冲开澳门模式这道屏障。从澳门总口被裁撤，到新香六厂的建立，体现了外国步步紧逼和清政府艰难应对的形势下，中外关系体系不可逆转的转型。澳门总口的封建国家关卡性质和新香六厂的现代海关性质，不仅意味着中国在澳门主权的丧失，也折射出东方传统的抚夷观念和模糊的主权观念向西方的殖民地体系和国家主权观念转变的历史轨迹。而新香六厂被外人管理下的海关接收，总税务司在此建立九龙海关和拱北海关，则是殖民者对中国海关行政主权的又一次剥夺，但以今人的眼光看来，正如某些学者的评价，九龙海关和拱北海关公开透明的工作作风与澳门总口、新香六厂损公肥私、留难勒索的陋习相比，西方新型行政管理体制对东方封建官僚体制的超越，未尝不是一种进步。清政府以葡萄牙人永驻澳门和允许鸦片大量进口为代价，换来更多的关税收入以发展海军事业，自强的道路上的两难与掣肘，由此可见一斑。

"女婚男嫁"与"贵女贱男"

——试论清代澳门诗中所见之性别想象与再现

周 湘

清代之澳门,虽孤悬于海角一隅,然因其乃华洋聚居、商货辐辏之区,自内地前往该处者,除了汲汲于营生者,亦不乏观光猎奇之人。这些人在一睹聚居澳门的"夷人"之风土人情后,心有所感而诗兴大发,留下了不少篇什。今人读之,颇具意趣。然则这些文人骚客吟咏的诗篇,固以采撷风土为标榜,却未必直书所见所闻,观其文字,或有以想象杜撰为"真实"之嫌。本文试以清诗中涉及澳门"夷人"的部分为例,说明清人对作为"他者"的"澳夷",虽有好奇之心,却囿于彼时文化交流模式以及认知模式的限制,对居澳"夷人"婚姻家庭形态的描摹,即使有"真实"的成分,也难免掺杂了大量的想象。因此,我们大概可以说,澳门虽然为中外文化之交流提供了交往的空间,但所谓文化交往,有互相增进了解的部分,有误读的部分,也无法避免地有故意曲解的部分。

一 《广东新语》与"女婚男嫁"说之缘起

纵览清代有关澳门的诗篇,论及"澳夷"的婚姻形态,最常使用的措辞是"女婚男嫁",其表面字义非常明显,意在强调男女婚姻关系上，澳门的"夷人"与汉人惯常所见之风俗恰好相反，女方处于更为主动或曰强势的地位。如此明显的差异，一则或许反映出中外婚姻形态确实有异，再则也不排除诗人们对前人作品的"信手拈来"，三则此举无疑将"澳夷"立为了文化上的"他者"。

比较早提出"澳夷"婚姻形态有异的，并不是诗歌体裁的作品，就笔者所见，当是屈大均的《广东新语》。其语云："女子持家计。承父资业。男子则出嫁女子。谓之交印。男子不得有二色。犯者杀无赦。女入寺。或惟法王所欲。与法王生子。谓之天主子。绝贵重矣。"① 就屈氏的这一说法，大致要先明了他笔下的这些"番人"到底是居澳"夷人"中的哪一类人士。由于这些人参拜的是"法王"，在明清文献中指的是天主教的僧侣，加之此时新教商人虽已有在粤活动者，但数量比较少，而且新教传教士还没有到达中国，因此，屈大均观察到的"番人"婚俗，当是指天主教徒而言。在明末清初的澳门，所谓的"澳夷"或者"番人"，即使仅是天主教徒，也有不同的来源地，有的来自葡萄牙、西班牙，有的则是欧洲人与南亚及东南亚各地的人士通婚的后裔，当然也包括相当数量的"土生葡人"。这些人的文化传统很可能大相径庭，婚姻的表现也未必各个一致，但到了屈氏笔下，一概指为"男子出嫁女子"，这到底是为了"以偏概全"还是为了"突出特色"，抑或是为了颠倒"番人"男女的性别表征，以达到"拍案惊奇"的效果呢？

目前我们掌握的中西文资料，对明末清初澳门天主教教徒的婚俗，缺少详细的记载。澳门教会的统计资料，只能表明通婚双方的姓名身份，而难以从中勾勒出婚俗的基本情况。据前人的研

---

① （清）屈大均撰《广东新语》，卷二"地语"之"澳门"条，中华书局，2010，上册，第38页。

究，对屈氏此说——即澳门的"番人"在婚嫁之时，男方确实是处于被动的地位——鲜有细加分析者。① 由于《广东新语》成书年代较早且在地方文史方面颇受瞩目，故几乎可以将其中"男子则出嫁女子"的说法，看作是"女婚男嫁"说的始作俑者。对这个缘起的分析，是明了清人对居澳"番人"婚姻状况认知的关键。

屈氏的措辞，是非常耐人寻味的。他强调的是男子"出嫁"而非"娶妇"。这里"嫁"与"娶"，在汉字的语境中，并非同义词的互相指代，而是有着明确的特定含义。"娶"字，据许慎《说文解字》卷十二，意为"取妇也"，即主动者为男方。"嫁"字，在许慎同书同卷中，释义为"女适人也"，则主语为女方。这两个词的含义，直到《康熙字典》编纂之时，也没有大的变化。② 可见，翁山先生提出"男子出嫁女子"一说，意在说明"番人"男子在婚姻中是处于被动的地位。

欧洲的婚俗，有着多种形态，而在亚洲的"番人"社区，更是五花八门，屈大均在资讯匮乏的时代，对这些状况，不可能知之甚详，他对澳门"番人"婚俗的观察，更多的是基于与本国风俗的比较而得出相应的结论。在清人的婚俗中，男方处于被动的地位，一般意味着婚姻形式为"招婿"，即入赘。《大清律例》规定：

---

① 有关早期澳门居民婚姻状态的研究，大致有方豪的《明清之际中西血统之混合》，见氏著《方豪六十自定稿》，台湾学生书局，1969，上册，第273－279页；卢金玲：《明清时期澳门中葡通婚现象初探》，澳门《文化杂志》第56期，2005，第35－42页；李长森：《明清时期澳门土生族群的形成发展与变迁》，中华书局，2008，尤其见第一章和第二章。不过，这些研究，大多以中西族裔的通婚为研究对象，对于居澳"番人"内部的通婚，并无深入探讨。关于明清时期澳门的中西族裔通婚状况，本书导言曾略加讨论。

② "娶"见《康熙字典》丑集下，女部八画；"嫁"见《康熙字典》丑集下，女部十画。

招婿须凭媒妁，明立婚书，开写养老或出舍年限。止有一子者，不许出赘。其招婿养老者，仍立同宗应继者一人承奉祭祀，家产均分。如未立继身死，从族长依例议立。①

这款律令，基本沿袭了《大明律》的相关条款，②那么屈大均生活的年代，从法律上来看，男性在婚姻中处于比较被动地位的，应该是指"入赘"而言。但考究该项条文，赘婿在家庭地位中的"低下"，并非相对于妻子而言的，而是就继承权而言——赘婿不能继承妻子父亲的全部财产，必须与妻子父亲同宗族的过继者均分。就这一点而言，赘婿与其妻子是均等的，都不能单独享有财产继承权，其相对于女方不存在高低的差异。此外，绝大部分"招婿"的行为，是在没有男性继承人的情况下才会被采用，并不适用于一般的男女婚姻关系。但是屈大均对澳门"番人"婚姻的描述，显然并不局限于"招婿"的特殊情况，而是指其婚姻的常态。并且，即使以"招婿"的标准而言，屈大均也忽略了其中特定的财产分割规定，仅突出了"番人"婚姻中男性的被动地位。

---

① 田涛：《大清律例》卷十，《户律·婚姻》，郑秦点校，法律出版社，1998，第205页。
② 怀效锋点校《大明律》，法律出版社，1999，第241－242页，"附录·大明令"。原文为："凡招婿须凭媒妁，明立婚书，开写养老或出舍年限，止有一子者，不许出赘。如招养老女婿者，仍立同宗应继者一人，承奉祭祀，家产均分。如未立继身死，从族长依律议立。"可见，《大清律例》中的相关条款，基本上是对《大明律》的原文照录，法律上的承继性，说明了实际操作上"招婿"婚也是比较稳定的，没有大的变化。婚书上"开写养老或出舍年限"，说明了"招婿"婚的主要目的是要养老，而在同宗里面挑选"应继者……承奉祭祀"，说明了赘婿并不真正融入女方的家族谱系。这与伊比利亚半岛国家家系传承既可从男方亦可从女方是不一样的。另外，《大明律》中的相关规定，并没有出现在正文，而是以附例的形式出现，虽然同样具有法律效力，但这个和《大清律例》中是在正文中明确有关的规定，还是有着一些差异，至于这样的差异意味着什么，大概要通过具体的案例来加以说明。此处无意探讨明清两代"招婿"婚的法律演变，不再就此问题展开讨论。

我们大致可以推定，屈大均在此不是要将"番人"婚姻代入中国的"招婿"婚中，而是要强调"番人"男女地位之对比与中国常见之"男尊女卑"恰好相反。

囿于现有的材料，笔者无法细致勾勒 17－18 世纪澳门天主教徒的婚姻状况。参照对葡萄牙和西班牙两个伊比利亚半岛国家在亚洲和美洲殖民地的社会史研究成果，大致可以说明澳门的天主教徒婚姻的若干要素。首先，就葡、西两国在伊比利亚的本土和美洲殖民地的法律而言，在继承权的问题上，相较于西欧其他国家的妇女，葡西的妇女享有更多的权益。[①] 不过，葡西女性的婚姻状况，会限制她们行使个人的权利。已婚的妇女在要出售、让渡个人财产的时候，必须获得丈夫的许可，而不能像未婚妇女那样可以自行其是。相对的，已婚男性在处理自己财产的时候，不必取得妻子的同意。可见，葡西的妇女在财产权上的自主性是相对而言的，这样的财产状况并不能造成她们在婚姻中普遍处于优越的地位。在澳门的天主教徒家庭，具体的状况也许有出入，但基本的原则应该不会有颠覆性的改变，也就是说，夫妻双方在财产权上充其量是平等的，而不是女性优先于男性。16 世纪中叶，特兰托公会议（Council of Trent）加强了天主教会对教徒婚姻的控制，在一系列的礼仪规定背后，可以看到女性对丈夫从属地位的

---

① Susan Migden Socolow, *The Women of Colonial Latin America* (Cambridge and New York: Cambridge University Press, 2000), pp. 9 - 10. 根据该书所言，伊比利亚国家及其拉美殖民地的妇女，享有与男性同等的继承权，并且能够让渡自己的财产，也就是说，她们对自己的嫁妆与继承的遗产等财产有自主处理的权利。嫁妆其实就是提前分配父母财产的形式，理论上，其支配权在于妻子，不过，该书也承认，丈夫往往获得了对妻子嫁妆的使用权。如果妻子有理由认为丈夫不恰当地使用了她的嫁妆，她可以与之对簿公堂。而已婚女性死后如果没有继承人，其财产是要归还给娘家的。单身女性与男性一样，在 25 岁可以获得对自己财产的支配权，不过，吊诡的是，社会往往对未婚女性施压，迫使她们在真正行使财产权之前结婚，以限制她们的独立性。

加强。① 这不仅体现在财产权方面，也体现在性、司法等方面。另外，要指出的是，在葡萄牙美洲殖民地，富有的家庭在女儿出嫁的时候，给出高额的嫁妆，更多地是为了巩固家族，将女儿出嫁，等同于为家庭赢得了一个成年男性成员，可以帮助教导年幼的子女，管理资产，在很多富人看来，是非常划算的。② 也就是说，男性介入到女方的家庭事务中，不仅限于"招婿"的形式，即使女性家中有男性的继承人，但因为其年幼，女婿也有可能参与妻子娘家的事务。但是，女方为此要付出大笔的嫁妆，嫁妆是吸引男性进入婚姻的"诱饵"，而丈夫对妻子嫁妆的处理是可以发表意见的。这里所说的都是富裕家庭的状况，至于贫困的家庭，由于史料匮乏，比较难以全面了解其婚姻状况。假如澳门的状况与此相类，那么，屈大均所说的"男子出嫁女子"，是只见其表而未及其里也。

那么，指出澳门"番人""女尊男卑"，除了可为耳目资以外，是否还蕴涵着别的意趣呢？要肯定的是，屈大均对澳门天主教徒的婚姻状况的描写，并非一味的凭空捏造，比如他观察到了女性继承人对家庭财产拥有继承权的现实，③ "承父资业"一说显然是有根据的。问题是，他以"窥一斑而知全豹"的叙事方式，遽以描画"男子出嫁女子"的图景，将男性在婚姻中的地位引向了被动的一方，其目的，显然不仅仅是为了说明"番人"婚姻的特殊性。作为作者，囿于"笔记"文体的局限性，屈大均本人并无义务对所有的记录进行条缕乃至于考究，但他的描述，与其说是

---

① Susan Migden Socolow, *The Women of Colonial Latin America* (Cambridge and New York: Cambridge University Press, 2000), p. 11.
② Muriel Nazzari, *Disappearance of the Dowry: Women, Families, and Social Change in São Paulo* (Stanford: Stanford University Press, 1991), pp. 28 – 29.
③ 屈大均：《翁山诗外》卷九，清初刊本，46a，《澳门》六首之二有句云"香火归天主，钱刀在女流"，明确指出女性在经济地位上的优越。关于这一点，下文还有讨论，在此暂时从略。

203

"实录",毋宁说是他对澳门社会状况的一种"再现"。也就是说他用中国文化背景下的语言及符号系统对异文化进行诠释,这样,所谓"异文化"展示的更多的是屈大均所要表达的文化意味。按照斯图亚特·霍尔的说法,representation(表征)指的是,"用语言向他人就这个世界说出某种有意义的话来,或有意义地表述这个世界",进一步的,"表征是某一文化的众成员间意义产生和交换过程中的一个必要组成部分"。① 照此说来,屈大均在强调"男嫁"的时候,是以婚姻为符号,说明"番人"性别权力关系的"倒置",其对照体系,就是屈大均所处的文化本身。通过这种做法,表明了"番人"与清人的差异,达至了将"番人"立为"他者"(the other)的效果。屈大均采取的是男女尊卑对比非此即彼的绝对二元对立的思维方式,由此确定了澳门"番人"与清人的差异性。

屈大均曾经在澳门居住,对"番人"的面貌并不陌生。有意思的是,他在区别"华夷"之时,不是以人种的外貌及体质特征作为主要标准。在他看来,这些"番人"的外貌"惟鼻昂而目深碧。与唐人稍异"。② "稍异"一词颇耐人寻味,所谓"稍异",亦即并非"大异",理解为唐、番两个群体的人种特征虽有差异,但并不对立,大致不谬。或者可以说,屈大均认为,真正建立双方对立状态的,是文化,特别是婚姻中体现出来的性别权力关系的对比。这种以性别关系的二元对立来确定族群差异的思考方式,非始于屈大均,亦非止于他。我们看到,在他之后,清代不少诗人的作品中依然继续强调这一点。

---

① 〔英〕霍尔(Stuart Hall)编《表征:文化表现与意指实践》(*Representation: Cultural Representations and Signifying Practices*),徐亮、陆兴华译,商务印书馆,2003,第15页。

② (清)屈大均:《广东新语》上册,第37页。

二 "女婚男嫁"诗的遣词与文体

由于"娶"和"嫁"这些词语中所包含的权力意味,很难让读者不会对"番人"的"女尊男卑"所体现出来的伦理失序大感兴趣。对这一说法,翁山之后的多位作者基本上全盘照搬,使"男嫁"说在不断地重复中,成为了清人对澳门"番人"认知的一个重要的切入点。当然了,这种说法的流衍,会有一些变化,但无论是对屈大均的说法加以补充说明还是删繁就简,这些文献所表现出来的共同点都是以性别间权力关系的对比差异作为对西方人婚姻状况认知取向的模式。随着这一说法被不断地重复,该认知模式也就渐渐地固定下来了。

张汝霖、印光任二人合著的《澳门纪略》,在说明"澳蕃"的婚姻状况时,首先是对《广东新语》的有关文字原文照录:"重女而轻男,家政皆女子操之。及死,女承其业。男子则出嫁女家,不得有二色。"① 对比上文所引《广东新语》中的有关文字,可以看到除了个别字眼以外,该段文字与屈翁山所言几无二致。与其说他们过于怠懒,不去重新措辞,不如认为他们是认可了屈翁山的有关说法。也就是说,他们也赞同"澳蕃"的婚姻中,男性是处于被动、从属的地位。张汝霖的诗作中,也有"女赘不归郎"句,② 明确地指出"澳蕃"的婚姻形式是男方入赘,女方是不归男家的。

作为曾经在香山任职的官员,印、张二位对澳门"番人"的婚姻状况,即使未曾深究,但亦不至于毫无了解的渠道。为了进

---

① (清)印光任、张汝霖原著,赵春晨校注《澳门纪略校注》,卷下《澳蕃篇》,澳门文化司署,1992,第154页。
② 张汝霖著《澳门寓楼即事诗》十四首之十一,录自《澳门纪略校注》,卷下《澳蕃篇》,第146页。

一步强调"澳蕃"在婚姻上与"唐人"对比的差异,他们对"交印"进行了补充说明:

> 婚姻不由媒妁,男女相悦则相耦。婚期父母携之诣庙跪,僧诵经毕,讯其两谐,即以两手携男女手,送之庙门外,谓之交印。庙惟花王、大庙、风信三分蕃户而司其婚,余皆否。①

这里的描述,说明的是在天主教教会法的规定中,婚姻的达成必须是在男女双方自愿的基础上实现,此外,婚礼必须是在教堂举行。对于这一点,印、张以外,也有人加以强调。如曾任外洋行总商的潘有度,在其所撰的《西洋杂咏》中就有"婚姻自择无媒妁,同忏天堂佛国西"之句。② 男女双方的意愿是缔结婚姻的基础,这是古罗马的传统,不过,仅是就其理想状态而言,在女子的监护权从婚前的父权转为婚后的夫权这种做法没有被废除之前,女性在婚姻上的自主权是值得怀疑的。日耳曼法体系下,女子的权益无法自主。罗马教廷对婚姻的规范,是一个逐步演变的过程,直到12世纪,"检查双方是否自愿才成为婚礼上的一项内容"。③ 至于要在神父主持下举办的婚礼才具有合法性,则更是比较晚近才定型的。1563年,宗教改革运动之后,天主教会才规定,

---

① 《澳门纪略校注》,卷下《澳蕃篇》,第155页。
② (清)潘仪增、潘飞声辑《番禺潘氏诗略》,第二册《义松堂遗稿》,《西洋杂咏》,二十首之三,诗人自注云:"男女自主择配,父母皆不与闻。"据章文钦《澳门诗词笺注》的判定,这一组诗歌的写作年代大约是在嘉庆十八年(1813)前后,则距《澳门纪略》的终稿年代乾隆十六年(1751)约有五纪之遥了。见章文钦笺注《澳门诗词笺注·明清卷》,珠海出版社、澳门特别行政区政府文化局,2003,第258页。
③ 〔法〕让-克洛德·布洛涅(Jean-Claude Bologne)著《西方婚姻史》(*Histoire du Mariage en Occident*),赵克非译,中国人民大学出版社,2008,第113页。

"女婚男嫁"与"贵女贱男"

婚姻的缔结必须在神父的主持下才有效。①

规定是一回事,具体的操作又是另外一回事。在欧洲本土,直到17、18世纪,也就是男女自愿缔结婚姻原则确立了数百年之后,我们仍可以看到大量父母操控的婚姻存在。18世纪初,一个法国姑娘抱怨说:

> 父亲也把我嫁了出去,/我听到了纺车的响声。/他把我嫁给了一个老头,/那老头一无所有。/我听到了纺车的响声。/我听到了纺车的响声。②

撇除这些诗歌中所可能包含的转喻、隐喻等可能性,还是可以理解为,在西欧,父母包办婚姻仍然存在,所谓男女双方的自愿原则,未必可以实施。况且,如上文指出的那样,婚姻在很大的程度上是对财产的分配和家族地位的巩固及提升的手段,出于这样的考虑,在利益优于情感的前提下,男女间的意愿难免会被忽略。一些来自英国的旅行者在西班牙的游记中提到,这个国家的女子结婚很早,一个女孩在12岁的时候,只要能提供有限的证据——比如一封没有写明"婚姻"字眼的情书、一个戒指之类的礼物——就可以要求一个年满14周岁的男子与之成亲。③ 在英国人看来,这种做法偏向于女方,是非常武断的规定。但是,细细分析当中语境,也许在个别的情况下,一个12岁的仅及豆蔻年华的少女会为自己寻找一个丈夫,但假如这种做法是带有普遍性的,并且需要法律或者习惯法来保护,不能不让人怀疑她们的父母在

---

① Lawrence Stone, *The Family, Sex and Marriage in England 1500 – 1800* (New York, Hagerstown, San Francisco, London: Haper & Row, Publishers, 1977), p. 31.
② 见布洛涅《西方婚姻史》,第112页。该处还另外举了几个例子,都是女性对包办婚姻的抱怨。
③ Lady Augusta Hamilton, *Marriage Rites and Customs of the Nations of the Universe* (London: printed for and by J. Smith, 1822), pp. 141 – 142.

背后所起的作用。毕竟婚姻意味着财产的分割，父母是不可能让年幼的女儿任意妄为的。

在伊比利亚国家的美洲殖民地，有产者也没有打算把婚姻的权限完全下放给子女。17 世纪的圣保罗，有一个富裕的市民，为自己的儿子娶的妻子是自己的继女，也就是其儿子的继母带过来的女儿。这样做，一方面可以保证继女的嫁妆不会流失，另外一方面，他也可以控制属于儿子的财产，在其儿子结婚 20 年后，他都还没有把本来属于儿子的财产转交。①

在澳门的外国人社区，浪漫的爱情故事也许是存在的，但婚姻的缔结，仍然是以利益为前提的。笔者没有找到相关的天主教徒的案例，但新教徒的例子大概也可资旁证。来自麻省塞伦（Salem）的美国女子哈丽埃特·洛（Harriet Low）曾在澳门居停 4 年多，是第一个在澳门侨居的美国未婚女子。她在澳门曾有一段短暂的浪漫史，但因为对象经济状况不佳，遭到了女方家人的反对，最终这段澳门情缘不幸夭折。② 最后，洛本人在回国后，还是听从

---

① Nazzari（2008），p. 28.
② 哈丽埃特·洛（1809 – 1877）随她的叔父 William Henry Low 及婶婶 Abigail Knapp Low 到中国，于 1829 – 1834 年间在澳门居留。她是第一个来华的未婚美国女性，留下了大量关于澳门的记载。1831 年，她与 Chinese Courier（《中国信使报》）的主编、美国人伍德（William W. Wood）相识并很快相爱，1832 年，他们两人秘密订婚。为了获得更好的经济基础，伍德在编辑报纸的同时，加入到旗昌洋行（Russell and Company）担任办事员，不过，显然他的会计水平远不及他的写作能力，担任旗昌洋行大班的 William Henry Low 对他的评价不高。在获知二人秘密订婚的消息后，William Henry Low 认为伍德没有前途（即没有钱），因此对两人的感情予以打压，最后两人不得不解除婚约。伍德终身未娶。哈丽埃特·洛在 1832 年 10 月 23 日的日记中写道："金钱似乎是一样必需品，是存在的必要条件。噢，浪漫的爱情，你在哪里栖居？我们最美好的最惬意的希望常常向着肮脏的欲望奔去，我们最公允的筹划失败了，我们的计划支离破碎了，甚至我们的情感有时也要为了欲望而牺牲。"见 Nan P. Hodges and Arthur W. Hummel ed.，*Lights and Shadows of a Macao Life*：*the Journal of Harriet Low*，*Travelling Spinster*（Woodinville：The History Bank，2002），vol. 2，p. 451.

了家人的安排，与另一个经济状况较好的男子成亲。从 Harriet Low 的遭遇我们也可以看到，在新教徒的婚姻中，所谓男女自愿的原则，是要在不伤害家庭的经济前景的前提下才可以实施，而且，婚姻依然是以经济利益为基础的。哪怕男女双方均离开了他们主流文化的所在地，置身域外，也不能为所欲为，而还是要遵从既定的原则。当然，与数代居留澳门的"番人"不一样的是，无论是洛还是伍德，都只是短期在澳门居留，因此，他们并不具备摆脱自身主流文化传统的条件或动力。但也要明了的是，如果男女自愿的原则在主要倡导这种做法的文化中都无法普遍实施，那么，我们很难期待它被移植到一种完全没有这种原则的文化中，反而能够茁壮成长。

男女自愿的原则，与实践作对比，很可能只是理想的状态而已。印光任、张汝霖及潘有度等人将原则作为实况，在各自的作品中分别描摹，均是为了强调"番人"的差异性。与屈大均"男嫁"说不同的是，后来的这几位作者讲到澳门"番人"婚姻的时候，有着不一样的思考路径，特别是潘有度的诗作，没有以男女权力对比倒置作为基础来阐发西方之异旨所在。如果说屈大均在这一问题上的论述更多的是一种对本土文化及思维方式的"再现"，里面掺杂了想象的成分，那么潘有度的诗歌也许可以被看作是对"番人"婚俗的"解构"——忽略了整体的多样性而强调原则的独特性。此处的"解构"，仅指各位作者对澳门"番人"婚俗原则与实践的分割而言。殊途同归，他们的作品都由此而确立了"番人"作为"他者"的存在。

有意思的是，翻检了清人诗作篇什中有关婚嫁的部分，似乎他们更倾向于采用屈大均对这个问题的解释路径。以"女婚男嫁"为题材的诗作，还有若干，下面试先列举一二。

张琳是广东顺德人，其《玉峰诗钞》中有《澳门竹枝词》七首，其第七首句曰：

> 女婚男嫁事偏奇，巾帼持家受父赀。
>
> 莫怪澳中人尽贺，良辰交印得唐儿。（夷俗贵女贱男，以男嫁女，谓之交印。得唐人为婿，则举澳相贺。）①

东莞人袁必达也有《澳门竹枝词》之作，也谈到了澳门"番人"的婚俗，其句云：

> 女婚男嫁斗新妆，不愿生儿去嫁郎。
> 夕夕朝朝频过去，相逢都是问烧香。②

顺德人杨增晖之《澳门吟》四首之三也用到了"女婚男嫁"的说法：

> 春风无地种桑麻，碎石斜嵌路半沙。
> 花月楼台香引蝶，烟云世界药迷鸦。
> 常时充膳馐兼果，到处清谈酒当茶。
> 最是须眉巾帼气，女婚男嫁异中华。③

相应的，在潘有度之后，笔者只在一首清人的诗作中看到了对澳门"番人"男女自愿结婚的描写：

> 婚娶何劳遣妁联，两人各自目先成。
> 及瓜闺幼知怜婿，随地留心看少年。④

---

① （清）张琳著《玉峰诗钞》卷一五。据章文钦《澳门诗词笺注·明清卷》第261页，该组竹枝词的写作年代被判定在嘉庆二十年（1815）稍前。
② （清）袁必达著《卧雪山房诗钞》，第50页。此处从章文钦《澳门诗词笺注·明清卷》第293页抄出，诗歌作于道光三年（1823）。
③ （清）杨增晖著《丛桂山房初集》不分卷，第21页。据《澳门诗词笺注·晚清卷》第170页，此诗作于光绪十七年（1891）。
④ （清）梁乔汉著《港澳旅游草》之《镜湖杂咏·夷俗杂咏》十首之七，引自《澳门诗词笺注·晚清卷》，第258页。诗歌作于光绪二十六年（1900）。梁乔汉是顺德人。

"女婚男嫁"与"贵女贱男"

　　由于史料收集的疏漏，此处所录相关诗句，肯定并非有关澳门"番人"特殊婚俗的全部描写。不过，即便是挂一漏万，我们仍可从中看到清人对澳门的"番人"文化认知的一些特定思维方式。进入19世纪，距屈大均《广东新语》的写作年代已经过去了100多年了，在"番人"婚俗上，清人的认知是否有变化？假如有的话，又是哪些变化呢？

　　首先要指出的是，上引四首诗歌的作者都是广州府人士，并且都曾到过澳门，或游历或设馆授徒，因此，他们对澳门风土人情的描写，至少在他们本人看来，是有亲身经历作为支撑的，其源有自，非凭空捏造所可比拟。四首诗歌中，梁乔汉的诗作没有如另外三首那样明确用"男嫁"说，可能与他所身处的时代有关系，毕竟当时已经是20世纪的初期了，而且他在澳门设馆，对当地的民生百态大概有更多的了解。不过，他可能在措辞上与另外三人不相一致，但细研其诗歌中的含义，所谓"随地留心看少年"，依然是以女方为主动，以此来凸显中西婚俗之差异。

　　前三首的诗歌，均用了"女婚男嫁"的字眼，与屈大均的说法相较，显著地加上了"女婚"以与"男嫁"对应。这样的对仗结构，固然是诗歌语言结构中的常见形式，但也可以看到对男女性别权力关系倒置的进一步强化。在古代汉语中，"婚"字作名词使用时，原意本是指"妇家"，[①]后来经过演变，当这个字作动词时，除了指"男女结为夫妇"外，还特指"男子娶妇"。[②]在"女婚"的语境中，"婚"字显然是作动词使用，并且是偏重于"婚"字涵义中"娶"的意味。在这三首诗歌中，早期的两首都是七言

[①]《说文解字》卷十二，"女部"。
[②] 夏征农等编《辞海：1999年缩印本（音序2）》，上海辞书出版社，2002，第923页，"婚"条。

绝句，之所以用"婚"而不用"娶"，或是与七言绝句的格律要求有关，① 又或者只是对"男大须婚，女大必嫁"等对仗说法的减缩并倒置。② 张琳和袁必达的两首"女婚男嫁"诗，写作年代十分相近，在嘉庆和道光之间，张琳的诗集刻印年代不详，袁必达的诗集在道光三年（1823）刻印，我们很难确定他们两人在创作诗歌之时有否相互借鉴。杨增晖的《丛桂山房初集》刻印于光宣之间，即19世纪末20世纪初，不能排除他参考了张琳和袁必达的措辞的可能性。无论是独立创作也罢，借鉴也罢，这几位作者纷纷以完全相同的字眼来概括澳门"番人"的婚俗，除了有沿袭之前的多位著书立说之人的说法外，也说明他们认为这种说法确是最能言简意赅地向读者说明澳门"番人"的婚俗。

所谓众口一词，我们看到，上文已经指出，在财产分割和管理的角度来看，认为澳门"番人"在婚姻中有"男嫁"的方式其实是不妥当的，但这么多作者都用了同样的说法来形容"番人"

---

① 根据王力《诗钞格律》（中华书局，2000年新1版，第54-55页），七言绝句分仄起式和平起式两种，其首句的格律分别为："仄仄平平仄仄平"以及"平平仄仄仄平平"。由于这些诗人都是广府人士，当以粤语平仄为其吟咏诗歌时的依据，因此，不能用现在普通话的平仄关系来进行比对。关于汉语的平仄关系，相关的研究头绪纷纭，更重要的是，笔者对于清代粤语平仄与现今粤语音调之关系，没有任何的研究，文中的说法，只能是推测。关于这一点，尚待就教方家。

② 此说出处，见宋朝释普济《五灯会元·天衣怀禅师法嗣·侍郎杨杰居士》（普济著《五灯会元》，苏渊雷点校，中华书局，1997，下册，卷第十六，"云门宗"，第1051-1152页），原文作"男大须婚，女长须嫁。讨甚闲工夫，更说无生话"。具体的释义见罗竹风等编《汉语大词典》，汉语大词典出版社，1991，第七卷，第1304页。该种说法在不同的作品中又作"男大当婚，女大须嫁""男大当婚，女大当嫁"等，无论如何变化，在明清时期的这些对仗说法中，"男"对应的是"婚"，"女"对应的是"嫁"。杨杰所针对的，是庞蕴居士的"有男不婚，有女不嫁。大家团栾头，共说无生话"的偈语（见《五灯会元》上册，卷三，"马祖一禅师法嗣·庞蕴居士"，第186页）。"无生话"指的是无生无灭的佛法真谛，可见，"男大当婚，女长须嫁"一说在最初的时候，是与佛法辩争相关的。后世对这个说法的借用，则只取其表而未及其里了。

婚俗的依据又在哪里呢？笔者现在看到的材料，没有具体描写澳门外国人社区中的婚礼全过程的材料，如果当中的天主教徒在婚礼上是模仿了伊比利亚半岛国家的做法的话，也许可以从中找到答案。同样是上文提到的那些好奇的英国旅行者，他们看到了西班牙人婚礼中有异于英国地区的一些方面。他们指出，在西班牙人的中产阶级当中：

> 婚礼之后，新娘回到了自己父亲的房子，一整天都和她的朋友及伙伴待在那里。午夜的时候，新郎和他的亲戚们一起来找新娘，把她带到了这所房子的院子当中，婚床已经摆在了那里一座满是鲜花的凉亭中。第二天他们回到了父亲（their father）的房子中，早餐已经为宾客们准备好了，大家很快相见，姑娘们给新娘献上了用嫩枝编织的摇篮。这一天的终了是有着多种不同的形式。①

上述的说法，如果是属实的话，说明中产阶级婚礼的很多仪式是在女方家庭中举行的，也许部分的澳门"番人"采用了类似的婚礼仪式，在清人看来，就被诠释为"女婚男嫁"了。但是，显然清人对澳门"番人"婚俗的描写，不仅限于婚礼仪式的方面，在仪式描写之下，应该有着更为深刻的意味，或者说，也许他们的作品向读者传递了更加多的意味。下文将对几首相关的诗歌进行分析，冀能由表入里，得其内涵。

除了"男"与"女"的对比用词外，张琳和杨增晖的诗歌中都用到了"巾帼"来指代女子，杨增晖的诗歌中还用到了"须眉"

---

① Hamilton (1822), p. 141. 在女家的房子中举办婚礼的情形，不仅限于西班牙，在另外一些天主教地区，如威尼斯也曾存在这样的风俗，参见 Edward J. Wood, *The Wedding Day in All Ages and Countries* (New York: Harper & Brothers, Publisher, 1869), p. 167. 此处所提到的威尼斯人的婚礼，是一个女贵族的婚礼，时间是在17世纪。

来与"巾帼"对应。这些用词无疑都强化了性别力量的二元对立。

不知是偶然的巧合还是刻意的编排,明确使用了"男嫁"一说的三首诗歌,有两首是采用了竹枝词的形式。清初著名的文人王士禛曾指出唐人的《竹枝词》"泛言风土",① 这一传统被后来的诗人们采纳,到了明清时期,竹枝词的文体已经摆脱了民歌特色,而是"描绘风土时尚,以记事为主"。②这也就是清人所说的"或写闾阎之状,或操市井之谈,或抒过眼之繁华,或溯赏心之乐事"了。③ 可见,竹枝词的格调相对轻松。至于另外一首诗歌,以"杂咏"为题。所谓"杂咏",即"随事吟咏",④ 与竹枝词亦相类。从诗人的角度来说,为了描述澳门"番人"的特殊风土人情,选择竹枝词或杂咏的体裁,是最因简就便的做法。由于汉语诗歌的写作传统,诗歌的创造往往讲究用典,因此,他们参照屈大均及印光任等人的作品的可能性是非常大的。

如果我们认可这些诗人在一定程度上参照了屈大均等人作品的假设,那么,比较有趣味的一个问题是,为什么他们均选择了诗歌的文体而非像屈大均及印光任等人那样,以写作笔记或方志的方式来描述澳门的风物呢?潘耒序《广东新语》,开篇即曰:"古来诗人。罕能著书。诗本性情。书根义理。作诗尚才华。著书贵学识……其右能兼工并美者。一代盖无几人也。"⑤ 是说固然是为了对屈大均的才华进行肯定,但也可见在潘耒的心目中,写诗

---

① (清)王士禛著《香祖笔记》卷三,湛之点校,明清笔记丛书本,上海古籍出版社,1982,第57页。
② (清)杨米人等著,路工编选《清代北京竹枝词(十三种)》,北京古籍出版社,1982,路工所撰之"前言",第1页。
③ (清)学秋氏撰《续都门竹枝词》序,见《清代北京竹枝词十三种》,第61页。
④ 罗竹风主编《汉语大词典》,汉语大词典出版社,1993,第11卷,第868页,"杂咏"条。
⑤ 《广东新语·潘序》上册,第1页。

者是没有多少能深究义理及学识过人的。如果上述的几位诗人也意识到了这一点，姑且不论他们并没有责任著书立说来显示自己的学识，我们是否可以认为，他们选择用竹枝词或者杂咏的形式来向读者叙述澳门"番人"的"男嫁"婚俗，本身就是为了叙事而非说理呢？

  有关叙事（narrative）文体的研究，罗兰·巴特（Roland Barthes）有着很大的贡献，他认为，"勿论好的和坏的文献的分别，叙事是国际性的、超历史的（transhistorical）及跨文化的（transcultural）：它就在那里，如同生命本身。"① 由于叙事形式的普遍性，它是可以超越叙事的内容而独立存在的。这种思考的路径，在海登·怀特（Hayden White）那里得到了进一步的阐发。按照海登·怀特的说法，叙事在实施之前，其形式已经具有了相应的内容。② 照此说来，以竹枝词和杂咏的形式来"讲述"澳门"番人"婚俗，是有其必然性的。竹枝词的文体所描写的，要么是夸风异俗，而非对作者自身所熟悉的风俗的吟咏；要么是对男女间谈情场景的描述，涉及了性别间的关系。当诗人采用竹枝词之时，已经是决定了他们把澳门的"番人"立为他者的立场。而且，由于诗歌体裁的局限，诗人不可能对此连篇累牍地介绍，只能撷取当中比较有"代表性"的现象，即男女间权力关系的倒置来加以说明的，这一点，也符合竹枝词体裁对男女性别关系的侧重。除了所谓"男嫁"的现象外，别的诗人还突出了澳门"番女"在家庭

---

① Roland Barthes, translated by Stephen Heath, *Image, Music, Text* (New York: Hill and Wang, 1978), "Introduction to the Structural Analysis of Narratives", p. 79.
② Hayden White, *The Content of the Form: Narrative Discourse and Historical Representation* (Baltimore: John Hopkins University Press, 1990), 'Preface', p. xi. 笔者试译有关这一说法的陈述如下："所有的这些都可以证明，叙事远不止是可以填塞各种依具体情况或真实或想象的内容的一种话语形式（form of discourse），在将之付诸口述或笔录之前，它本身已经具有了内容。"

经济上的主导权力，关于这一点，详见下文的论述。

　　接下来的问题是，诗人对澳门"番人"婚俗的描述，假如采用了叙事诗的形式，那么，可以传递什么样的信息？① 首先我们要问的是，叙事者（narrator），也就是说话的人是谁？从表面看来，叙事者是诗人本人，这样会显得他们的说法是有根有据的。但是事实上，他们并非每个人都有亲临其境的机会"观摩"澳门"番人"的婚礼，即便是有，也未必可以从婚礼的仪式看出来这些婚姻具有"女婚男嫁"的特质。那么，他们也许只是转述人，他们转述的内容的来源又何在呢？是澳门的"番人"向他们讲述的吗？这一点似乎不太可能，我们已经看到，伊比利亚半岛国家及其殖民地的婚姻状况，虽然女性有一定的自主权与财产权，但不至于达到"贵女贱男"的程度。此外，从语言的角度来说，葡语没有像中文那样明确地区分"婚"与"嫁"的用词，在1831年出版的《洋汉合字汇》（即《葡汉词典》）中，casamento 一词就包含了这两重意思。② 如果要将之区分，就要以 casar o homem 来代表"娶亲，娶妇人"等意，而以 casar o mulher 来指"嫁，出嫁，过门"

---

① 罗兰·巴特不认为抒情诗（lyric poem）可以进行叙事结构的分析，前引 Roland Barthes（1978），pp. 120 – 121。其理由是虽然叙事会引向"概述"（summary），但抒情诗的概述只是对"所指"（signified）的"广阔隐喻"（vast metaphor），因此，诗歌的概述只是导向所指。不过，笔者采纳了另外一些学者的观点，竹枝词虽然在篇幅上无法与欧洲的叙事诗（narrative poem，如 epic、ballad、romance 及 verse story 等）相提并论，而且有相当的抒情成分（如对男女之情的描写），但是仍可以进行叙事分析的。关于这一点，参见 Peter Hühn, Jens Kiefer, translated by Alastair Mathews, *The Narratological Analysis of Lyric Poetry: Studies in English Poetry from the 16th to the 20th Century*（Berlin: Walter de Gruyter, 2005），pp. 3 – 10。该书的主编者强调，用跨文类（cross - genre）的方法，也可以对抒情诗进行叙事研究。

② J. A. Gonçalves compiled,《洋汉合字汇》（*Diccionario Portuguez – China*），Macao, 1831, p. 141, 对 casamento 一词的释义是："婚配/姻，成婚/亲，嫁娶之事，结婚，联姻，配合。"

等意。当时澳门的"番人"中,包括了土生人群,土生葡语(Macanese,或 Patuá)是他们使用的语言之一。目前缺少历史语言学的材料来说明土生葡语中对"婚"和"嫁"的说法是否进行了区分。从种种迹象看来,澳门的"番人"把自己的婚俗说成是"女婚男嫁"的可能性比较小,毕竟没有他们自我认知上的依据。那么,这些诗人仅仅是简单地复述屈大均、印光任等人的描述吗?他们在对题材的选择及措辞的斟酌上的"不约而同"表明了对"女婚男嫁"异质性的认同——差异性能在更大的层面上引起读者的关注甚至共鸣。同时,以"女婚男嫁"来解释澳门"番人"的性别关系之特殊性,已经成为了固定的模式(form),"婚""嫁"等行为有了特殊的隐喻意味。或者我们可以套用罗兰·巴特的说法,澳门"番人"的婚俗,已经被"神话"化了。① 由此,通过叙事诗的方式,澳门"番人"的婚俗被扭曲了。

清人诗歌中对澳门"番人"婚俗扭曲的现象,到民国时期就消失了,"神话"的破灭,固然是有古人对"洋人"了解增多等原因,但也可能是到了民国的时期,人们的认知途径,已经不是从性别关系着眼有关。民国的情况不在本章讨论的范围内,此处从略。就清朝的情况而言,一个比较有趣的现象是,在诗歌中明确涉及"女婚男嫁"主题的诗人,其籍贯均是在广州府之下。如果以常理来推断,他们对同样在广州府治下的澳门,应该有更多的信息来源的渠道,对于"女婚男嫁"的情况,即便不至于"熟视无睹",也未必会到"拍案惊奇"的程度。相对的,广府以外的诗人虽然也有在诗作中提及澳门"番人"的婚俗,并且同样有强调女方的优势地位,但没有采用"女婚男嫁"这样一种对仗的方式。

---

① Roland Barthes, translated by Annette Lavers, *Mythologies* (Hill and Wang, New York, 1972), 'Myth Today', pp. 109 – 159. 巴特说:"首先要确定的是,神话是一个交流的系统,即是一种信息(message)。"

这是否意味着广府的诗人在观察澳门"番人"婚俗的时候别有新解呢？就此问题，笔者认为如果说广府的地缘关系给予了这些诗人某种特殊的视角的话，未必在于他们看到了澳门"番人"婚俗的"异常"之处，而在于他们的作品极有可能是在对同样出自广州府的著名诗人屈大均的模仿。屈大均的作品在清乾隆年间编撰《四库全书》时全部被禁，而论及"女婚男嫁"的诗作全部出现在这之后，窃以为，这很可能是诗人们对屈大均致敬的一种做法。① 而向屈大均致敬的原因，是这些诗人有着"广府人"的认同。当然，对这个问题，还需要进一步的考证。笔者此处提出的，只是一种推测。如果这种推测有其合理性的话，那么更加说明，上述诗作中所反映的澳门"番人"婚俗，与其说是诗人的观察所得，不如说是他们因循着诗歌体裁的某些规则，对前人作品的模仿，那么，这些婚俗的所谓"真实性"，就更是无从考究了。

最后要指出的是，古人对域外民俗之关注，以男女婚姻关系为着眼点，非始于清朝，亦非局限于澳门，追溯其渊源，堪称深远。《晋书》中就说道："（林邑，在今越南中部——笔者）贵女贱男，同姓为婚，妇先聘婿。女嫁之时……"② "妇先聘婿"，说明女方在婚姻中的主动地位，不过，到最后，还是"女嫁"而非

---

① 关于这个猜测，如果要论证，需要更多关于这些诗人私人阅读史的材料来揣度他们对屈大均作品的接受程度。笔者提出这一猜测的一个原因是非常凑巧地这些广府诗人都是用了同样的视角乃至措辞，在他们描写的对象的"真实性"被否定的前提下，对于这种现象只能另外寻找解释。这些诗人的共同点是都是广府人士，而且作品的年份集中在19世纪，笔者认为，排除了偶然的"巧合"及诗歌遣词的因袭等情况，大概还要考虑一些别的因素。如把他们作为整体来看，可以"粤人"概括之，也许他们确实存在着共同的身份认知取向，因此在观察澳门"番人"时有着非常相似的视角，而作为这种取向的渊源，大概可以追溯到屈大均的相关作品。关于"粤人"及"广府文化"等现象的讨论，参见程美宝著《地域文化与国家认同：晚清以来"广东文化"观的形成》，生活·读书·新知三联书店，2006，特别是第一及第二章。
② （唐）房玄龄等监修《晋书》卷九十五，列传六十七，"四夷列传·南蛮"。

"男嫁",足见程度上还是有差异的。若两者的思路上是一脉相承的,那么我们也可以认为,中古时期人们看待"南蛮"的风俗与清人看待澳门"番人"时,都从婚姻着手寻找"异于中华"之处,表明了澳门"番人"也被视作是"蛮夷",缺乏教化。此外,笔者以为,这样的结论是建立在假定蛮夷(无论是南蛮还是澳门的"番人")的婚俗是与相关文字描写并无二致的基础上的,否则就无从讨论所谓的教化——即以儒家的伦理来规范化——的问题了。而我们从上文的分析已经看到,就澳门的情况而言,所谓"女婚男嫁"更多的是一种对他者文化的想象而非实情。这样的一种建构,对"番人"男性的地位予以弱化,从而达到了把"番人"文化置于弱势地位(相对于华俗而言)的目的。除了对"番人"婚俗的描写有此功能以外,清人的著述中还通过男女在家庭中地位(特别是经济地位)的对比来对此进行强化。

  作为讨论"女婚男嫁"这一部分的余绪,在笔者搜集资料的过程中,至今尚未在清以前的文献中发现这个词语,或许上述几位诗人应该是居于首创者之列。这个词语在民国以后的文献中得到了"推广使用",特别是近年来的一些著述会有其"身影"。①虽然我们不能据此认为有关澳门的清人诗作有广大的受众,乃至于当中一些词语被今人广泛采用,因为很显然的是,今人对"女婚男嫁"的使用,不过是对"男婚女嫁"的简单倒置。不过,从对他者奇特风俗的描写摇身一变为值得鼓励的婚姻形态的总结,这种情形所表现出来的思维方式的变化,见微知著,社会的变迁也在这些词语的不同语境中得到了体现。

---

① 以笔者在谷歌图书(books.google.com.hk)网站进行关键词搜索所得,提及"女婚男嫁"的基本上是近年来编撰出版的文献,大致分为两类,一类是地方史志,以介绍当地居民奇特的婚俗为主;另外一类是社会学的著作,以讨论未来婚姻形态之走向为主。在两类论述中,基本上都是把"女婚男嫁"等同于入赘婚,与清人对这个词语使用的语境并不相同。

三 "交印"与"番人"婚俗

如果说"女婚男嫁"是对汉语中已有的成语的"信手拈来"进行词序的倒置,在实际使用上加入了隐喻与转喻的修辞色彩,那么同样在清代诗文中被用于形容"澳蕃"婚俗的"交印"一词,则更多的是在旧有词汇的基础上创立"新意"。"交印"一词,早已有之,唐代大诗人白居易《和梦得夏至忆苏州呈卢宾客》诗句有云:"交印君相次,褰帷我在前",① 此处的"交印"谓交出官印,即卸职。而在有关澳门"番人"婚俗的诗文作品中,"交印"的含义有着多样的变化,不过,都与"交出官印"的原意相去甚远。

清初著名的文人尤侗曾著有《佛郎机竹枝词》,其句云:"何事佛前交印去?定婚来乞比丘尼。"诗人自注曰:"婚姻诣佛前相配;以僧为证,谓之交印。"② 此处"交印"指的是在神父的主持下举行婚礼。乾隆《香山县志》对"交印"仪式的全过程有比较详细的描述:

> 贵女贱男,生女则喜。女年及笄,父母与择偶,通知子女。如允从,女则解戒指以定男。媒闻于僧,僧访无故旧之

---

① (清)彭定求等编纂《全唐诗》,扬州诗局版,卷462,第41首。宋朝周辉的《清波杂志》卷七语云:"正、五、九,仕宦者,不交印。"(知不足斋丛书版,卷七,页四)此处的"交印",也是指官员卸任。明人谢肇淛《五杂俎》亦曰:"正、五、九,不上官。自唐以来,有此忌矣。"(卷二,"天之语二",上海书店出版社,2001,第36页)

② (清)尤侗:《西堂全集》,《外国竹枝词》,第12页。《澳门诗词笺注·明清卷》第39页注释(6)认为此句所本乃茅瑞徵《皇明象胥录》,句见该书第五卷,5b,"佛郎机"条,原文如下:"婚娶论财,责女奁赀数倍。无媒妁,诣佛前相配,以僧为证,谓之交印。"崇祯年间刻本,见谢国桢编《国立北平图书馆善本丛书》第一集,商务印书馆,1937,第271页。

亲，方准其匹配。至婚期，媒引男女至庙。僧即面问："你夫妇日后有无怨悔呢？"均曰，无之。僧诵经文，令媒引其齐至女家，设席以待。父母姊妹将女送到男家，亦设席，名曰"交印"。①

这段话在一定程度上是对上文所论及的将澳门"番人"婚姻中的男女权力关系"神话化"的矫正。至少择偶的是父母而非少女本人，婚宴先在女家进行而后移至男家，显然也是对"番人"婚姻乃入赘形式的反驳。但是，"交印"一词在这段话中比较容易引起歧义，它可以指整个婚礼仪式，也可以指教堂典礼之后在男女两家举办的婚宴。若是持前说，那么"交印"具体指的是"女则解戒指以定男"，"印"大概即指"戒指"而言。女方把戒指交给了男方，就等同于古人所言之"交印"了，一些前辈学者即作如是观。② 李遐龄《澳门杂咏》有"交印全凭妇坐衙，客来陪接婿擎茶"③ 句，已经将"交印"直指为结婚了。

细审上引诸种文字，大概在清人有关澳门"番人"婚俗的诗文篇什中，"交印"泛指婚礼，具体是指女方将婚戒交给男方，这两重的意味，应是明白无疑的。但回顾"交印"一词在清以前历史文献中的运用，我们发现，这里面有着歧义。若按白乐天诗歌

---

① （清）暴煜修，李单撰、陈书撰《香山县志》，乾隆十五年（1750）本，卷八，第36页，《濠镜澳》。
② 《澳门诗词笺注·明清卷》，第163页。章文钦认为，陈官《澳门竹枝词》"戒指拈来杂异香，同心结就两鸳鸯"指的是"西洋人的婚礼即交印仪式"。该诗原注："西洋人婚礼，女以戒指授男，通于僧，僧诵经使日后夫妇无怨悔，乃成婚。"陈官的诗注，有提到授戒指及在神父主持下举行婚礼，但是并没有用到"交印"一词，章先生的笺注持论若是，则显然认同"交印"所指即上述两个要素。
③ （清）李遐龄：《勺园诗钞》卷一，《澳门杂咏》七首之五，嘉庆十九年刊本。遐龄，香山人，该诗作于乾隆五十三年（1788），其时诗人寓居澳门。关于该诗的年份考订，参见《澳门诗词笺注·明清卷》，第200页。

中的说法，那么，交印的一方，是卸下职责的人，而接受的一方，才是接力承担职责的人。那么，（准）新娘把戒指交给（准）新郎，表面看来，女方是有主动权的，但是如沿用该词语的"古意"，这分明意味着新娘将权责交给了新郎。但是"贵女贱男""坐衙"等种种说法又表明了女方的重要性，显然，"交印"仅指交授戒指的动作，但在这些作者看来，这个动作没有权力移交的意味。对"交印"一词的采用，到底是所谓的"旧瓶新酒"，抑或是他们彻底地另立新意呢？关于这一点，不仅取决于作者们观察到的澳门"番人"婚俗，更取决于他们对这些婚俗的认知方式。

莎士比亚的喜剧《维洛那二绅士》(*The Two Gentlemen of Verona*) 有一节剧情说的就是茱莉亚（Julia）在送别普洛丢斯（Proteus）的时候，送给他一个戒指，要求对方记住自己。普洛丢斯表示不能自己单方面取得信物，于是也给茱莉亚送了戒指作为交换。① 此情节显然是女方首先给出了戒指，不过要注意的是，这个戒指并不是结婚戒指，甚至连订婚戒指都不是，它充其量是男女定情的信物，而没有婚戒的象征意义。事实上，这个戒指完全没有哪怕象征意义上的约束力，普洛丢斯随后就情倾别的女子，由此才引发了之后的剧情。

在西部欧洲，婚戒并不一定是婚礼的必需品，比如贵格派教徒就认为此物有着异端的渊源，因而拒绝使用。近代初期，天主教徒的婚礼会用到婚戒，不过一般来自男方，是由男方给予女方的，象征着新郎把"他在人世间的所有财富都给予新娘"。② 这个象征意义的来源，在于古罗马时代人们把戒指作为印信及所有权的象征物，同时，戒指也象征着家中的钥匙扣，所以，把戒指给

---

① William Shakespeare, edited by John Dover Wilson, *The Two Gentlemen of Verona* (Cambridge and New York: Cambridge University Press, 1969), p. 21.

② *Popular Mechanics*, February, 1911, p. 232.

新娘，就意味着把家产交给她。① 在欧洲，婚戒的源头可以追溯到基督教合法化之前，"象征着新郎带来的财富以及他在物质上支持妻子的承诺"，② 其在婚仪上的使用，也不限于罗马教廷所控制的地区，在拜占庭帝国境内也曾经盛行。

值得注意的是，由于婚戒上述的象征意义，在大多数的情况下，交出婚戒都是新郎的"事务"。16世纪中叶，在法国的婚礼仪式上，圣坛上的戒指永远都只有一只，而且是由新郎交予新娘的。③ 在上引伍德（Edward J. Wood）有关结婚日的著作中，有专章谈到了婚戒的历史，通篇都是新郎给予新娘婚戒的故事，而无一字提及新娘给予新郎婚戒。④ 围绕着婚戒，还有一些迷信的说法，比如太太是不能丢失婚戒的，因为这会暗示着丈夫的死亡。⑤

---

① Bill Cox and Janie Franz, *The Ultimate Wedding Ceremony Book*（Charleston：Booksurge Publishing, 2007），p. 61。

② Linda Elizabeth Mitchell, *Family Life in the Middle Ages*（Westport：Greenwood Press, 2007），p. 174. 1504 年，法国国王的婚礼上，一个观察者特别指出了婚戒的重要性，认为其不亚于王冠、权杖等物，此处的婚戒，是由法国国王给予王后的。见 Jennifer Carpenter & Sally-Beth MacLean ed., *Power of the Weak：Studies on Medieval Women*（Champaign：University of Illinois Press, 1995），p. 178。

③ 《西方婚姻史》，第 173 页。

④ Wood (1869), pp. 217 - 234. 这一章里面提及了婚戒的历史，与订婚戒指的关系，婚戒上的铭文，有关婚戒的迷信及婚戒与蛋糕等内容。尽管在追溯婚戒历史的时候，Wood 指出了它的埃及渊源及在古罗马时代的风俗，但大概由于语言的关系，他对英国人使用婚戒的历史介绍尤为详细。

⑤ Edward Westermarck, *Short History of Human Marriage*（White Fish：Kessinger Publishing, 2003），p. 188. 此书的最早版本在 1926 年出版。与这种迷信相映成趣的是，结婚戒指成了不少女性亟需钱财时典当的首选，1610 年阿维尼翁的典当铺中 50% 的典当品是女性的首饰，当中以结婚戒指为最大宗，因为婚戒是已婚妇女的私人财产，典当者多数是其持有人，女性在服饰时尚的变更中处于"体系中心的位置"。见 Denial Roche, translated by Brian Pearce, *A History of Everyday Things：the Birth of Consumption in France*, 1600 - 1800（Cambridge and New York：Cambridge University Press, 2000），p. 212. 至少在这些典当婚戒的人看来，婚戒暂时离开自己，是不会影响丈夫的运程的。

至于我们熟知的交换婚戒的做法，在中世纪及近代初期的西欧并不流行，而且，即使交换婚戒，男方也不会长期佩戴，有的论者认为，男士长期佩戴婚戒的做法，是第二次世界大战的产物，是一种"被创造出来的传统"。① 这种说法比较极端，大概是指新教徒对传统的"重拾"而言。宗教改革运动期间，路德和加尔文的改革中就包括了对婚戒的规定，路德不主张对婚戒祝圣，但保留了交换婚戒的仪式，而加尔文则连这个也取消了。② 不过，规定是一回事，实际的做法是另外一回事。19世纪中叶，在布达佩斯的犹太人都已经有了在婚礼上交换婚戒的仪式，而之前他们一直恪守男方买戒指而且仅买一只给女方的做法。③

综上所述，在欧洲的不同历史时期，不同的地区及不同教派的信徒对婚戒的使用有着不同的惯习，但其核心是相同的：婚戒尤其是结婚戒指，是由男方给予女方的，是男方赋予女方在家庭事务中的权利而非相反。

上述风俗，主要指结婚戒指而言。不过，我们从乾隆《香山县志》的记载可以看到，女方给予男方的戒指从功能上说更接近我们今天所说的订婚戒指（betrothal ring）而非结婚戒指（wedding ring）。在13世纪之前，西欧各地只有订婚戒指而没有结婚戒指，据说教皇英诺森三世（Innocent Ⅲ，1198－1216）是导致订婚戒指与结婚戒指分离的始作俑者。他提出，订婚与结婚的日期应有一定间隔，即给予双方充分思考的时间，这样，为了让婚姻有一定的信物作为保障，人们既准备了订婚戒指，然后又准备了结婚戒

---

① Vicki Howard, *Brides, Inc: American Weddings and the Business of Tradition* (Philadelphia: University of Pennsylvania Press, 2006), p. 33.
② Frank C. Senn, *The People's Work: a Social History of the Liturgy* (Minneapolis: Fortress Press, 2010), p. 220.
③ Kinga Frojimovics, Géza Komoróczy, *Jewish Budapest: Monuments, Rites, History* (Budapest: Central European University Press, 1999), p. 154.

指。12世纪末，在西班牙的托莱多（Toledo）一位准新郎向未婚妻许诺给予1/10的财产作为彩礼，外加订婚戒指。同时，他也从未婚妻那里得到了一枚戒指以作为求婚被接受的信物。[1] 可见，订婚戒指的交换是早已有之的。我们也看到有女方主动给予男方戒指的情形，同样是在莎翁的戏剧，这次是《威尼斯商人》。波西亚（Portia）在接受巴珊尼欧（Bassanio）的爱意时，对他说："我在奉献这一切的时候，把戒指给你；你若是有一天和这戒指分离，或是遗失，或是送了人，那便是你的爱情破裂的征兆，我便要借那机会申斥你了。"[2] 对这段文字的解读，非是波西亚的主动意味着她在未来婚姻中的主导地位，而是使波西亚恰如其分地使自己在未来的婚姻中处于"从属"的地位。[3] 毕竟，她要求未婚夫忠诚的前提是建立在自己把财产给予对方的基础上的。

如果戒指被看作是财产移交的信物，那么，似乎欧洲历史上存在的林林总总的婚戒（订婚和结婚）有着多种意味，或者是女方把财产给予了男方，如《威尼斯商人》中所描述的那样；或者是男方把财产给予女方，如大多数情况下表现的那样。但细究其内涵，则未必如是。这当中所谓权利的赋予，是不平等的，《威尼斯商人》中的波西亚奉献一切财产，只为了得到巴珊尼欧的对未来的许诺。而在男方给予女方戒指的情形下，男方给予女方的仅是对家务的管理权而非家庭所有财产的处置权。结合上文提到的婚姻意味着对女子的监管权从父亲转移到丈夫，因此，即使是夫妻双方交

---

[1] Heath Dillard, *Daughter of the Reconquest: Women in Castilian Town Society, 1100 – 1300*, (Cambridge: Cambridge University Press, 1989), p. 59.

[2] 《威尼斯商人》第3幕第1节。见 William Shakespeare, edited by M. M. Mahood, *The Merchant of Venice* (Cambridge: Cambridge University Press, 2003), p. 132。中译参考梁实秋的译本《威尼斯商人》(《中英对照莎士比亚全集》9)，中国广播电视出版社，2001，第113页。

[3] Lisa Jardine, *Reading Shakespeare Historically* (London & New York: Routledge, 1996), p. 56.

换婚戒,也并不意味着对他们而言有着共同的意义。而且,以目前笔者收集的资料来看,女方主动给予戒指的情况,仅存在于戏剧作品中,这也许只是作者为了加强戏剧效果进行的虚构。虽然不能因而否定女方主动给予戒指的可能性,但这并不意味着女方的优势。

或曰,也许澳门诗词中的"交印全凭妇坐衙",也有可能只是指出妇女在婚后掌管家庭事务,未必即是凌驾于丈夫之上也。对此,笔者持怀疑态度,如果仍是"男主外,女主内"的模式,就没有必要引起这些诗人的惊叹,并以"交印"的特殊方式来引起读者对澳门"番人"婚姻模式的遐想,由此突出了"澳番"风俗中"贵女贱男"的一面。何况该诗的末两句是"偶然天主房中宿,便有亲知道上夸",该诗之意味,已然无碍了。那么,这是否是纯然出于诗人的"想象"呢?考虑到诗文文体的特征,不排除有这样的可能性存在,但是这样很可能把问题简单化了。假定诗人对"交印"的描写有想象的成分,那么想象的依据又何在呢?[①] 关于这个问题,也许与对"贵女贱男"现象的强调分不开。

四 "贵女贱男"的建构

如果说"女婚男嫁"一词很可能是到了清代才在有关澳门"番人"婚俗的著作中出现的话,那么,在他们的著作中同样用以描绘"番人"男女关系的"贵女贱男"则有着非常早的渊源。被认为是伪书的《列子》,也许确实不是先秦的作品,但大致在晋朝的时候已经成型,书中提到了一个叫荣启期的九旬老翁,向孔子解释他因何而快乐:"……男女之别,男尊女卑,故以男为贵;吾

[①] 根据 Jean – Paul Sartre 的说法,凡是想象都是有意识的,虚构(imaginary)的形象(image)是对现实的模仿。见 Jean – Paul Sartre, translated by Jonathan Webber, *The Imaginary: a Phenomenological Psychology of the Image* (New York: Routledge, 2004), pp. 5 – 6。

既得为男矣,是二乐也……"① 在不同的版本中,"男尊女卑"亦有作"男贵女贱"的。这句话表明,"男尊女卑"是符合伦常的,因此是人生乐事之一。与之相反,"贵女贱男"就是有悖伦常,应该被视为苦事了。最开始的时候,该词语被用在对所谓"南蛮"的描写上,如上文所引《晋书》所言即是。到了清代,对边疆的少数族裔有类似的描写,乾隆年间,张庆长的《黎岐纪闻》认为黎人是"贱男贵女,有事则女为政"。② 此外,对北方某些地区民风的描写也会用到这个词语,如陆燿《保德风土记》就说,山西西北部的保德州(其辖区即今山西河曲、保德二县。——笔者)"风俗贵女贱男,年十三四即适人。妇人不以再嫁为耻,虽儒家子亦娶以为偶。"③ 保德地区"直北数十里即蒙古萨拉齐地",④ 也许在这位作者看来,该地之奇特风俗与邻近蒙古人聚居的地区有关。值得注意的是,无论是"南蛮"还是靠近蒙古的保德地区,都可以被看作是边缘区域,故而在文化上也具有"离心性",对他们"贵女贱男"风俗的再三描摹,进一步地强化了当地异于"主流"文化的特征。对澳门"番人"的描写,也有着同样的作用。

　　观察家庭中夫妻的关系,以此来判断其所处文化的特殊性,这样的思维方式,非仅中国人所有。19世纪的时候,英国人到伊比利亚半岛国家去旅行,就注意到了在西班牙的一些家庭中,妻子对丈夫的收入有着一定的处置权利:"军官以及那些在政府部门的雇员,被迫要将他们薪水的一大部分——不少于三分之二——

---

① 《列子·天瑞》,又名《冲虚至德真经》第一卷,"天瑞"第一,四部丛刊中,第533册,6b。
② (清)张庆长著《黎岐纪闻》,昭代丛书,己集,"广编五十卷",页三。世楷堂藏版。
③ (清)陆燿:《保德风土记》,见谭其骧主编《清人文集地理类汇编》,浙江人民出版社,1986,第202页。
④ (清)陆燿:《保德风土记》,见谭其骧主编《清人文集地理类汇编》,第201页。

来供养妻子；如果有一半的钱没有自愿给出的话，国库有权力为了此种用途将钱收回。"① 如此说来，貌似这些女性在家庭中经济地位颇高，为了进一步说明她们在家庭中的特殊地位，同一位作者还指出，在这些地区，丈夫出远门必须征得妻子同意，并且留下家用才能离开。万一丈夫逾期不归，妻子可以向法官提出申诉，要求丈夫立即返回，丈夫无论是在智利还是在加利福尼亚，无论生意是否因此告终，都必须遵命。"妻子动嘴皮，丈夫要遵从。"② 这个听起来已经有点传奇色彩了。这段文字的记载，如果是事实，那么我们要注意到，其所适用的家庭，是军官及政府雇员，这些家庭中的丈夫都是在政府处领取薪水，而非公职人员并不在此列。这与其说反映了伊比利亚女性在家庭中经济地位高，不如说她们的家计都未必得到保障，只能通过国家行政手段来对她们的权益加以保障。而国家所能干预的，只有那些吃"皇粮"的人。应该说，这些说法是反证了妻子在家庭中地位并非那么高的证据。至于说妻子向法官要求颁令给逾期不归的丈夫，则只能说明她们在家庭事务中的决定权非常有限，只能通过法律的手段来予以巩固。丈夫在万里之外也必须听命立即返程的说法，有点夸大了，如果他们真的那么听妻子的话，就不必等到法院的裁决才愿意回家了。至于妻子要求他们回家的原因之一，很可能就是家中已经没有余钱了。不过，英国的旅行者把这一点记录下来，说明在他们看来这是比较奇特的风俗，至少在英国人的阐释中，这变成了西班牙的丈夫在家庭事务中的权力受到妻子掣肘的例证。孰是孰非，我们无从定夺，这是一个多重标准的问题。以家庭中夫妻的力量对比，特别是在经济权力上的对比来作为其他族群存在着"奇风异俗"的证据，这样的思路，显然与上述的诸位清朝作者相似。思

---

① Hamilton (1822), p.139.
② Hamilton (1822), p.139.

维取向上的近似不等于相同，我们还是可以看到清代作品中反映出来的对域外文化的想象与重构，较之19世纪英国人的旅行记，在程度上要更为深刻一些。

上文所引屈大均有关澳门民俗的记载，有句云："彼中最重女子。女子持家计。承父赀业。"这句话的意思，被他本人在诗作中归纳为"钱刀在女流"。也就是说，澳门"番人"女子无论是婚前还是婚后，在家庭中都有着重要的地位，主要表现为掌控了家庭的财产权。他的观察，或许有一定的事实根据，但与"女婚男嫁"的说法一样，他看到了事实的某些层面，但又没有深究其因果关系，或者说他固有的思维方式没有将之引向由表入里的探究，使得他将某些现象扩大化，以"想象的现实"（imaginary real）作为"真实的现实"（real real）及"象征的现实"（symbolic real）。[1] 借用拉康的说法，这里的"想象"指的是图像（image）而"象征"指的是文字。[2] 除了屈大均以外，多位清代的诗人都提到了澳门

---

[1] 对"现实"的三分法，来自于Jacques Lacan（拉康）对弗洛伊德关于俄狄浦斯情结（Oedipus complex）的阶段划分的修正。拉康引入了语言学的理论，认为在语言的阶段以前，心理—性的发展存在着一个想象的（imaginary）阶段，而获取语言之后的发展阶段为"象征的"（symbolic）阶段，主体与客体之间没有明显的区分，这两个阶段之间的过程被他称为"镜像阶段"（mirror stage）。婴儿在镜子中对另外一个自我的认识，在以后与他人的接触中，这种虚幻的独立自我的意识得到了加强。见Jacques Lacan, translated by Alan Sheridan, *Écrits: a Selection* (New York: Routledge, 1989), 'The Mirror Stage as Formative of the Function of the I', pp. 1 – 9。拉康在精神分析学领域的这一创见，后来被采用在文学批评领域，对这些关键词的阐释非常多样化，可参见 M. H. Abrams and Geoffrey Galt Harpham, *A Glossary of Literary Terms*（《文学术语汇编》第9版），first China reprint, 外语教学与研究出版社, 2010, pp. 293 – 294。又见 François Dosse, translated by Deborah Glassman, *History of Structuralism: The Rising Sign, 1945 – 1966* (Minneapolis: University of Minnesota Press, 1998), pp. 119 – 120。

[2] Kareen Ror Malone, Stephen R. Friedlander, *The Subject of Lacan: A Lacanian Reader for Psychologists* (New York: State University of New York Press, 2000), p. 190.

"番人"女性在家庭经济事务中的主导地位。当中有一些诗句,可能是从屈大均的"香火归天主,钱刀在女流"衍生而来,如李珠光的"持家蛮妇贵,主教法王尊";① 也有一些诗句并未取法屈翁山,如陈官的"货通胡妇珠为市,(夷俗贵女贱男。凡居货与唐人交关者皆用妇女。——原诗注,笔者)白满莲茎屋作花。"② 又如张琳《澳门竹枝词》中有句曰:"阛阓居奇皆异宝,日中交易女商人",③ 钟启韶在《澳门杂诗十二首》的自注中说:"夷人重女,辄以家赀过半给之。丁男贱若奴隶,娶则家政一禀于妻",④ 把夫妻地位的差异推到了极致。那么,屈大均等清代作者在文字中所表达的"贵女贱男"说所体现出来的"象征的真实"是在何种意象(imago)中发展起来的呢?

就人口结构而言,澳门与葡西等国的大多数殖民地差异比较大的一点是,在很长的一段时间里,在澳门的女性要远多于男性。关于这一点,已有论者进行过专门的探讨。⑤ 早在16世纪,葡萄牙人在印度、澳门等地居留时,就有大量蓄养女奴的习惯。一些

---

① (清)李珠光:《澳门》二首之二,录自《澳门纪略》上卷,"形势篇",第31页。李珠光是香山人,事迹见乾隆《香山县志·选举》。
② (清)陈官:《望濠镜澳》,录自黄绍昌《香山诗略》卷六,第157页。陈官是香山人。该诗的写作年代,据章文钦《澳门诗词笺注·明清卷》考证,当在乾隆十一年至二十四年(1746-1759)之间,见《澳门诗词笺注·明清卷》,第160页。
③ (清)张琳:《玉峰诗钞》卷十五,《澳门竹枝词》七首之五。
④ (清)钟启韶:《听钟楼诗钞》卷三,《澳门杂诗十二首》之七,道光间刊本。钟启韶是广东新会人,诗歌是作者于嘉庆二十一年(1816)游历澳门后所作。
⑤ 参见莱萨《澳门人口:一个混合社会的起源和发展》,澳门《文化杂志》第20期,1994,第118-139页。郭卫东:《清朝的闭关政策与澳门女性社会的发达》,载《文化杂志》中文版第47期,澳门特别行政区政府文化局,2003,第161-172页。朱俊芳:《明清时期澳门人口女性居多现象原因初探》,澳门《文化杂志》第50期,2004,第172-180页。李长森:《明清时期澳门土生族群的形成发展与变迁》,中华书局,2007,第二章"澳门土生族群的人口状况及其血缘混合特点",第111-186页。

耶稣会传教士对此表示深恶痛绝：

> 450 多名买来的女奴乘船去了印度。在最后一艘开往满剌加的大船上，又送走了 200 名最危险和难赶走的女奴。大大摆脱了此种恶习，是为上帝积下的大德……如今印度的葡萄牙人只要有一口饭吃，却豢养了大堆的女子，什么鼓手啊、乐女啊，还有其他难以启口的营生。这在更加富有、却在生活方面节俭的荷兰人看来是笑话，或许是丑闻。①

随着葡萄牙人在亚洲势力的式微，很多葡萄牙人离开了此地，他们从南亚、东南亚等地带来的各式女子有很多人留在了本地，因而到了 17 世纪中后期，澳门的"番人"中，女性的人数已经多于男性。据 1681 年荷兰人的记录，当时澳门平民 3000 – 4000 名，但由 12000 多名女人侍候。② 清朝官方也留意到了这些数据，一方面，澳门的理事官有向广东当局通报人口的情况，③ 另外一方

---

① 金国平编译《西方澳门史料选萃（15 – 16 世纪）》，广东人民出版社，2005，第 240 页。
② 〔葡〕施白蒂著《澳门编年史：16 – 18 世纪》，第 60 页。
③ 中国第一历史档案馆、澳门基金会、暨南大学古籍研究所合编《明清时期澳门问题档案文献汇编（六）》，人民出版社，1999，第 218 页。雍正八年（1730），澳门方面报告的人口数字是"夷人五百十七，夷奴六百六十六，夷妇一千三百九十七，夷婢九百九十九"。此说来自乾隆《香山县志》卷八，"濠镜澳"条，原文作"夷奴六百六十三名"、"夷婢九百九十口"，略有差异，大概是转抄时的错误，但误差不大，可以忽略不计。澳门的理事官向香山知县汇报人口数目，是有相关规定的，可参见刘芳辑、章文钦校《葡萄牙东波塔档案馆藏清代澳门中文档案汇编》（以下简称为《清代澳门中文档案汇编》）上册，第 15 页，"香山知县彭昭麟为奉宪饬查造澳蕃烟户丁口册事下理事官谕"（嘉庆十三年十二月十一日，1809 年 1 月 26 日），澳门基金会，1999。彭昭麟不满意于澳门方面先前的报告中只列出了男女人口的总数而没有细目，要求理事官重新详细造册汇报，可见澳门方面需要对广东的当局报告人口的统计数据。

面，一些基层官员如香山知县等也有加以关注。① "夷少男而多女"② 的情况，到了 19 世纪前期仍没用改变，中外文献均印证了这一点。③ 要指出的是，这些统计都是静态的人口计算，而没有考虑到人口流动的问题。很多澳门的"大西洋"商人长年在外，④ 甚至不是以澳门为常住地，⑤ 但他们在澳门也可能置有家口，这些，就未必被计算在内。另外，一般的统计也不包括葡萄牙方面派驻澳门的军队，⑥ 以及大量随商船到达澳门的船员及游客等人。已有研究者指出，有的数据误将"已婚者"的数字当作所有男性的人

---

① 如香山知县张甄陶就在《澳门图说》中指出："今在澳之夷，约六百余家，每家约三男而五女。"载（清）贺长龄等编纂《皇朝经世文编》卷八十三，"兵政十四·海防上"，光绪刊本，第 50 页。张甄陶的著作中并没用说到"钱刀归女流"的风光，反而指出"今澳夷中已有流为乞丐匪类者，行乞之夷妇尤多，是贫于昔"。虽与屈翁山所说并无矛盾，但亦可见张甄陶对澳门"番人"的观感，与屈翁山之观察，有大相径庭之处。

② （清）贺长龄等编纂《皇朝经世文编》卷八十三，第 51 页。

③ 时任两广总督的阮元和在澳门居留的瑞典商人龙思泰（Anders Ljungstedt）在 1820 – 1830 年间对澳门"番人"人口的报告基本一致。阮元的数据见他在 1823 年的奏折，内称："澳内男夷一千余名，女夷二千余口"，载故宫博物院编《清代外交史料》（道光朝），第一册，第 44 页，《两广总督阮元等奏谕知小西洋嗣后无须带领多船来粤片》。而龙斯泰在 1832 年出版的关于澳门的专著中指出，1830 年时澳门的人口中，有白人男性 1202 人，白人女性 2149 人。Andrew Ljungstedt, *An Historical Sketch of the Portuguese Settlement in China*（Boston: James Munroe & Co., 1836），pp. 27 – 28.

④ 清人陆希言在其著作《澳门记》称："大西洋在极西九万里，人务经商，舟遍环宇。"陆希言于 1680 年底至 1681 年初到达澳门，居停八年后加入耶稣会。陆希言《澳门记》为孤本，藏巴黎法国国立图书馆。此处据金国平《中葡关系史地考证》，澳门基金会，2000，第 243 页。商人长年外出经商的现象，被另一位奉教的文人吴历写入诗中，所谓"夫因重利常为客，每见潮生动别离"即是其写照。诗见《墺中杂咏》三十首之八，载李杕编刻《墨井集》卷三，"三巴集"，宣统元年刊本。

⑤ 张甄陶《澳门图说》曰："又多携赀远出，累岁不归"，贺长龄辑、魏源编《皇朝经世文编》，道光刻本，卷八十三，《兵政十四·海防上》，59a 页。

⑥ 前揭龙斯泰的著作，就指出在 1821 年的统计数据中，不包括"186 名军团成员，也不包括 19 名修士及 45 名修女"。Ljungstedt（1836），p. 27.

数，因而澳门男女人数的对比并不如数字中表现的那样悬殊。① 不管男女人数的对比到底如何，澳门的人口中女多男少的现象在比较长的时间内是不争的事实。

  以上征引的多种资料，均突出了澳门"番人"人口女多男少的现象，有论者认为"这种男女人数间的不均衡，虽然是殖民地中少见的，却正好说明了当地的特征"。② 但女性人数多是一回事，"贵女贱男"又是另外一回事，两者不能等同。清代文人笔下澳门"番人"风俗中"贵女贱男"的说法，很有可能是从澳门女性人口较多的现象来进行判断的结果。也就是说，也许他们是根据女多男少的图景而得出了"贵女贱男"的象征性描述。不过仅凭男女人数对比的差异就判定他们地位的差别，是不够的，清代的文人们需要另外一些证据。在澳门历史上出现的一些重要的女性商人的传奇故事，大概也给他们的说法提供了来源。

  澳门历史上曾经出现过一位重要的女商人，即澳督曼努埃尔·罗郎也（Manuel da Câmara da Noronha）的女儿卡塔琳娜·罗郎也（Maria Catarina de Noronha），她与望加锡（Makassar）的葡萄牙兵头、富商维埃拉·菲格雷多（Francisco Vieira de Figueiredo）结婚。数年以后卡塔琳娜孀居，继承了丈夫的家业，并于1670年返回澳门居住。③ "她的财产和船只帮助澳门在这个世纪的最后30

---

① 李长森：《澳门土生族群的形成发展与变迁》，第112－116页。
② 〔美〕马士著《中华帝国对外关系史》（*The International Relations of the Chinese Empire*: *The Period of Submission*, *1861－1893*）第一卷，张汇文、姚曾廙等合译，上海书店出版社，2000，第51页。
③ 塞亚布拉（Leonor Diaz de Seabra，又名施莉萝）：《佩罗·瓦斯·德·西凯拉：中国南海著名的商人和船主》，澳门《文化杂志》第65期，2008，第12－14页。西凯拉，葡文名为Pêro Vaz de Siqueira，出生于澳门，他父亲的家族是葡萄牙贵族，他曾参加1644年葡萄牙赴日的使团，1670以后才与玛利娅结婚，玛利娅是个寡妇，她的前夫也是澳门当地的富商与船主。从他们结合的事例也大致可以窥探到17世纪后期澳门葡萄牙人的婚姻圈子。

年顽强地生存下来。"① 一个在澳门的困难时期发挥着如此重要作用的女商人，被赋予崇高地位，是再自然不过的事情。"钱刀归女流"的依据似乎已经具备了，但笔者不敢以为是定论，因为屈大均游历澳门的年份至今依然存疑。② 屈大均所言，未必直指卡塔琳娜的个别事例，应是与澳门的"番女"参与家庭经济事务有关的。我们已经在前文肯定了伊比利亚半岛国家的女性有"承父赀业"的传统，不过，"女子持家计"中的"家计"，到底何所指，是颇值得斟酌的。③ 若是指家庭的内部事务，那么在男女缔结婚姻时，男方把戒指交给女方，已经有着交付家务的意味，而且"女主内"与华人所熟悉的传统没有不同，屈大均不必特意记录下来。那么，若是指家庭生计，则我们在澳门的历史上，确实看到有女性经营商业的事例，如卡塔琳娜即是其中较为出名的一个。④ 而卡塔琳娜

---

① 吴志良、汤开建、金国平主编《澳门编年史》，第二卷"清前期（1644－1759）"，广东人民出版社，2009，第620－621页。
② 关于屈大均到澳门的时间，有多种说法，如康熙二十七年（1688）、康熙三年（1664）之前（见汤开建《明清士大夫与澳门》，澳门基金会，1998，第135－157页）、康熙元年（见赵立人《屈大均与澳门》，澳门《文化杂志》，第54期，2005，第103－110页），顺治十五年（1658）或以前（吴志良等《澳门编年史》，第二卷，第569页，注释②），另《澳门诗词笺注·明清卷》将屈大均的《澳门》诗的写作年份定在康熙二十八年（1689），见该书第82页。笔者以为，《澳门编年史》所持顺治十五年或以前之说较为妥当，不过，到澳门游历是一回事，诗歌的写作未必与之同步。因此，《澳门》诗的写作，当在屈大均游历澳门到《翁山诗外》定稿之间，那么就有可能在卡塔琳娜回澳门定居之前，也可能在那之后。
③ 罗竹风主编《汉语大词典》第三卷，汉语大词典出版社，1989，第1457页。对"家计"一词的释义分别为：1. 关于家事的打算，引申为家庭事务；2. 家庭生计；3. 家产、家财；4. 犹言各自独立安排策划。显然，最后一说与屈大均所言的本意不相符合。
④ 《佩罗·瓦斯·德·西凯拉：中国南海著名的商人和船主》一文称，卡塔琳娜和她妹妹的丈夫西凯拉（吴志良《澳门编年史》称之为施基拿，第621页）是17世纪末"澳门仅有的船主（不多的，仅有五家而已）之一"。见澳门《文化杂志》第65期，2008，第15页。此文的翻译称卡塔琳娜为西凯拉的"嫂子"，误，应称为"大姨子"。

的妹妹玛利娅（Maria de Noronha）也曾经拥有自己的商船。① 但要指出的是，这两位出身显赫的姐妹，她们主持"家计"的时间，都是在丈夫去世之后。卡塔琳娜是因为没有子嗣，故自行经营，并且，她指定了妹夫西凯拉为其遗产继承人；② 玛利娅有儿子，就是曾经担任澳门兵头的安东尼奥（António），所以她很快就把船只的所有权转给了自己的儿子。至于家计指家产，从玛利娅的例子我们可以看到，对于丈夫的财产，妻子不能永久占据。而且家庭生计与家财不能完全剥离处理，因此，女性独立处理家计的情况，是有着多种具体现实条件的局限的。一般而言，只有在父亲或者丈夫缺位的情况下，这些"夷妇"才能全面地接管家庭的经济事务。③

---

① 《佩罗·瓦斯·德·西凯拉：中国南海著名的商人和船主》，澳门《文化杂志》第 65 期，2008，第 16 页。玛利娅是商人西凯拉的妻子，澳门相关记录中她拥有船只的年份在 1710 年，而她的丈夫西凯拉在 1703 年去世。

② 据吴志良《澳门编年史》第二卷，第 729 页，卡塔琳娜在 1701 年去世，全部财产归施基拿所有，也就是说，虽然卡塔琳娜与玛利娅才是直系亲属，但是在安排继承人次序的时候，玛利娅的丈夫有着优先的地位。我们另外还可以看到一个例子，女性虽然有继承权，但是在澳门有很多孤女是根本没有财产可继承的，比如 1727 年，仁慈堂收容所的三位孤女要求议事会为她们置办嫁妆，她们的父亲去世前有任法官的，也有的是议事会的前任官员，但是连嫁妆都没有为女儿留下来。事见吴志良《澳门编年史》第二卷，第 868 页。此处的三个女子已经言明是孤女了，对父亲的遗产应该有比较大的继承权限，但是究竟是她们的父亲留下的财产非常不足够，还是因为那些财产被别的人拿去经营了，就不得而知了。

③ 这里所指的"缺位"，不一定是指"夷妇"或"夷女"的父亲或丈夫去世的情况，也可能是长期出门在外。在这两种情况下，女性都有为家庭事业出面的机会，笔者翻检《清代澳门中文档案汇编》，发现女性出现在上面主要涉及各类诉讼案件，大致有以下几种情况：(1) 关于房屋租务的诉讼。例见该书上册，第 263 页，"署香山县丞王为饬查蕃妇腊度与黄亚秋租屋纠纷事下理事官谕"（嘉庆七年四月二十九日，1802 年 5 月 30 日）；第 282-283 页，"理事官为将林述苍霸据铺屋给还蕃妇呈清朝官员禀稿"（嘉庆二十年，1815），禀稿内称"且该夷妇年老，并无儿子，总靠此铺聊生"，大致可知其为孀妇。(2) 关于钱债的诉讼，上册，第 285-286 页，关于蕃妇吗哩呀与望厦村民林氏的欠债纠纷，吗哩呀就是在丈夫外出期间向林氏借债的，事见乾隆五十六年十二月（1792 年 1 月）。(3) 失窃案，上册，第 309 页，"香山县丞朱鸣和为蕃妇理达禀控买办郑

至若是"郎趁哥斯万里间",① 丈夫外出的情况下,妻子处理在澳门商号的业务,虽然她们参与了商业的经营,但是这种经营模式,要得出"彼中最重女子"的结论,恐怕只能流于表面,未能入里,至于"贵女贱男",更是没有足够的说服力。

澳门的"番人",对于自己社会中家庭关系,也有"拍案惊奇"之慨。不过,他们的诠释,与清朝的文人们有着很大的不同。1793 年 1 月,澳门主教马塞利诺·施利华(Marcelino José da Silva)向葡印总督递交公文,谴责澳门社会存在的伤风败俗的状况:

> ……就是这些粗野的人,他们不顾天主的规定和人类的法律,与他们自己的妻子接触,又将她们借给住在那里的几个外国人和蹂躏与糟蹋她们的另外一些人。许多做父母的让自己的女儿或收养的孩子做这种事;叔、伯、兄弟与他们的姊妹、甥女之间乱伦,而这种厚颜无耻和不要脸的行径竟然达到当某个外国人不愿意接受一向以来向他提供的女人时,做丈夫的竟激怒到拔剑欲与那个外国人决斗的程度……②

周信偷窃事下理事官谕"(乾隆五十八年五月十九日,1793 年 6 月 26 日);第 315 页,"香山县丞吴兆晋为吕亚蒂偷窃蕃妇唛喀衣物认领事行理事官札"(嘉庆八年四月二十五日,1803 年 6 月 14 日)。我们很难判断这些案例里面那些"蕃妇"的婚姻状态,不过可以看到,在女性人口占多数的情况下,"蕃妇"涉讼的比例并不高,而且档案中涉及经济活动的部分,基本没有见到女性的踪迹,因此,说蕃妇"持家计",乃至于"货通胡妇珠为市",是值得存疑的。

① (清)廖赤麟:《澳门竹枝词》十首之八,载《湛华堂佚稿》卷一,同治刊本。"哥斯",据章文钦的笺注,指的是印度西海岸葡属果阿等地,见《澳门诗词笺注·明清卷》,第 120 页。

② 吴志良:《澳门编年史》第三卷,第 1186–1187 页。关于澳门的妓业,笔者将在另章进行讨论。该卷的编者以为这是"澳门葡萄牙妇女伤风败俗、淫乱放荡之情况",似乎扭曲了施利华文中的原意,施利华在公文中指责的对象,是那些强迫自己的妻子或者女儿去卖淫的男性,包括几位被他点名控诉的军人,而妇女是被"借给"外国人的,是被"蹂躏和糟蹋"的。显然女性在施利华的陈述中不是主要的批评对象。这与该卷编者所征引的中文诗歌中反映的状况,有着不同的语境。另外,被施利华点名的,都是驻澳门的军官,这可能与澳门教会方面与驻军的矛盾有关,也可能是因为军官属于从国家领取薪俸的阶层,如果他们的行为不检点,葡印总督有对其进行谴责规范的权力。

"女婚男嫁"与"贵女贱男"

这些被丈夫或者父母逼着去卖淫的女性，与上文提到的女船主卡塔琳娜，当然有着不同的处境，我们不能因为她们的尴尬处境就彻底否认澳门"番人"群体中也许有着"贵女贱男"的情形存在。不过，如果像李遐龄诗中所说的那样，"偶然天主房中宿，便有亲知道上夸"体现的是"交印全凭妇坐衙"的异于中华的风俗，虽然都是指女性生活的淫乱，但是对这种现象的阐释，却是互相抵牾的。中国文人也注意到了澳门"番人"中妻子与别的男性维持不正常关系的现象，姚元之《竹叶亭杂记》云：

> 又其俗男子不得置妾，不得与外妇私，其妇约束极严。而妇人随所爱私之，其夫不敢过问。若其夫偶回本国，往来须时，必托一友主其家。其友三四日一过宿，若逾多日不至，妇则寻至，责以疏阔。其夫归问友之往来疏密，密者即为好友，疏则不与之交矣。习俗所尚，全与礼教相反。此天之所以别华、夷也。①

此处所言，如若属实，当也是被施利华所指责的对象。不过，在施利华那里，这是男性所犯下的违背天主与法律的罪恶，而到了姚元之笔下，这俨然成为了妇女在家中地位超然，丈夫甚至委曲求全的例证，并为之贴上了"全与礼教相反"的标签。在此，并没有必要指责姚元之固守"礼教"，甚乃将责任推到了女性的身上是"歪曲"事实，因为这种现象在姚元之看来，就是"事实"——他的判断与澳门社会的现象有着契合之处。在笔者看来，这应算是一种"想象"的现实。且毋论这种"想象"的现实是亲身观察而来的还是从他人的著作中描摹而来的，当这些清代的文人透过"想象"的现实进行观照时，他们看到的不是澳门的"番人"究竟如何，而是在"儒家"传统下成长起

---

① （清）姚元之撰《竹叶亭杂记》，李解民点校，中华书局，2007，第92页。姚元之生于1776年（乾隆四十一年），卒于1852年（咸丰二年），其书中所记澳门的状况，与施利华的时代，相差并不久远。

来的他们自己,因此,他们想到的是"礼教",并用之作为与澳门"番人"的参照物。从这个角度看来,他们作品中所表达的意味,对自我的肯定成分要多于对"澳夷"的否定。

清人眼中的澳门"番人"中存在的"贵女贱男"的现象,从其措辞上看,有着历史的渊源,也就是说他们借用了前人所使用的象征方式;从其内涵上看,更多的是清人将自身的认知投映到了澳门的"番人"身上,以自身的图景来想象澳门的情形,从而造成了认知上的曲解。

如果说澳门"番人"本来就是一个过于宽泛的概念,完全忽略了族群、宗教及时代的差异的话,那么"清人"这个概念未尝不是如此,这些"清人"的来源地、家世、教育背景、从事的行业及交往人群乃至于他们的阅读经验等也被笔者以便宜行事的笔法给抛诸脑后了,而这些方面的因素,均会影响到"清人"对澳门"番人"性别权力关系的认知。对诗文体裁的强调,也使本文的某些立论有着偏向性。诗歌的吟咏着重于用典,大量的描写与其说是对见闻的实录以及直抒胸臆,不如说是对前人的重复,虽然诗歌的辞藻有差异,但几乎如同一辙的陈述方式,无法让人信服这是反复推敲的结果。重复是毋庸置疑的,问题是他们为什么而重复?除了有用典的需要以外,是否还意味着他们对澳门"番人"的性别权力关系的认知有着共同的取向呢?也就是说,这当中存在着某种共性?[1]

---

[1] 法国哲学家德勒兹(Gilles Deleuze)在 *Difference & Repetition*(《差异与重复》)一书中指出:"重复不是一般性(generality)。重复与一般性必须在数个方面予以区分。"他认为,"假如说共性的标准是交换,那么重复的标准就是偷窃与赠予(gift)。因此,这就是两者在经济上的(economic)区别。"见该书(Paul Patton translated, Berkeley and Los Angeles: Columbia University Press, 1994)第1页。对此,笔者也犹豫不决,不知道是否可以引以为据,认为清代诗人在"女婚男嫁"及"贵女贱男"等措辞上的重复,与一般性还是有差别的。因为这些诗人在引用前人的典故时,不见得有真正思想上的交流,即他们只是沿用相关的辞藻而无共享共同的内涵。

文化的想象往往建立在文化的记忆上，清朝诗人在对澳门的"番人"婚俗及男女性别关系的观察中所产生的想象，很大程度上是基于文化记忆中对异文化进行"他者"塑造的思维取向。而他们对于澳门"番人"的观察，其实看到的是自我主体文化的"镜像"。诗人们将自身文化的要素通过想象的空间转移到了澳门的实在空间，从诗歌的主题及遣词的反复，我们可以认为，这不仅是他们个人的想象的再现（representation），而且是社会的想象。但这种想象及再现，不等于是说澳门的社会，在诗人的想象之下，不过是对历史认知的某种复制。根据法国哲学家卡斯特瑞亚迪斯（Cornelius Castoriadis）认为，"对社会的想象……塑造了每个历史时期独特的生存方式"，正是有了想象，才使得每个社会具有独特性。[①] 也就是说，澳门的独特性，与这种观者的想象有着密切的联系。当然，由于这种独特性某种程度上是文化记忆的再现，那么也可以认为，澳门的空间是这种再现投射的场所，镜像的特性，使得"事实"不再成为讨论的核心了。在这样"社会—历史"的框架下，澳门的文化层累日趋多样化。

[①] Cornelius Castoriadis, translated by Kathleen Blamey, *The Imaginary Institution of Society* (Cambridge: Polity Press, 1997), p. 151.

"百千夷女纷成群"*与"谁料人多张丽华"**

——清人作品中所见澳门女性

周 湘

前文已经提到,清代澳门社会在很长的时间里面,男女比例严重失调,清人已经指出了"夷少男而多女"的特殊现象。所以,清代的诗人才会在礼拜日的教堂门前看到"百千夷女纷成群"的景象,而其背后隐含的意味,当然就是"夷人"男性数目之零落了。对于这种现象形成的原因,已有若干的研究进行了条缕分析,[①]

---

* 句出蔡显原诗作《听西洋夷女操洋琴(有序)》,见氏著《铭心书屋诗钞》卷二,同治年间刻本。蔡显原为香山人,嘉庆二十一年(1816)举人,曾于道光七年(1827)游历澳门,为编撰《香山县志》中有关海防的部分进行实地考察。

** 句出梁鸾翔诗作《澳门竹枝词四首》之一,见氏著《虫鸣集》,1933年铅印本,第27页。梁鸾翔为广东阳江人,无功名,长年课徒自足。据章文钦考订,该诗作于光绪二十四年(1898),参见章文钦《澳门诗词笺注·晚清卷》,澳门文化局,2002,第201页。章氏的笺注,认为句中的"张丽华"指的是"容颜妖冶的妓女",见《澳门诗词笺注·晚清卷》,第200页。

① 参见〔葡〕莱萨《澳门人口:一个混合社会的起源和发展》,澳门《文化杂志》第20期,1994,第118-139页。郭卫东:《清朝的闭关政策与澳门女性社会的发达》,澳门《文化杂志》第47期,澳门文化局,2003,第161-172页。朱俊芳:《明清时期澳门人口女性居多现象原因初探》,澳门《文化杂志》第50期,2004,第172-180页。李长森:《明清时期澳门土生族群的形成发展与变迁》,中华书局,2007,第二章《澳门土生族群的人口状况及其血缘混合特点》,第111-186页。

此处将不作为探讨的重点。在此，笔者分析清人诗文作品中涉及澳门性别现象的部分，以见清人对澳门女性的认知。

一 澳门"夷女"发饰之华夷视角

此处之"澳门女性"，乃指文献中所称之"夷妇（女）""蛮妇（女）"或"番妇（女）"而言，即今人所言之"外国女性"。然则要分辨她们的族群归属，并不能仅凭外貌而判定之。就清代而言，在澳门居住的所谓葡萄牙女性，其实只有极少数是从葡萄牙来的，[①] 来自欧洲的女性同样很少，很多女子是中国"妹仔"与帝汶女奴。[②] 不过，无论是"妹仔"还是女奴，都不是这些诗人吟咏的对象，尽管在前往教堂礼拜的女性当中，也许并不缺少亚洲面孔的女性教徒，[③] 但到了诗人的笔下，就是"百千夷女纷成群"，非"夷女"的人群，被自动"过滤"掉了。或曰，那些日本婢女、

---

① 〔葡〕阿马罗（Ana Maria Amaro）著《大地之子——澳门土生葡人研究》，金国平译，澳门《文化杂志》第 20 期，1994，第 12 页。在葡萄牙人据澳门的早期阶段，葡萄牙当局是禁止其女性从葡萄牙前往亚洲各个居住地的。其后，虽然这项禁令没有得到严格的执行，但从澳门历次的人口数据我们可以看到，相对于数目较大的女性人口而言，真正的葡萄牙女性是非常少的。据一个居留澳门的方济各会士称，1745 年的时候，澳门的人口中，从葡萄牙来的葡人只有 90 人，考虑到 90 人当中有相当比例的人口是男性，则女性人数之少，可想而知。见〔葡〕施白蒂（Beatriz Basto da Silva）著《澳门编年史》，第 134 - 135 页。

② 吴志良、汤开建、金国平主编《澳门编年史》第二卷"清前期（1644 - 1759）"，广东人民出版社，2009，第 956 页。这些"妹仔"，除了在澳门的中外富户家中服务外，也有被贩运到其他港口的，阿马罗认为，这种贩卖女奴的行为，也许到 19 世纪末才告终。见《大地之子》，澳门《文化杂志》第 20 期，第 13 页。

③ 吴志良等《澳门编年史》第二卷，第 946 页。据 1745 年的一份文献称，在澳门的华人有 8000 人，约有 4000 人为基督徒，另外，还有一些"亚洲皈依天主教的非中国教徒"。

帝汶女奴乃至于从印度等地来的女性，在清人眼中，也可以用"夷女"一言以蔽之。此说不谬，却不符合我们看到的这些清人诗文的语境，否则诗人也不会即时澄清说"西夷久住风貌变，只有妆束仍夷人"，① 意即这"百千夷女"是"西夷"也。在他们看来，在"风貌"已不能依据时，着装就成为了分辨族属的标准。因此，清人在观察澳门的女性时，应是先观其貌，然后再看其服饰。在未必有直接沟通的情况下，视觉的认知无疑是最直观的。

诗文作品对"夷女"外貌的描写，不是全身的肖像画，碍于文字的表现力，要是从头到脚一一道来，就失去其意趣了。那么，诗文中对澳门"夷女"之"风貌"，侧重表达的是哪些方面呢？清诗中有以"异服殊形"来概括澳门"夷人"的外观，② 清人诗歌中有描写"夷女"裙装的，如"蛮妇帬叠摺"③ "约胸结项束寒玉，裳衣薄蹩湘波纹"④ 等，也有描写男性着装的，如"短毳衣衫革屦轻"⑤ 即是。以笔者所见，对女性着装描写的诗句要多于对男性方面的描写，可见诗人们的关注点还是有偏向性的。而笔者以为，最有意趣者，当数清诗中对澳门"夷女"的发饰的描写。下文即试以"夷女"的发饰为例来看清代诗文中对澳门"夷女"风

---

① 句出蔡显原诗作《听西洋夷女操洋琴（有序）》，见氏著《铭心书屋诗钞》卷二，同治间刻本。蔡显原为香山人，嘉庆二十一年（1816）举人，曾于道光七年（1827）游历澳门，为编撰《香山县志》中有关海防的部分进行实地考察。

② （清）冯公亮：《澳门歌》，录自冯询辑《冯氏清芬集》，光绪刊本，《白兰堂诗选》，第35页。冯公亮为广东南海人，主要活跃于康熙末年到乾隆初年期间。

③ （清）钟启韶：《澳门杂诗十二首（并序）》之第五首，录自氏著《听钟楼诗钞》卷三。据诗序，这组诗歌描写的是诗人于嘉庆丙子年十二月（1817年初）在澳门的见闻。

④ （清）蔡显原：《听西洋夷女操洋琴（有序）》。

⑤ （清）吴历：《墨井集》，卷三《三巴集》之《墺中杂咏》三十首之六，宣统元年刊本。

貌描绘中的虚与实。

澳门"夷女"的服饰，最为清代文人关注的，是她们的头饰。屈大均《澳门》组诗中即有"宝髻白蛮娘"之句，①"宝髻"指的是华丽的发饰。"夷女"的头饰显然给屈翁山留下了相当深刻的印象，在《广东新语》中，他也用了同样的词汇描写澳门"夷女"的着装："美者宝髻华褊，五色相错，然眼亦微碧。"②"然"字的使用，含语义上的转折。不知翁山先生对"夷女"眼睛的碧色作何想，到底是认为碧色的眼睛与其美貌不相称呢，还是与其华美的服饰不相称呢，抑或是眼睛的碧色不够深邃，不能体现西夷外貌的特征呢？总之在他看来，大有违和之慨，亦可见他对于西洋"夷女"的外貌，自有一套评判高低的标准。《澳门纪略》中称澳门"夷女""出则以锦帕蒙诸首，谓之巾缦。"③屈翁山屡次提及的宝髻，应当就是用以蒙首的"巾缦"。清代中叶，有若干诗人在其作品中提到了澳门妇女的这种头饰。

曾任行商的叶廷勋有《于役澳门纪事十五首》之作，其中第五首亦是描写澳门女性礼拜时的情形，诗云：

> 缠头花帽影偏伶，信步齐登礼拜亭。
> 怪得西洋称佛国，念珠牢记诵心经。④

张琳《澳门竹枝词》也写到了"夷女"的头饰：

---

① （清）屈大均：《翁山诗外》，清初刊本，卷九，《澳门》六首之四，46a。
② （清）屈大均：《广东新语》卷二，"澳门"，中华书局，2010，上册，第38页。
③ （清）印光任、张汝霖著，赵春晨校注《澳门纪略校注》，卷下《澳蕃篇（诸蕃附）》，第145页。
④ 叶廷勋为广东南海人，嘉庆元年（1796）承充行商。《梅花书屋诗钞》，道光刊本，卷四。据章文钦考订，这组诗歌的写作年代当在乾隆五十四年（1789）之前。见章文钦《澳门诗词笺注·明清卷》，澳门文化局，2002，第194页。

>   少妇朝昏进愿香,宝鬘锦襦斗新妆。
>
>   娉婷同到三巴寺,笑愿生儿仗法王。(寺奉耶稣天主,僧号法王者司其教。男女朝夕礼拜。女惟法王所欲,与法王生子则贵重。)①

金采香《澳门夷妇拜庙诗》如是描写"夷妇"的头饰:

>   颊泛红潮艳似花,盈盈秋水玉无瑕。
>
>   青纱盖却春风面,步障何须仿谢家?(夷妇往来行路,俱以青纱一方覆身首,有古者施步障遗意。)②

"缠头花帽"与覆面的青纱应指功能相同的物什,花帽大致是比较华丽的,青纱则比较朴实严谨,不过,诗歌在写实的同时又在用典,因此不必强作分野。宝鬘比较费解,不知道具体指的是华丽的发髻还是发饰,结合上文,笔者认为应该就是指蒙头的巾缦。早期来自欧洲的商人旅行者在他们的著作中也提到了澳门妇女的头纱:"他们的女人如同果阿女人一样穿着长裙和披风,披风从头披起,长裙从腰间垂至脚面,脚上穿着平底拖鞋。这就是澳门妇女最初的服饰。"③ 同一个观察者还指出,富有的女性出门的时候都乘坐轿子,"但如果她们不乘坐轿子,则很难从外表上分辨出谁是女主人,谁是佣人或者奴隶,因为她们都盖得严严实实,

---

① (清)张琳:《玉峰诗钞》卷一五,《澳门竹枝词》七首之六。
② 录自清人方恒泰《橡坪诗话》,道光刊本,卷九,八首之四。金采香为杭州人,该组诗歌具体写作年代待考,据《澳门诗词笺注·明清卷》第327页,章文钦认为诗歌"必定作于道光十四年底(1835年初)三巴寺被焚毁之前"。
③ 〔葡〕安娜·玛利亚·阿马罗著《澳门妇女:据16-19世纪旅行家的记载》,田光明译,澳门《文化杂志》第17期,1993,第95页。此说来自英国商人彼得·蒙第(Peter Mundy),他于1635年7月来到澳门,在澳门大概逗留了半年的时间。引文中的"长裙",原书中作 sherazzees,疑即纱丽;"披风",原书作 lunghees,应即是 lungi,这个词指的是大块的布料,可以用作头巾、

"百千夷女纷成群"与"谁料人多张丽华"

只是女主人的长裙布料质地更好"。① "夷女"以巾缦蒙首的做法，并非她们在澳门的独创，而是从果阿传过来的风俗，究其渊源，除了可能有来自伊比利亚半岛国家的影响外，也不排除印度本身的服装式样给澳门居民带来的灵感。不过，到了清代中叶，清人的著作中已经注意到，这种"锦帕"或"巾缦"的使用，在"大西洋国夷妇"身上反而不如"小西洋国夷妇"那般显眼。《皇清职贡图》记载了大小西洋诸国男女服饰，其中，大西洋国夷妇"螺发为髻，领悬金珠宝石，上衣下裳，用锦帕覆背，谓之巾缦"。②此段文字，异于《澳门纪略》者，在于锦帕一为"蒙首"，一为"覆背"。考虑到两本著作的成书年代相去不远，③这当中未必有辗转抄袭的行为。笔者揣度，《皇清职贡图》的撰稿人称巾缦"覆背"的依据，当在有关的绘图（图1）。不过，这里的甄别存在着困难，就是如何认定"大西洋国夷妇"的具体所指，该书的图解本身亦是语焉不详。④《皇清职贡图》中提到了"小西洋国夷妇"

披肩及纱笼等。见 Peter Mundy, *Travels of Peter Mundy in Europe and Asia*（London: Hakluyt Society, 1919), vol. Ⅲ, p. 269。在紧随这段文字的插图中，我们可以看到这种 sherazzee 的式样，不过比较有意思的是，蒙第本人绘画的插图，其图片说明上写的是 China Women（中国妇女），大概他把在澳门所见到的女子都看作是"中国妇女"了。

① 〔葡〕安娜·玛利亚·阿马罗著《澳门妇女：据 16-19 世纪旅行家的记载》，澳门《文化杂志》第 17 期，1993，第 95 页。
② （清）傅恒、董诰等编著《皇清职贡图》，辽沈出版社，1991，卷一，第 81 页，"大西洋夷人""大西洋夷妇"图解。
③ 《皇清职贡图》于乾隆十六年（1751）至二十二年（1757）完成前七卷，乾隆二十八年（1763）续成一卷，加上卷首，共九卷。《澳门纪略》最终定稿于乾隆十六年，初次刻印的年份不详，当在此年之后不久。
④ 《皇清职贡图》卷一，第 81 页，该图解提到了利玛窦，以为他来自的国度"意大里亚"就是西洋，然后又提到了"意大里亚教化王"，即罗马教廷，接下来指出雍正五年（1727）"博尔都葛尔亚国来贡"，这指的是葡萄牙派往中国的麦德乐（Alexandre Metello de Sousa e Menezes）使团。由此足见，清人对大西洋国的具体所指也未必清楚明了。

的着装是："青帕蒙首，着长衣，围锦幅于前，折袖革履。"① 将该幅绘图（图2）与彼得·蒙第著作中的澳门女性服饰插图（图3）进行对比，我们会发现，"小西洋国夷妇"的服饰样式更接近于澳门女性服装，即巾缦是蒙首而非覆背。而且，巾缦是披在"拱戴"之上而不是直接披在发髻上的（见下文）。19世纪上半叶，英国画家钱纳利（George Chinnery）在澳门画的一幅葡萄牙妇女背影的速写，② 表明直到此时，澳门的"夷女"着装仍以巾缦蒙首。

对于澳门妇女的巾缦，天主教会的神职人员有着非常不一样的看法。1779年4月1日，澳门主教亚历山大·吉马良斯（D. Alexandre da Silva Pedrosa Guimarães，又称祁主教）出版了他撰写的《牧师论》，攻击澳门女子的着装："无论何等地位的女人都一概如此，实属罕见；她们再不能穿'拱戴'进入任何寺庙，肮脏丑陋，捆在头上。"③ 主教的说法引起了澳门社会人士的极大不满，他们在一周之后就递交了一份100多页的长文进行申诉。他们指出，在果阿，女人们穿萨里服，④ 包住头，与葡萄牙

---

① 《皇清职贡图》卷一，第101页。
② 该幅速写具体创造年代不详，画纸大小为7.5厘米×5.5厘米，出现在2011年英国的一次拍卖会上，速写名称为"Study of a Portuguese Woman, Macao"。网址：URL：http：//www.arcadja.com/auctions/en/chinnery_george/artist/5623/，浏览时间为2012年1月12日。
③ 〔葡〕施白蒂（Beatriz A. O. Basto da Silva）著《澳门编年史》，小雨译，澳门基金会，1995，第175页。吴志良等《澳门编年史》第三卷1094页撷取了此段，不过将亚历山大·吉马良斯译为佩德罗萨·吉马良斯，另外，《牧师论》改译为《神父论》，"寺庙"改为"教堂"。
④ 即纱丽（saris）。直到19世纪，在果阿的本地地主阶层当中，女性依然以穿着纱丽或者短袍（bajus）为主，bajus是上层妇女的服装。如果是天主教徒，上教堂时会穿上长披风（hol）。而葡萄牙式样的女服在本土人群中并不流行。见Fátima da Silva Gracias, *Health and Hygiene in Colonial Goa, 1510 – 1961* (New Delhi: Concept Publishing Company), 1994, p. 34. 很多果阿本地的妇女在皈依

"百千夷女纷成群"与"谁料人多张丽华"

服装不同;① 在葡萄牙的美洲领地,女人们用床单裹身,以布缠头。事实上,在澳门的本土人士对祁主教的言论提出抗议之时,果阿的上层女性服装正在日益向葡萄牙的式样靠拢。澳门妇女的"拱戴"是"用纸做的衬,在头上垫起三指高的尖状突出物。用布包裹,可以用绳把披巾固定住(披巾为细棉织物,套在短上衣外)。"② 有意思的是,这些绅士们的抗议,立足点不是为了证明澳门妇女服饰之葡萄牙渊源,而是要证明在葡萄牙人的各处居留地的人们有选择自己服饰的权利,而无须对葡萄牙本土的着装亦步亦趋。他们还指出,这种装束历史久远,达两三个世纪之久,没有理由视之为"丑陋或罪孽"。并且,主教的言论对女性造成了很多的困扰,很多人"在教堂前地裸露,许多妇女因无衣服不再去做圣事,并提出抗议"。③ 于是,尽管祁主教提出了如此尖锐的批评,澳门女性依然保留了"拱戴"的头饰直到19世纪中叶以后。

依了天主教以后,依然保留民族服装,事实上,果阿当局曾要求本土基督徒及来自亚洲其他地方的基督徒要在穿着上与来自欧洲的基督徒区别开来,不过该项禁令仅见于早期,后来已成一纸具文。见 Délio Jacinto de Mendonça, *Conversions and Citizenry: Goa under Portugal, 1510–1610* (New Delhi: Concept Publishing House, 2002), pp. 174–175。在果阿的一些神职人员看来,皈依天主教的妇女或者葡萄牙人娶的本地太太,衣着华丽地坐在众多奴隶跟随的轿子上去教堂,是一种有违教会勤俭主张的做法,而且,除了去教堂以外,这些女性教徒极少参与其他宗教活动。Mendonça (2002), p. 360。

① 19世纪前期,法国人 Denis Louis Cottineau de Kloguen 在他的著作中谈到,富有或者衣食无忧的女性,"按照真正的欧洲式样穿着……当她们外出时,披上又大又厚的面纱"。见 *A Historical Sketch of Goa: the Metropolis of the Portuguese Settlements in India* (Madras: Gazette Press, 1831), pp. 174–175。1878年出版的一本关于果阿的著作,作者 José Nicolau da Fonseca 指出,虽然本土的女性基督徒当中,不少人还是穿着传统的印度服装纱丽,但是,越来越多的富有且受教育的人群开始穿着欧式的服装。见 *A Historical and Archaeological Sketch of the City of Goa* (first publish: Bombay, 1878), Asia Educational Services reprinted (Delhi: Subham Offset Press, 2001), pp. 13–14。
② 〔葡〕施白蒂:《澳门编年史》,第175页。
③ 〔葡〕施白蒂:《澳门编年史》,第176页。

蠔镜映西潮：屏蔽与缓冲中的清代澳门中西交流

图 1 "大西洋国夷妇"

资料来源：《皇清职贡图》卷一，第 79 页。

"百千夷女纷成群"与"谁料人多张丽华"

图 2 "小西洋国夷妇"

资料来源:《皇清职贡图》卷一,第 100 页。

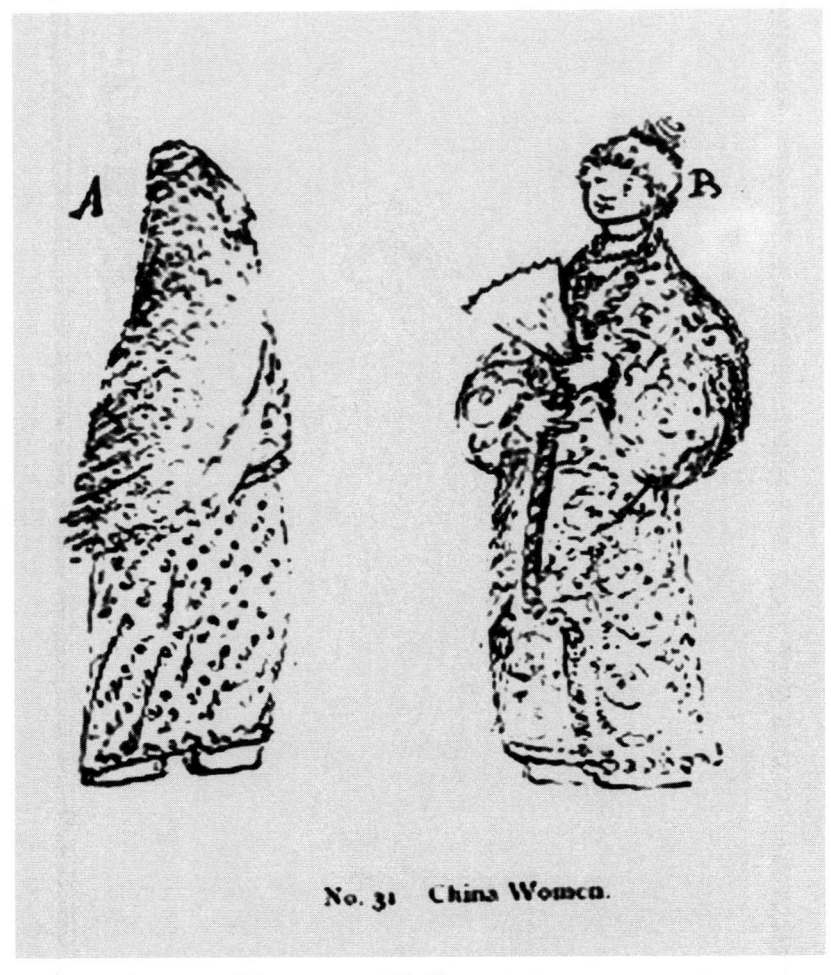

蠔鏡映西潮：屏蔽与缓冲中的清代澳门中西交流

图3 "中国妇女"（China Woman）

资料来源：Peter Mundy, *Travels of Peter Mundy in Europe and Asia*（London：Hakluyt Society, 1919), vol. Ⅲ, 第 270 - 271 页夹页, "图版 31"。

从这场争论中,我们可以知道若干的信息。

1. 澳门妇女的头饰(拱戴),即令有其伊比利亚半岛的渊源,但到了 18 世纪中叶,已经被来自欧洲的居留者看作是澳门本土特色的着装。因此,上引清代文献所描写的"西洋"服饰,充其量不过是欧洲服饰在澳门本土的一种调适的产物。其所谓渊源邈不可追,因此,"固守传统"的诉求在一定程度上是只是为了证明澳门普通天主教众的某些行为的"正当性"。① 虽然这种以习俗为合法的信念其外在的基础也许只有心理学上的意义,但是,"如果每一种有效的合法性信念都被视为同真理有一种内在联系,那么它的外在基础就包括一种合理的有效性要求"。② 这种合理性的诉求,恰恰是双方争议的焦点。而在澳门本地存在争议的服饰,却因此独特的外观及使用的场合,成为了清代文人笔下具有代表性的西洋着装。这已不是纯粹可以用"中西差异"来概括了,因为在清人看来代表了"西洋"的"澳蕃",偏偏在来自欧洲的教会人士看来是"不伦不类"。因此,当清人以澳门为媒介来观察"西洋"时,看到的景象甚至不能称之为"西洋"

---

① 马克斯·韦伯指出,"不同于'惯例'和'法律','习俗'涉及的是一些没有任何外在约束力的规则,行动者是按照自己的自由意志遵守它,且不管他的动机是由于完全缺乏思考、是由于遵守起来比较方便,还是由于无论其他什么可能的原因"(见韦伯著《经济与社会》第一卷,阎克文译,上海人民出版社,2010,第一卷,第 119 页。以下简称《经济与社会》)。以是观之,澳门女性佩"拱戴"可以看作是一种习俗,由于习俗没有约束力,澳门本地人对祁主教的言论进行反驳时,引入的理由就是这些习俗由来已久,无须加以约束。虽然韦伯认为,"一种秩序的'效力',并不仅仅指存在着一种受习俗或自我利益决定的社会行动的一致性"(见《经济与社会》第一卷,第 121 页)。但至少他也肯定了习俗有着维系"正当性秩序"的功用。那么,在澳门有关人士看来,"拱戴"的佩戴,影响了女性前往教堂礼拜的机会,因此,对之予以禁止,是对正当秩序的破坏。
② 〔德〕尤尔根·哈贝马斯(Jurgen Habermas)著《合法性危机》,刘北成、曹卫东译,上海人民出版社,2000,第 127 页。

的投影，而毋宁说是一个突出自我本位的且"异化"于欧洲的澳门社会。①

2. 祁主教对"拱戴"的指责在于两点：不分阶级且肮脏丑陋。不分阶级一说，与前文引述的彼得·蒙第的观察相符。对此，澳门抗议的人士回应说，穷人女子可以用一块布作披巾，捆在"拱戴"上到教堂参加圣事。② 这个理由，依然与宗教礼拜相关。至于丑陋一说，也被他们断然否认了。作为旁观者，我们难免有一个疑问，为什么祁主教认为要以服饰来分辨阶级与美丑？澳门的社会，贫富分化悬殊，富人出入，众多奴仆前呼后拥，没有理由不能分辨阶级。即令是同样佩"拱戴"，亦有明显的布料上的差别，显然，祁主教的反对意见指向的目标不在与此。持反对意见的人士辩称，唐·巴尔托罗梅乌（D. Bartoloméu Manuel Mendes dos Reis，又称孟主教，于1753年晋牧——译者注）先生担任了十年的澳门主教，在当地备受赞誉，他本人就没有反对过"拱戴"。③ 孟主教是祁主教的前任，他们对于"拱戴"看法的差异，虽然不排斥个人好恶的成分，但很大程度上是两者对澳门社会的看法造成的。上文提到，在澳门的居民当中，来自欧洲本土的非常少，大多数所谓

---

① 在雷蒙·威廉斯（Raymond Williams）看来，"异化"最重要的意涵在于"广泛地感到人与社会产生疏离"〔见威廉斯著《关键词：文化与社会的词汇》（*Keywords: A Vocabulary of Culture and Society*），刘建基译，生活·读书·新知三联书店，2005，第9页〕，从这个意义上阐发开来，我们也可以把在澳门的居民与欧洲本土之间的疏离看作是一种"异化"。当葡萄牙人在澳门建立居留地时，是以其欧洲本土社会作为参照标准的，但显然澳门社会其后的发展，与欧洲的模式渐行渐远，服饰上的争端，不过是初见端倪而已。

② 〔葡〕施白蒂：《澳门编年史》，第175页。

③ 〔葡〕施白蒂：《澳门编年史》，第175页。

"澳蕃"都是葡萄牙人与亚洲人通婚的后裔,①因此,他们在着装上与欧洲本土的式样相异是很正常的。祁主教见到女性"拱戴"云集的场面,提出取缔的意见,很有可能不仅是因为这些"拱戴"有碍观瞻,而且是为了实施分化的政策,让"真正"的葡萄牙人能够从中脱颖而出。这种行为,是为了确立"葡萄牙人"文化上的优越性(cultural nobility)。②而与之意见相左者,无论其具体族属究竟如何,显然代表的是拒绝承认葡萄牙"文化优越性"的本地阶层。至于美丑一说,纯属个人趣味,若以之约束教众,恐难令人信服。在伊比利亚半岛,18世纪后期出现了一种叫做mantilla的"连披肩之头纱",是用半月形的梳子固定在头发上的,这种以披肩头纱为特色的服装叫做maja。西班牙大画家戈雅(Francisco Goya)的名作《唐娜·伊莎贝尔肖像》(Portrait of Doña Isabel de Porcel)画中人的头纱即是如此。除了不必用之遮面以外,这种mantilla的式样与"拱戴"非常相似。这种服饰在当时的西班牙有"爱国主义"的意味,③

---

① 对于土生葡人的族裔构成,以往论者有着各种结论,如葡萄牙人与华人通婚为主、葡萄牙人与南亚及东南亚人通婚为主等等。无论何种结论,均不影响本篇的讨论,因此有关的讨论不予详细介绍。1779年,法国东印度公司的商务代表贡斯当(Charles de Constant)就指出,"澳门的葡籍居民实际上来自于多民族和各种肤色的人,其中包括1500-2000名黑人女奴"。转引自耿昇《贡斯当与〈中国18世纪广州对外贸易回忆录〉》,载纪宗安、汤开建主编《暨南史学》第2辑,暨南大学出版社,2003,第362-375页。

② 布迪厄在其 Distinction(学界多将之翻译为《区隔》或《秀异》)一书中,将17世纪以来,在欧洲出现的对文化的观念及各阶层对文化的合法性关系的争斗的筹码称为"文化优越性"。见 Pierre Bourdieu, translated by Richard Nice, Distinction: A Social Critique of the Judgement of Taste (Cambridge: Harvard University Press, 2002), p. 2.

③ URL: http://www.wga.hu/index1.html,浏览日期:2012年2月10日。注意画作中浓厚的西班牙元素,画中人的姿态,正是西班牙舞蹈弗拉明戈的经典动作。这幅作品现收藏于英国国家画廊(National Gallery, London),据信是作于1805年之前,此时即是maja流行的年代。URL: http://www.nationalgallery.org.

不过，究其渊源，却是马德里的暗娼的服饰。① 对于这种与"拱戴"在式样上相类的服饰，祁主教或有所闻，因此，他对"拱戴"的厌恶，除了有出于卫生的考虑之外，也很有可能源自他个人将 mantilla 的渊源与"拱戴"的式样联系起来所产生的结果。因为 mantilla 的起源与所谓道德沦落的社会现象有关，作为澳门当地的宗教领袖，祁主教难免会想到当地的民风也未必"淳朴"的状况。但如果直接对澳门社会的"腐化"加以指责，难免会引起轩然大波，以"拱戴"的肮脏丑陋为借口，则更容易从迂回的路径实现对新的制度的"合法化"（legitimation）。② 何况，祁主教来自葡萄

---

uk/paintings/francisco – de – goya – dona – isabel – de – porcel，浏览日期：2012年2月10日。在戈雅的多幅女性肖像作品中，对 maja 款式的衣服有非常明显的偏好。*The Duchess of Alba*（1797）即其中之一，maja 被看作是代表了"woman – of – the – people"（人民的女性），见 Robert Hughes，*Goya*（London：The Harvill Press，2003），p.162。该画作现在收藏于纽约的 The Hispanic Society of America。Mantilla 也不仅限于黑色，同样出自戈雅之手的 *Majas on a Balcony*（1810 – 1812，画作收藏于美国纽约 The Metropolitan Museum of Arts），画中人分别佩戴着黑色和白色的披巾。需要说明的是，maja 一词本就是指马德里的下层女性，以之命名的服装，当然也不会源自上层。戈雅的一些速写作品中，也有下层女性头戴 mantilla 的形象，如画于 1796 – 1797 年间的 *Old Beggar with a Maja*（藏于马德里的 Bibliotheca Nacional），那位手拿扇子、正摆出弗拉门戈舞姿的 maja，显然和阿尔芭公爵夫人不是属于同一个阶层。mantilla 后来演化为现在婚纱的一种形式，也具有特殊的象征意味，说明服饰的内涵，或许有着许多辗转表达的象征意义。

① 有意思的是，到了20世纪初期，在西班牙画家的作品中，原来具有鄙俗意味的 mantilla 具有了宗教的象征意味。如象征主义画家 Julio Romero de Torres（1874 – 1930）的多幅作品中，代表宗教的女性都披着 mantilla（见其作于1913年的海报，还有作于1915年的祭坛画 *Poem of Cordoba*）。与戈雅画作相同的是，mantilla 披巾都是用非常华丽的黑色蕾丝花边做成的，显然，其造价之高昂非普通人所能负担，这也可以看作是一种区隔吧。

② 有论者以为："制度世界也需要合法化，即一种'解释'与证明何以如此的方式。"参见〔美〕彼得·伯格（Peter Berger）、托马斯·卢克曼（Thomas Luckmann）著《现实的社会构建》（*The Social Construction of Reality: A Treatise in the Sociology of Knowledge*），汪涌译，北京大学出版社，2009。

牙，他本人对西班牙的立场，就如葡西两国的关系一样，应该是比较复杂的，至少，在这之后 mantilla 与西班牙爱国主义之间的关系，并非祁主教所可预见，而且也不必为他所关心。以上的猜测，未必能切实地反映出这场风波中的"待揭之密"，但也许能够提醒我们，有关服饰的争论背后的意味，比文字表面含义所揭示的要深远得多。

　　3. 在澳门主教与有关人士关于"拱戴"之取舍的争执中，作为"拱戴"使用者的女性完全处于"失语"的状态。澳门本土的"传统"捍卫者以女性的代言人自居，其言论似乎着意维护女性上教堂礼拜的权益。不过细审他们的论据，却有自相矛盾之嫌：一方面宣称妇女不佩"拱戴"将无法去教堂，另外一方面却又说女性在教堂"前地裸露"，有伤风化。这样说来，没有佩"拱戴"的女性也是可以上教堂的。如果彼得·蒙第所言非虚，且澳门妇女的着装确实如绅士们所言，数百年来变化不大的话，那么，以当时澳门妇女的服饰而言，所谓"裸露"，不过是没有覆盖脖子以上的部分，并非袒胸露背，而且，富家女子出门，多乘轿子，在他人面前曝光的机会不多。这种指责的对象，非常含混不清。一面是主教指责"拱戴"的肮脏丑陋，一面是相关人士（如无意外，他们应该都是男性）说，抛头露面才是有损颜面的事情。至于女性对此的真实看法，无需考虑。我们看到，丑陋→女性、裸露→女性，这些话语中带着浓厚的男权色彩。① 也许，在这样的语义指向中，女性不是被建构为"他者"，因为从语言学上看，她们根本

---

① 法国女性主义理论家伊里加蕾（Luce Irigaray）指出，"语言（language）是过去历史时期的语言（languages）沉淀的产物。它承载了它们社会交往的方法。它既非普世性的，也不是中立的或者无形的"。见 Luce Irigaray, translated by Alison Martin, *Je, Tu, Nous: Toward a culture of difference*（New York and London: Routladge, 1990），p. 23。她举例说，在法语当中，"月亮"与"星星"是用阴性的词汇来表达的，但是，这两者在法语的语境中都不代表着能够产生生命。笔者不谙葡文，无从根据原文对这些词汇进行语言方面的分析，但是这些语义指向中的男性中心色彩，是不容忽略的。

"不在场"（absence）。① 撤除语言方面的困境，澳门妇女在这件事情上的态度，由于她们声音的缺失，也无从分辨了。

澳门"夷人"方面对于女性服饰的争论的诸种曲折，非在此间短期游历的诗人所可得而知之。然则他们对"夷妇"着装的描摹，未必就是另立新词。

上引三首诗作，均作于道光中叶之前，其后有关澳门的诗作，鲜少提及"宝髻"之类的"特色"服饰，窃疑与澳门妇女的服饰最终有了改变有关。不过，大概也与三巴寺焚毁（1835年），来自内地的游人少了一个重要的观光场所有关。这几首诗歌的主题都涉及"夷女"前往教堂礼拜，说明教堂周围大概是士人们乐于前往的观光之地，他们看到了前往礼拜的"夷女"人数众多（考虑到这个时期澳门男女比例之严重失衡，这一点不难想见），于是有感而发，赋诗以记录见闻。乍看之下，这般解说似颇合情理，也符合教堂在澳门"夷人"生活中占重要地位的情况。然则细审诗意，所谓写实仍是有所窒碍的。譬如，一边说"青纱盖却春风面"，一边却又强调"颊泛红潮艳似花"，若两句诗歌描写的是同一个场景，不知诗人是如何得以窥探"拱戴"之下的真容的？抑或，诗人在此是将两个甚至两个以上的场景叠加而作为一个场景吟咏之？"颊泛红潮艳似花，盈盈秋水玉无瑕"二句，表面上是吟咏"拜庙"女子的面容艳丽、目光清澈，但若追究其用词，则也许当中另有深意。以"红潮"指脸上的红晕，要么指害羞，要么指酒入酣处，可指男子，非专指女子。② 不过，若是指女性之时，

---

① Judith Butler, *Gender Trouble: Feminism and the Subversion of Identity* (New York and London: Routledge, 2008), pp. 14–15. 斜体为该书作者标识。
② 指男子之时，多是描写酒后的情形。如南宋词人方岳所赋《酹江月/念奴娇》有"主人情重，酒红潮上双颊"句，是作者自况。见唐圭璋编《全宋词》第四册，第2849页。又如南北宋之间的诗人王之道的《秋兴八首追和杜老》（八首之三）中有"酒红潮面发衰颜"句，也是诗人感怀身世之作。见王之道著

"百千夷女纷成群"与"谁料人多张丽华"

这些颊泛红潮的女子,在男性诗人的笔下,不乏绮思之念。① 至若"盈盈秋水",不独女子目光如秋水般清澈,且有眉目含情之意。② 要言之,男性诗(词)人以"红潮""盈盈秋水"等吟咏女子时,其对象多非良家女子。由是观之,说这两句诗描写了澳门"夷女"靓丽而娇羞之貌,或亦不谬,不过,考虑到诗人描写的场合以及所用的措辞,却让读者有违和之感。窃以为,且毋论诗人在这首诗歌当中是写实或是想象,均有自说自话的嫌疑。澳门'夷女"的着装及面貌目光等,在诗性的语言中"扭曲",③ 被重新塑造成了诗人心目中的形象。诚然,这些清代的诗人没有必要去了解

《相山集点校》卷十一,沈怀玉、凌波点校,北京图书馆出版社,2006,第133页。

① 要确定诗人吟咏的对象身份,殊非易事,只能从诗文所表达的意蕴加以推测,笔者所见,用到"红潮"的诗歌,若吟咏对象是女子,则为妓家中人者当不在少数。可见陈云匡《玉楼春》,句云:"波头浪语脸红潮,镜面频思酉翠晕",载唐圭璋编《全宋词》,中华书局,1965,第四册,第2782页。女子写女子则不在此列,如清代女词人李佩金的《临江仙》之十"寄怀雪兰、蕊渊、林风、畹兰诸姊妹",词句云"爱看眉翠敛,腮斗晕红潮",见清朝人徐乃昌编《小檀栾室汇刻闺秀词》第一集,《生香馆词》,光绪年间刻本,24b。

② 如宋朝词人柳永《尉迟杯》有句曰"盈盈秋水,恣雅态、欲语先娇媚",亦是吟咏欢场女子之作。见唐圭璋编《全宋词》第一册,第21页。另外一位宋朝词人阮阅《眼儿媚》中有"盈盈秋水,淡淡春山"之句,是描写一个营妓的作品,见唐圭璋编《全宋词》第二册,第642页。

③ 对于诗性语言的批评,柏拉图在《理想国》中的陈述被一再引用,他说:"像画家一样,诗人的创作是真实性很低的;因为像画家一样,他的创作是和心灵的低贱部分打交道的。"见郭斌和、张竹明译《理想国》,商务印书馆,1986,第417页。这里诗歌是与代表至善的哲学作对比的。柏拉图否认了诗性语言表述真理的可能性,由是,一些学者更进一步地认为,人类的思考本身就是用诗性及想象的语言来进行的,因此,心灵本身也是诗性的,这样,就否定了人类认知能达到真实世界的可能性。参见 Raymond W. Gibbs, Jr., *The Poetics of Mind: Figurative Thought, Language, and Understanding* (Cambridge: Cambridge University Press, 1994), pp. 1-2, 26-27。因此,视诗歌的语言是对"现实"的扭曲,还没有将认知推到完全建立在象征性语言的基础上的程度。

"夷女"着装的外观内涵等究竟何所指,但是,在诗性描画之后,他们的作品与吟咏的对象已然脱节了。

二 清人诗中所见澳门"夷女"之声色

所谓风貌,当然不仅限于着装方面的描写。由表及里,清诗中不乏对"澳夷"身体进行描写的内容,亦与风貌相关。与描写服饰的诗歌中涉及的对象不同,在对澳门夷人的身体进行描述时,清代的诗人们是有所选择的,并非任何形象都可入诗,譬如对"澳夷"中男性身体的描写就非常少,[①] 而入诗的女性,多为妙龄女子或少妇,老妪入诗的情况几不可见。[②] 然则在赴三巴寺礼拜的"百千夷女"当中,上年纪的女性当不在少数,诗人们并非视而不见,实在是不以为意也。在这样一种"减法"的观察取向下,清诗中对澳门"夷女"的声色评点,可谓是时人审美趣味在澳门女性身上的再现。

[①] 清诗中有关澳门男性"夷人"的身体描写,主要集中在他们的肤色与头发、眼睛的颜色等方面。肤色主要描写的是黑人,如屈大均《广州竹枝词》第五首有"白黑番奴拥白丹"句(见《翁山诗外》,卷一六)、张汝霖《澳门寓楼即事》十四首之三有"家徒乌鬼多"之句(见《澳门纪略·澳蕃篇》)。笔者以为,这一类的诗句,更多的是偏向黑奴人种特征,因此对这些黑奴的外貌并无细致的描摹。至于发色,诗句中多以"红毛"一词泛指,于"夷人"之具体面貌,并无过多着墨。眼睛的颜色,也是泛泛之谈,如"碧眼老夷多阅历"(见叶廷枢《芙蓉书屋诗钞》卷四,七首之五),此处之"碧眼",是为了强调"澳夷"面貌异于华人,未必即为该"老夷"真正的瞳孔颜色。这些曾到澳门游历的诗人,自是有机会目睹男性"澳夷"的面貌,在他们的一些笔记作品中也有谈及,不过,显然他们不认为这是可以入诗的题材,因此在诗歌当中并无多着笔墨。

[②] 有意思的是,"澳夷"中的老妪没有入诗,但男性老夷入诗者则不乏例证。如康熙年间杜臻在《香山澳》一诗中就有"白头老人鬓垂耳"之句(见《经纬堂诗集》卷四,康熙间刻本,转引自《澳门诗词笺注(明清卷)》,第47页)。这亦是诗人选择入诗题材时偏向性的一则例证吧。

"百千夷女纷成群"与"谁料人多张丽华"

清代番禺诗人韩鹄的《澳门番女歌》是较早对澳门夷女的外貌进行多角度描写的诗歌作品,共三首,抄录如下:

> 楼头一见已魂销,性本聪明态本娇。
> 时嚼槟榔还默默,玲珑玉质透鲛绡。

> 不事翘粧髻样新,霓裳绣幔绝纤纤。
> 游人未谙呢喃语,祇羡花间窈窕春。

> 雕栏轻飘弱柳风,碧波初浣玉芙蓉。
> 含情似会游人意,只在低回顾盼中。①

我们看到,诗人在描写"番女"的外貌之前,先对之进行定性——一个具有诱惑力的女子。"玲珑玉质"的肤色、新式的发型、顾盼含情的目光,均加强了诱惑的意味。

鲛绡,指的是质地轻薄透明的衣料,不唯能将"玉质"的肤色隐约透露,而且还不会遮掩香气。清末香山诗人梁煦南在其诗作《澳门行》中曰:"夷妇抱犬篦舆出,鲛绡约肤兰麝溢",② 是以视觉上的诱惑转化为嗅觉上的吸引力,以此加强说明夷妇的魅力。许是因为澳门地处南疆,天气溽热的日子较多,若干诗篇中都提到了她们着装的轻薄,如金采香的《澳门夷妇拜庙诗》有

---

① (清) 韩鹄:《止亭诗钞》,七绝,清抄本,转引自章文钦《澳门诗词笺注(明清卷)》,第96-97页。据章文钦考证,这三首诗歌应是作于康熙三十九年(1700),见《澳门诗词笺注(明清卷)》,第97页。章氏并称:"这三首诗绮罗香泽之气甚浓,颇有轻薄之嫌,属于风情小调一类。盖其时诗人正当盛年,风流才子,旧习犹存。但描写澳门西洋少女的诗篇,当以这三首诗为最早。"

② (清) 梁煦南:《迂斋诗钞》卷二,光绪刊本,第10页。

句云:"爱他衫子袈裟薄,持鲛龙绡分外凉。"① 所谓"缟衣素裳,薄如蝉翼"② 即是其写照。为何诗人们乐于透过"鲛绡"等单薄的衣衫来描摹这些女性的身体呢?

"鲛绡"据说出自南海,③ 那么说这些同样从南方海域梯航前来的夷妇穿着"鲛绡"的衣裳,倒也可谓遣词恰当。不过,诗人们用"鲛绡"一词来描摹澳门夷妇的外衣时,也许另有其意。在传统诗词中,"鲛绡"既可指薄绢、轻纱,④ 也可指手帕、丝巾。宋朝大词人陆游的名作《钗头凤》中就有"春如旧,人空瘦,泪痕红浥鲛绡透"⑤ 之句为后人所传诵,此句中之"鲛绡"一词,即作后一解。或曰,描写澳门夷妇着装的"玲珑玉质透鲛绡"与

---

① 录自方恒泰《橡坪诗话》,道光刊本,卷九,21a。《澳门夷妇拜庙诗》八首之五。诗注称:"所衣名袈裟,布质轻而文薄如纸,白如雪,机杼玲珑可爱。夷妇常贴身服之,越显肌肤红白。"章文钦认为,"袈裟"一词"当为葡文 casaco 的不正确音译,意为外衣。"(见《澳门诗词笺注(明清卷)》,第 326 页) casaco 的英译是 coat 或 jacket,指的是比较厚的外套,与"龙绡"之透薄质地并不相符,估计要透过 casaco 看到"玲珑玉质"般的肌肤有一定的难度。如若"袈裟"一词确实是 casaco 的误译,那么是语言认知上的错误,抑或是诗人为了状拟夷妇外衣之飘逸而选取了"袈裟"一词,现在已不得而知。关于这个问题,笔者另有揣度,详见本章正文。
② 蔡显原前揭诗之"序"。
③ 南朝梁人任昉《述异记》卷上称"南海出鲛绡纱,泉先潜织,一名龙纱,其值百余金。以为服,入水不濡",中华书局,1991,第 2 页。
④ 在以"鲛绡"来指薄绢、轻纱时,除了可指衣料,也可指床帐。如宋朝词人陈允平的作品《塞翁吟》中就有"从别后,残云断雨,余香在,鲛绡帐中"之句,载唐圭璋编《全宋词》第五册,第 3127 页,第 5 首。该词句中之绮思,不难想见。
⑤ 唐圭璋编《全宋词》第三册,第 1585 页,第 6 首。到了清代,诗人的作品中仍不乏以"鲛绡"指手帕的篇什,如清末诗人林朝崧的《懊恼词三首》之一就有"十四年间成底事,空余珠泪在鲛绡"之句,其立意与陆游的作品类似,诗见林朝崧《无闷草堂诗存》第一卷,"乙未至庚子"(1895–1900),《台湾文献丛刊》第 72 种,第 29 页。

"红泪满鲛绡"① 除了都用了"鲛绡"一词以外,还有何干系?笔者以为,这恰恰可以比对出清人描写澳门夷妇身体时选取"鲛绡"一词的心理取向。诗人们在运用"鲛绡"一词时,也许是强调了其背后所隐喻的女性的柔弱的特质以及她们作为男性欲望指向对象的设定。据传,鲛人泣泪得珠,② 后世于是极言其泪水之珍贵,乃至于有传纺织鲛绡所用之丝线,亦是鲛人的泪水凝结而成的。③于是,围绕鲛绡的传说,在比较早的时期就已经与"泪水"联系在一起。在最初的传说中,鲛人的泪水并没有明确的性别界线,如泣泪得珠回报屋主的"鲛人",其性别是无法从原始文献中判断的。当鲛绡与泪水相联系的"模式"固定下来以后,诗词中以鲛绡拭泪者,男女皆有,④ 可见当鲛绡指代抹拭眼泪的帕子时,没有明确的性别区分。不过,大致是因为"男儿有泪不轻弹"吧,在诗词的描写中,以鲛绡拭泪的,多是女子,当中又以心怀闺怨的女子为众。明人聂大年的词作《卜算子》开篇即曰:"粉泪湿鲛绡,只怨郎情薄。"⑤ 明末清初的著名女词人沈宜修曾替人捉刀写

---

① 句出宋人晏几道词作《武陵春》,载唐圭璋编《全宋词》第一册,第256页,第6首。
② (梁)萧统编,(唐)李善注《文选》卷五,"赋丙·京都"下,左太冲《吴都赋》刘逵注释云:"俗传鲛人从水中出,曾寄寓人家,积日卖绡 绡者,竹孚俞也。鲛人临去,从主人索器,泣而出珠满盘,以与主人。"上海古籍出版社,1986,第一册,第215页。
③ 唐诗人顾况《送从兄使新罗》一诗有"帝女衔飞石,鲛人卖泪绡"之句,载《全唐诗》,中华书局,1960,第8册,卷二百六十六,第2957页。
④ 清初著名画家恽格的《柴墟怀古》有句云"金牌旧恨泣鲛绡,江岸荒祠尚寂寥"。见氏著《欧香馆集》卷四,商务印书馆,1935,丛书集成初编,第2293种,第56页。这里"泣鲛绡"的,自然是指作者本人了。而清朝女词人李佩金在忆及闺中旧交时也黯然写下"泪揾鲛绡,锦水多情咽暮潮"的词句。见氏著《采桑子·冬夜杂怀》之三,载《小檀栾室汇刻闺秀词》之《生香馆词》,17a。
⑤ (明)聂大年:《东轩集补遗》卷中,据光绪年刻本影印。丛书集成续编,诗文别集类,第140册,台湾新文丰出版公司,1985,第27页。

下了闺怨词，句云："泪流湿尽鲛绡，月明吹断琼箫。"① 诗人们吟咏这些词句的目的且不细论，仅以词句的内容而言，女子的柔弱无助确实非常明晰。

　　至于在把鲛绡指代衣料的作品中，上述性别区分不明显的语境被改变了，穿着"鲛绡"服装的，几乎全数为女性无疑，所谓"衣鲛绡兮美人"即是其写照。② 而这些女性当中，多是舞娘歌姬。如唐人段成式《柔卿解籍戏呈飞卿》（三首之二）句"最宜全幅碧鲛绡，自襞春罗等舞腰"，③ 无独有偶，温庭筠也在诗作中提到了身着鲛绡舞衣的舞娘。④ 所异者，段成式的作品是描写当下之风流韵事，温庭筠则以追思古人为念。完全的无中生有，当然是不可能的，诗人的想象必有所本，温庭筠落拓科场，流连欢场，故此描写身着轻盈舞衣的女妓方无窒碍。诗人的想象，甚至延伸至了天上的仙女，如传为宋朝词人袁绹所作的《传言玉女》曰："鲛绡映玉，钿带双穿璎珞。歌音清丽，舞腰柔弱。"⑤ 袁氏曾任教坊判官，该词作对仙女的描写在想象中应是糅杂了他日常的见闻。

---

① （明）沈宜修：《清平乐·代人闺怨》，载氏著《鹂吹词》，见《小檀栾室汇刻闺秀词》第十集，18b。
② 句见北宋初期诗人田锡的《春洲谣》，载北京大学古文献研究所编《全宋诗》第一册，卷四十五，北京大学出版社，1995，第486页。
③ （唐）段成式著，元锋煜照编注《段成式诗文辑注》，济南出版社，1995，第33页。诗题中的"柔卿"是一名妓女，飞卿指温庭筠。
④ 刘学锴撰《温庭筠集校注》上册，《张静婉采莲曲（并序）》，中华书局，2007，第42页。诗曰："兰膏坠发红玉春，燕钗拖头抛盘云。城边杨柳向娇晚，门前沟水波潾潾。麒麟公子朝天客，珂马珰度春陌。掌中无力舞衣轻，剪断鲛绡破春碧。抱月飘烟一尺腰，麝脐龙髓怜娇娆。秋罗拂水碎光动，露重花多香不销。鸂鶒交交塘水满，绿芒如棠莲茎短。一夜西风送雨来，粉痕零落愁红浅，船头折藕丝暗牵。藕根莲子相流连，郎心似月月未缺，十五十六清光圆。"张静婉是南朝梁末将军羊侃家中豢养的妓女，据传его能作掌上舞，以《采莲》一舞名动一时。此处诗人是以诗作追慕之。
⑤ 唐圭璋编《全宋词》第二册，第986页。

"百千夷女纷成群"与"谁料人多张丽华"

上面对清朝之前的诗词中有关鲛绡的句子进行了简略的梳理,虽然遽然下结论说以鲛绡的功用而言,较为倾向于柔弱的女性的面向,就目前所举的例子的数量而言,可能有以偏概全的嫌疑。但我们确实看到,使用鲛绡一词的诗词作品中,属于艳体者不在少数。① 将上引的若干有关澳门夷妇的诗歌与这些诗词进行对比,可以想见,诗人们在澳门游历时吟咏的诗篇,用鲛绡为典,并非仅取其指"轻薄透明纱料"的字面含义,说他们对这个词汇背后蕴含的性别隐喻懵然无知,是站不住脚的。问题是,为什么他们在写到夷妇穿着时,乐于以富蕴内涵的"鲛绡"来作为衣裳的替代词呢?王国维曾经说过,"词忌用替代字……盖意足则不暇代,语妙则不必代"。② 诗、词虽有别,王氏此说未必适用于诗歌的创作,不过,他的说法提醒了我们在阅读相关的澳门诗时可以设想,以"鲛绡"代替其他有关衣裳的词汇,大概就是因为这个词"意足"而"语妙",非他者可比也。"意足"指的是"鲛绡"一词所蕴涵的对女性特质(the feminine quality)心存目想,包括了柔弱的气质、曼妙的身姿以及最为直接的——在透薄的衣料下若隐若现的肌肤。③ "语妙",是作者/读者在书写/阅读该词的时候,会有

---

① 兹不揣赘繁,再举一例。宋代大词人周邦彦《花心动》下阕句云:"一夜情浓似酒。香汗渍鲛绡,几番微透。"见孙虹校注,薛瑞生订补《清真集校注》,中华书局,2002,第223页。
② 王国维:《人间词话》,上海古籍出版社,1998,第8页,卷上第34条。
③ 荣格(Carl Gustav Jung)指出,女性的特质不仅仅是由来自女性的影响所造成的,而且也有来自男性自身的女性气质(femininity)。提到这一点,是为了强调,此处不打算把男性对女性的"书写"看作是性别二元对立的产物。见 C. G. Jung, *Aspects of the Feminine* (Princeton: Princeton University Press, 1982), p. 78。在同书的第79页,荣格指出:"关于妇女的世代相传的集体形象(collective image)存在于男性的无意识中,这有助于他理解女性的特质(nature)。"据此,我们可以说,"鲛绡"一词,也承载了男性无意识中对女性的集体形象。

乐在其中的感觉。① 且毋论这些澳门夷妇的真实身份及穿着究竟如何，在诗人的文字下，她们成为了寄情的对象。或者我们可以说，当使用"鲛绡"等词汇时，玉质的肌肤得到了"外化"，从而成为了男性诗人对女性特质的物化的表达。②

有论者以为，"'观看'先于词语"。③ 在诗人们选用"鲛绡"等词汇描写澳门夷妇之前，他们已经对夷妇的外貌一睹为快了。在韩皓的《澳门番女歌》中，"番女"被"观看"的地点是在"楼头"。这是一个很有意思的地点——一个区分"内"与"外"、"主"与"客"的所在。与"鲛绡"一词相类，"楼头"一词在古诗词中亦是别有意蕴。"楼头"除了直指"楼上"这个

---

① 罗兰·巴特（Roland Barthes）在其著作 *The Pleasure of the Text*（《文之悦》）中指出，"难道躯体最情色（erotic）之处不是在于衣服的裂口么？……正如精神分析学的贴切说法，恰是那在断续处——两件衣服（裤子与套头毛衣）、两条界线之间（开领的恤衫、手套与衣袖之间）——闪现的肌肤，是情色的；诱人的是那闪现，或者更确切地说，是那似有若无的展现（staging of an appearance‐as‐disappearance）"。见 Roalnd Barthes, Richard Miller translate, *The Pleasure of the Text*（New York: Hill and Wang, 1975），pp. 9‐10。译文参考了罗兰·巴特著《文之悦》，屠友祥译，上海人民出版社，2002，第18页。"鲛绡"虽然不是"衣服的裂口"，但依然有着情色的效果。所谓"乐在其中"，是指类似"鲛绡"这样的用语，其源有自，指向清晰，作者与读者面对之均无窒碍之感，读者可以获得阅读的乐趣。巴特说："让人愉悦的文本：是满足、充实、给予精神愉快的文本；文本源自文化并且没有与之断裂，是与舒适的（comfortable）阅读相联系的。"见同书第14页。

② 在此，笔者没有把身体的书写完全"话语化"的打算。正如 Judith Butler 指出的那样，身体本身应该具有物质性，然后才能进行其他方面的讨论。见 Judith Butler, *Bodies That Matter: on the discursive limits of "sex"*（New York and London: Routledge, 2011），pp. 25‐27, 37‐41。中译本见朱迪斯·巴特勒著《身体之重：论"性别"的话语界限》，李钧鹏译，上海三联书店，2011，第36‐38、50‐56页。

③ John Berger, *Ways of Seeing*（London: The British Broadcasting Corperation and Penguin Books），1977，p. 7。

地点外，亦有其性别内涵的分野。①"楼头"的女子，若声息相闻者，多是教坊中人。② 这并不是说，凡是在"楼头"的女子，都是伴客的"莫愁"，不过以笔者所见，良家妇女与"楼头"相联系者，其本人的声音并不为楼外之人所听闻。如唐诗人王昌龄《青楼曲》二首之一就有描写一个在楼头抚琴的贵妇人之句："白马金鞍从武皇，旌旗十万宿长杨。楼头小妇鸣筝坐，遥见飞尘入建章。"③ 关于这一首诗的解释，众说纷纭，与本文内容无关，此处从略。但诗文原句清楚表明，人们听闻的是"小妇"抚筝的声音，而她本人的声音，并不在"谛听"的范围内。

《澳门番女歌》中的那位女子，不但倚于雕栏旁边为路人窥见容貌，而且其"呢喃"的声音也传入"游人"之耳，两种情形相较之下，还是有着很大的差异的。"呢喃"一语颇有妙趣，诗人不谙外语，且少女的声音低微不可辨，也就是说，诗人听到的是某种声音（voice），而不是言语。更有甚者，这里的声音，甚至未必

---

① 比如，以男性身份吟咏的诗歌，"楼头"往往有着胸怀家国的情绪，这在宋人作品中反映得尤为明显。试举二例：王安石《桂枝香》下阕句云："念往昔、繁华竞逐。谈门外楼头，悲恨相续。千古凭高，对此漫嗟荣辱。"载唐圭璋编《全宋词》第一册，第204页。此处的"门外楼头"，用的是唐诗人杜牧《台城曲》"门外韩擒虎，楼头张丽华"之典，描写的是南陈后主亡国时的狼狈情形。杜牧诗见清人冯集梧注《樊川诗集注》，上海古籍出版社，1973，第260页。又南宋诗人卫宗武《过安吉城》一诗，"日暮楼头鸣鼓角，声声悲壮断人肠"，载《全宋诗》第63册，第29486页。

② 如元稹有诗句曰："楼下当垆称卓女，楼头伴客名莫愁。"诗题《和李校书新题乐府十二首·西凉伎》，见《元稹集》，冀勤点校，中华书局，1982年，上册，第281页。又清初诗人陈维崧《赠吴人陈敬仲》（四首之二）也描写了这种情况："秣陵黛色接天浮，忆昔情况作冶游。西曲名倡人窈窕，南朝公子态风流。歌终绿帻楼头见，舞罢金丸袖口收。二十余年成往事，秋槐落叶不胜愁。"诗载钟振振主编《清名家诗初集·陈维崧集》，广陵书社，2006，第436页。

③ 李云逸注《王昌龄诗注》，上海古籍出版社，1984，第145页。

是真实存在的，很可能是诗人看到了少女的嘴型而产生的"幻听"（acousmatique）。也就是说，"声音"不是主体（少女）发出的，而是客体（诗人）的想象。① 而这种（客体的）声音本身，是欲望（desire）的"能指"。② 于是，"低回顾盼中"，她似是已经在与"游人"眉目传情了。这里"顾盼"者，表面上是番女，实际上是诗人，因为若是诗人没有"凝视"楼头的女子，又是如何得知对方在倚栏频频张望呢？诗人将自己的"目光"转为番女的"顾盼"，如果用拉康的说法，观者的眼睛是主体，不过"凝视"（gaze）的是客体，也就是说，当主体观看客体的时候，客体已然在"凝视"主体。③ 这种男性的"凝视"，④ 与"声音"一样，都

---

① Slavoj Žižek, *Looking Awry, An Introduction to Jacques Lacan through Popular Culture* (Cambridge: Massachusetts Institute of Technology Press, 1992), pp. 125 - 126。中译本见《斜目而视：透过通俗文化看拉康》，李广茂译，浙江大学出版社，2011，第 215 - 217 页。

② Jacques Lacan, translated by Alan Sheridan, *Écrits: a selection* (New York and London: Routledge, 1989), p. 339，关于"欲望"的示意图。不少研究者认为，拉康所说的声音，不是具体的言语，也不是具有诱惑性的音乐，见 Mladen Dolar, "The Object Voice", in Renata Salecl and Slavoj Žižek ed., *Gaze and Voice as Love Object*, sic 1 (Durham: Duke University Press, 1996), pp. 9 - 11。用齐泽克（Slavoj Žižek）的话说，这里的"声音"与发声的人之间没有必然的联系，不如说声音是通过"这个人而'自己'说话"。见该书 Slavoj Žižek, "'I Hear You with My Eyes'; or the Invisible Master", p. 92。

③ Jacques Lacan, translated by Alan Sheridan, *The Four Fundamental Concepts of Psychoanalysis: the Seminar of Jacques Lacan Books XI* (New York: W. W. Norton & Company, 1998), pp. 67 - 78。关于拉康的"凝视"理论，可参考吴琼的论文《他者的凝视——拉康的"凝视"理论》，《文艺研究》2010 年第 4 期，第 33 - 42 页。

④ 男性的凝视（male gaze）一词，来自女性主义理论家 Luara Mulvey，她以好莱坞的电影为例，运用精神分析学派的理论，特别是以拉康的理论为出发点，认为男性的"凝视"满足了他们无意识的欲望，这种观看给他们带来了快感，而快感的来源之一就是女性的形体。Laura Mulvey, "Visual Pleasure and Narrative Cinema", *Screen* 16 (3), pp. 6 - 18, 1975. 中文译本见陈永国主编《视觉文化研究读本》，北京大学出版社，2009，第 279 - 287 页。

成为了欲望的动力所在。① 由此，笔者揣测，番女的外衣"袈裟"的质地，在诗人眼中轻薄如鲛绡，也许是他的"凝视"所产生的欲望的体现。"袈裟"一词，也许是 casaco 的有偏差的音译，但诗人金采香在无意识中选用了一个与"禁欲"相关联的词汇，不正是反映了他内心中的欲望吗？② 如此说来，番女的"顾盼"与"呢喃"，也许都可以看作是诗人欲望在想象中的体现。如果是这样，那么诗歌中反映出来的番女凭栏顾盼的"画面"，又在多大的程度上具有真实性呢？

我们看到，一个巧笑倩兮的少女，在"楼头"张望——言笑晏晏，目光流转，观之实在是赏心悦目。这样的画面，并非孤本，在乾隆、嘉庆年间广东诗人李遐龄的《澳门杂咏》中，我们可以看到类似的描写：

> 海上飞楼蜃结成，姎徒娇唱啭雏莺。
> 月琴银甲挑铜线，别是人间幼妇声。③

"姎徒"指该女子外族的身份，其歌声婉转，然而言语难通，

---

① 拉康把"凝视"和"声音"都看作是 Objet（Petit）a，a 是法语 autre（他者）的首字母，该词的中译林林总总，如"小客体""对象 a""小对形"等。而拉康本人是不主张翻译这个词的，认为应该保存其法语的形式。这里的 a 总是用小写字母，意思是所谓的"他者"根本不是"另一个"，而是自我（ego）的对应。关于这个字母 a 的解释，见 Lacan（1989），xiv，"译者说明"的部分。Jacques Lacan, edited by Jacques - Alain Miller, translated by Bruce Fink, *On Feminine Sexuality: the Limits of Love and Knowledge, 1972 - 1973, Encore: The Seminar of Jacques Lacan, Book XX* (New York: W. W. Norton & Company, 1999), pp. 28, 83, 100, 126。有关"凝视"作为 Objet（Petit）a 的讨论，见 Lacan（1998），pp. 103 - 105, 112 - 113, 272 - 276。由此，拉康认为，"凝视是在一定的向度（descent）下进行（operates），这是欲望的向度，毫无疑问"。见 Lacan（1998），p. 115。也就是说，凝视是导致欲望变为行动的动力所在。
② 拉康讲到的"欲望"（desire），都是无意识的，因为只有无意识的欲望才是精神分析的对象，而且无意识的欲望，是完全与"性"相关的。Lacan（1989），p. 107。
③ （清）李遐龄：《勺园诗钞》卷一，嘉庆刊本，《澳门杂咏》七首之一，8b。章文钦认为这首诗歌中的女子乃是西洋歌女，见《澳门诗词笺注（明清卷）》，第 206 页。

听者虽闻其声，然而却未晓其意。然则这并不妨碍诗人把典故"幼妇碑"活用为"幼妇声"，① 从而将声音的感知再现为文字的符号。于是，无法理解的声音成为了意味清晰的符号，诗人用眼睛来"聆听"歌声，用齐泽克的话来说，这叫做"以聆听的模式来观看"（seeing in the mode of hearing）。② 如果说"喈雏莺"所描写的声音未免过于缥缈，那么"幼妇声"则以其对经典的借用，使得诗人对歌声的欣赏有了"确定"的依据——从冶游式的俚俗转为了对"绝妙好辞"的雅鉴。固然，"幼妇声"是为了肯定歌声的动听，诗人虽不至于以杨修自况（有意思的是，杨修从未过江，妙解曹娥碑的不可能是他，不知道历代诗人用到这个典故的人，若明了此事，该作何想），不过也以此来表明自己的鉴赏能力。不过，其意未尽于此，"曹娥碑"典故所蕴涵的道德典范的意味，似乎不适用于这一场合，对此，诗人用"海上蜃楼"的设定来使实在的场景虚幻化，模糊了在场与不在场的界线，于是所谓"真实"，也就不那么重要了。③ 诗人正是通过这样似真还假的描写，营造了一个投射其欲望

---

① "幼妇"之典，出《世说新语》，见余嘉锡撰《世说新语笺疏》卷中下"捷悟"，中华书局，1983，第 580－582 页。幼妇碑即曹娥碑，是为了纪念曹娥这位年仅 14 岁即投江殉父的孝女而立，碑在会稽。前人诗歌中多"幼妇碑""幼妇辞（词）"等字眼，而"幼妇声"，以笔者所见，为李遐龄的诗歌中仅见。"幼妇"一词辗转变迁，除了有指少女之意，亦有指少妇的，具体例子从略。

② Slavoj Žižek, "'I Hear You with My Eyes'; or the Invisible Master", p. 95, in Renata Salecl and Slavoj Žižek ed., *Gaze and Voice as Love Object*, sic 1 (Durham: Duke University Press, 1996).

③ Slavoj Žižek, "'I Hear You with My Eyes'; or the Invisible Master", p. 113, in Renata Salecl and Slavoj Žižek ed., *Gaze and Voice as Love Object*, sic 1, (Durham: Duke University Press, 1996)。齐泽克指出，不存在"完整的"（whole）真实，而穿越虚幻与真实之间的距离，会给人带来享乐（jouissance）。此处的"享乐"，指的是感官的快乐，这个概念来自拉康，为的是与"快乐"（plaisir）相对。见 Jacques Lacan, edited by Jacques‑Alain Miller, translated with notes by Dennis Porter, *The Ethics of Psychoanalysis, 1959‑1960*, *The Seminar of Jacques Lacan*, Book Ⅶ (Routledge, 2008), pp. 237－242。又见 Lacan (1989), pp. 348－355。

的场景。这无疑是一首描写澳门的诗歌,但从这个角度上来说,诗人实际上描绘了一个有着虚幻成分的场景,那么"澳门"也就可以被看作是虚构的一个环节。① 或有论者以为,"媄徒"等说法,至少可以证明诗歌所反映的"地域性",对此,笔者认为,由于诗人把自身的欲望投射到了这个"场所",那么,这首诗歌本质上与上文所引的《传言玉女》等诗歌并无大异。与其说诗人在吟咏这首《澳门杂咏》时是要凸显澳门的独特性,不如说他其实无意于此,而是囿于诗歌体裁的限制,放任自己在诗歌中抒情而非写实。

另请注意声音之来源地,与《澳门番女歌》一样,亦在"楼头",可见诗人谛听"声音"的空间,十分相似。

因此,我们对这些诗歌所呈现的画面,应予以"怀疑式"的阅读。钱钟书说过,"诗和画号称姊妹艺术"。② 唐人张彦远说:"书画异名而同体。"③ 他是从文字的起源上来探讨诗歌与绘画之关系。也许中国诗与西洋画在渊源上没有什么可比性,④ 但是读到《澳门番女歌》,笔者很自然地联想到了17世纪西班牙画家穆里罗(Bartolomé Esteban Murillo)的画作《窗边两女

---

① 在让·鲍德里亚看来,正是这种虚幻构成了"诱惑"。见〔法〕让·鲍德里亚著《论诱惑》,张新木译,南京大学出版社,2012,第44-48页。
② 钱钟书:《七缀集》,生活·读书·新知三联书店,2002,第5页。
③ (唐)张彦远撰,(明)毛晋订《历代名画记》,载毛安澜编《画史丛书》第一册,上海人民美术出版社,1963,第1页。
④ 事实上,有论者认为,西方的绘画与文字的分离,给他们的心境带来了很大的困惑。见叶秀山《"画面"、"语言"和"诗"——读福柯的〈这不是烟斗〉》,原载《外国美术》集刊第10期,商务印书馆,1994。笔者浏览自"中国现象学网",URL:http://www.cnphenomenology.com/modules/article/view.article.php/c3/236,浏览日期:2012年4月2日。该文对福柯的文化研究中去历史性的倾向进行了批评,不过,笔者以为,中国诗与中国画之间,如果从虚幻语境的表达入手,其实也体现出了分离的倾向。去历史化固然有偏差,但也许文化的破碎化在一定程度上也还是能够从这些诗歌的解读中体现出来。

子》(*Two Women at a Window*)。① 窗边的少女面带微笑，向外张望，有纯真之气。不过，正如后来论者指出的那样，这个少女衣服的胸线较低、胸前别着引人注目的红花，而且，她的目光直视画外之人，恰恰表明了她的"世故"——她应该是一个雏妓。② 联系到上文有关"拱戴"的讨论，我们知道，澳门的良家女性着装是比较保守的，既然出门的时候要披上头纱不让路人得窥面貌，那么她们明明已经进入室内，又如何会轻易抛头露面，甚至与路人眉目传情呢？如果说，上面关于"凝视"与"声音"的解释，说明了这个画面是诗人欲望的展现(showing)，显得比较虚幻的话。那么，也许比较"实在"的理解，在于这个番女，跟穆里罗画中的少女一样，是以卖笑为生的。关于这一点，仅凭《澳门番女歌》这三首诗作，也许有证据不足之嫌。但笔者以为，在没有办法确定"正确"的解释的前提下，上面的论述也许是比较"合理"的。关于清人对澳门洋妓的认知，见下一节的分析。

---

① 这幅画作现藏于美国华盛顿特区的 National Gallery of Art，有关画面及说明的链接见 URL：http://www.nga.gov/collection/gallery/gg30/gg30 - 1185.html，浏览日期：2012年3月7日。画作大致在 1655 - 1660 年间创作完成。
② 穆里罗对本应充满情色意味的画面进行了"净化"处理，被认为是迫于宗教裁判所禁止色情画的压力，因此也表现出了相应的艺术创造力。见 Herman Roodenburg, Pieter Spierenburg, *Social Control in Europe*, *1500 - 1800* (Athens, OH: Ohio State University Press, 2004), pp. 127 - 128。穆里罗的另外一幅画作 "Four Figures on a Step"（台阶上的四个人物），也被看作是对妓女的描画。见〔美〕詹妮·汤姆林森著《从格里柯到戈雅》，邓文华译，中国建筑工业出版社，2004，第 68 - 69 页。对这幅画比较详细的解释，可浏览 URL：http://www.artble.com/artists/bartolome_esteban_murillo/paintings/four_figures_on_a_step，浏览日期：2012年3月7日。有论者认为，这类画作在一定程度上受到了荷兰风俗绘画 (genre painting) 的影响，有着道德批判的意味。不过，对穆里罗这些画作的解释，一直存在着争议。

或曰，莫非清代诗人对澳门夷女的身体认知，都是落在了"凝视""声音"之类的虚幻处吗？非也，他们当然也会看到甚至接触到实实在在的"夷女"的躯体，不过，即令是对这样的身体的描写，也让我们看到了对身体的书写与对文本的阅读之间存在的窒碍之处。

李遐龄的《澳门杂咏》尚有一首作品是直接描写了夷女的身体的：

滑腻鸡头软胜绵，春葱擎劝亚姑连。（洋酒名）
微酡并倚南窗下，亲奉巴菰二寸烟。①

"鸡头"，是"鸡头肉"的省称，指乳房。② 这个典故与杨贵妃有关，可注意的是，李遐龄此句不仅援引了唐玄宗以"鸡头肉"指乳房的说法，而且把安禄山"滑腻"的对答也嵌入句中。③ 贵妃衣裙下滑，"微露一乳"，此种情景，为玄宗所见不为怪，但安禄山居然也坦然视之，虽然小说家言，不足为据，但此场景，依然令人侧目。④ 如果说玄宗皇帝对杨贵妃说的话是夫妻间闺房内的戏言，那么安禄山看似"工整"且"应景"的对答，确实轻佻无状了。有意思的是，唐玄宗

---

① （清）李遐龄：《勺园诗钞》卷一，嘉庆刊本，《澳门杂咏》七首之二。章文钦笺注："这首诗写风流才子狎妓挟邪的情事，语近鄙亵"，见《澳门诗词笺注（明清卷）》，第 207 页。

② 鸡头肉，原来是芡实的别称。宋朝诗人杨万里撰有《食鸡头》七言绝句，称芡实的形状如"珠玑"。引自傅璇琮等编《全宋诗》第 42 册，第 26195 页。

③ "鸡头"或"鸡头肉"指女性的乳房，当始于有关杨贵妃的典故，见宋人刘斧撰辑《青琐高议》卷之六，《骊山记》，上海古籍出版社，1983，第 61 页。其语云："一日，贵妃浴出，对镜匀面，裙腰褪，微露一乳，帝以指扪弄曰：'吾有句，汝可对也。'乃指妃乳言曰：'软温新剥鸡头肉。'妃未果对。禄山从旁曰：'臣有对。'帝曰：'可举之。'禄山曰：'滑腻初来（初来钞本作浑如）塞上酥。'妃子笑曰：'信是胡奴只识酥。'帝亦大笑。"酥，当是指酥酪之类的奶制品。

④ 按照《安禄山事迹》一书的说法，天宝十年（751）以后，安禄山能自由出入宫禁，见唐人姚汝能撰《安禄山事迹》卷上，曾贻芬点校，中华书局，2006，第 81 页。不过，出入宫禁是一回事，看贵妃出浴，则是另外一回事。

与安禄山二人的对答，均是以食物来比拟贵妃的乳房，用拉康的说法，这都是与口腔相关的快感，是人本能的需求（demand）。①

在此，无须考证这则"轶闻"之真伪，因为它背后蕴涵的意味对于李遐龄用典时的选择较之其真伪本身更具意义。在笔者所见的多数诗作中，用到"鸡头肉"典故的，多是有伤怀家国的情绪，宋人的作品尤其如此。② 该典故所承载的与国运相连的内涵，到明末之时，仍可从文人的作品中表现出来。③ 回头来看李遐龄的诗句，在引用"鸡头肉"的典故时，这种感伤家国的情怀已荡然无存。若说"鸡头肉"的"古典"是对家国倾覆之痛，那么在李遐龄这里，其"今典"已经变成了纯然的对欢场燕好的自得。然则李遐龄所身处的乾嘉时代，号称盛世，实则暗涌激荡，

---

① Lacan（1998），pp. 107，168 - 169，195.
② 南宋人李石的词作《捣练子》："红粉里，绛金裳。一厄仙酒艳晨妆。醉温柔，别有乡。清暑殿，藕风凉。鸡头擘破误君王。泣梨花，春梦长。"载唐圭璋编《全宋词》第二册，第1302页。《全芳备祖》后集卷一将之列在"龙眼门"之下。这首词表面上是吟咏水果，实际上却是对国家命运的感伤。如果说李石的作品对相关典故的援用还比较隐晦的话，那么南宋诗人舒邦佐《读开元遗事》诗就直接得多了："锦绷儿啼妃子笑，鸡头肉念禄山来。三郎若肯怜汤饼，岂被香囊作祸胎。"汤饼一句说的是玄宗如果能够不沉溺于杨玉环的美色，惦念旧情（王皇后之父质衣为落魄的李隆基买面粉做汤饼一事），那么就不会惹来"安史之乱"了。我们可以把这个看作是以古讽今之作。诗载傅璇琮等编《全宋诗》第47册，第29586页。
③ 明末清初的著名学者王夫之在其词作《水龙吟》中"不复以艳为讳"，咏莲子的词句中也引用了这个典故："兰汤初浴，绛罗轻解，鸡头剥乳。"载彭靖编撰《王船山词编年笺注》，岳麓书社，2004，第265页。在这首词之前，王夫之已经有另外两首词作是咏莲子的，笺注者认为这两首词当作于南明桂王在云南遇害之后，但具体年份不能确定，见该书第262页。然后王夫之表示在梦中受到了启发，一反前两首词作之高格调，用绮丽的辞藻再写了这首《水龙吟》。所谓"世人皆以我为质朴，公当为艳语破之"。所可注意者，这三首有关莲子的词作，有两首用到了与天宝年间的事情相关的典故，王船山对国运艰难的感慨，从中不难想见，尤其是他本人曾在南明的朝廷中担任官职，对于天下之倾覆，有着更深一层的体会，所谓咏物，其实言志。

"广州体系"(Canton System)的转折年代也即将到来。① 苛求古人,要求他们能如今日的研究者一般明了"广州体系"崩坏之因果,② 未免不智。笔者在此只是想指出,诗人看到的一派歌舞升平的景象,③ 也许在于他们仅将澳门视作一个猎奇的空间,而让他们作此想的原因之一就在于"夷女"的身体。④ 对澳门女性身体的"凝视",不仅展现了这些男性诗人的欲望,而且使他们忽略了视野以外的其他事物,导致了对于澳门的认知过于集中在其"十里扬州恐未如"的方面,⑤ 所谓一叶障目也。由此可见,即令是亲临其境,也未必可以有"真实"的认识。澳门色情事业的发达,有时会混淆人们的认知取向。

李遐龄的这首诗歌,还让我们看到了另外一个现象,那就是诗人笔下对"夷女"身体的物化(objectification)。如"鸡头肉"指乳房、"春葱"指细长的手指,又以烟草、酒等消费品来衬托此种场景等皆是例证。其结果是我们在诗歌中看到的是"夷女"身

---

① 美国历史学家普理查德(Earl Hampton Pritchard)称 1750 – 1800 年为中英关系的关键年代,见氏著 *The Crucial Years of Early Anglo – Chinese Relations, 1750 – 1800* (New York: Octagon Books, 1970)。
② 关于"广州体系"崩坏的原因,已经有不少研究成果。比较近的一部著作是美国学者范岱克(Paul van Dyke)的著作 *The Canton Trade: Life and Enterprise on the China Coast: 1700 – 1845* (Hong Kong: Hong Kong University Press, 2005)。详见该书第 9 章及结论的部分。
③ 这一时期造访澳门的若干诗人,在其诗作中鲜少表现出对时局的忧患。多数作品都对澳门(当然也就包括了在澳门居停的各国"夷人")作为"国家柔远地"(句见陈昙《澳门》诗,载氏著《海骚》卷五,道光刻本,第 2 页)的作用表示了信心。
④ 按照亨利·勒费弗尔(Henri Lefevre)的说法,身体与空间有着密切的关系,身体与空间可以互相生成。见 Henri Lefevre, *The Production of Space* (Oxford: Basil Blackwell, 1991), p. 174。那么,我们也可以说,如果没有澳门这样的空间,"夷女"的身体在这些中国诗人作品中的呈现,大概会是另外一种面貌;同样的,因为"夷女"的身体的展现,影响了诗人们对澳门社会空间的建构。
⑤ 句见李遐龄《洋楼》诗,载氏著《勺园诗钞》卷一,嘉庆刊本。

体的某个或者某几个"部件",而无法得以观其全貌,就是说,这些"夷女"的身体是不"完整"的。诗词中对女性身体的描摹,不是全身肖像,必有其重点,一方面是文字的表现力需要集中体现,另外一方面也是因为男性的话语霸权使得他们可以对女性的身体进行分解与物化。[1] 对于女性身体的"分解",将澳门诗词与其他的诗词作品作对比,还是会发现存在着"华夷之辨"——诗人在对中外女性身体的描述中,还是有差别的。

在澳门诗词中,论及"夷女"之身体外貌时,不乏描写她们含情眼波的诗句,不过,对于与之"配套"的眉毛却视若无睹。一般而言,汉语诗词中描摹女子容颜,眉毛是非常重要的一个部分,所谓"蛾眉",引发了不少诗人的雅兴。[2] 为了具有"蛾眉"的美态,就要描眉,于是又有了"粉白黛黑"之说。[3] 描画的眉形

---

[1] 所谓"物化"(objectification),指的是把女性看作/处理为"某种物体"的现象,其中性物化(sexual objectification)是女性主义理论中的一个重要方面。见"Feminist Perspectives on Objectification", in *Stanford Encyclopedia of Philosophy* 网络版。网址: http://plato.stanford.edu/entries/feminism-objectification/,浏览日期:2012年3月20日。又见Sandra Lee Bartky, *Femininity and Domination: Studies in the Phenomenology of Oppression* (New York and London: Routledge, 1990), pp. 33 – 44。在诗词作品中极少能看到对男性身体进行物化的现象,这恰好展现了身体书写中语言的性别权力关系。对女性身体的物化,在中国历史上,最为典型的例证就是妇女的缠足。见〔美〕高彦颐著《缠足:"金莲崇拜"盛极而衰的转变》,苗延威译,江苏人民出版社,2009。在李遐龄的这首诗作中,还用了酒、烟草等物品来表示升腾而起的欲望,这种把欲望商品化的现象,也是物化概念的体现。因为身体被物化了,所以就可以进行分解乃至于交换、消费。

[2] 以"蛾眉"为主题的诗歌非常多,《诗经·硕人》即有"螓首蛾眉,巧笑倩兮,美目盼兮"之句。所谓"蛾眉",指的是眉毛像蚕蛾的触角那样长而弯,见王秀梅译注《诗经》,中华书局,2006,第77 – 78页。

[3] 此句出自《楚辞·大招》,"黛黑"指的是用青黑色的颜料画眉。见林家骊译注《楚辞》,中华书局,2009,第230、232页。《大招》的作者目前尚有争议,有认为是屈原,也有认为是与屈原同时代的景差,也有人认为这是西汉初年的作品。不过,这些都不影响本文对该句的引用。

秀美，淡雅而不浓烈，有"远山"之谓。① 这般描画眉毛的做法，一般需要把真正的眉毛悉数剃去，然后根据各人喜好及当时潮流选择眉形进行描画。"远山眉"只是较有代表性的眉形，各个朝代所流行的眉形花样繁多，变化颇大，如唐朝曾流行阔眉。② 而这样的浓妆艳抹，到了清朝，基本被民间妇女所放弃，清朝妇女的眉形"大多纤细而弯曲，长短、深浅等变化日益减少"。③ 这样的女性眉形，在清代的不少画作中都有反映，如钱纳利的画作《濠江渔娘》（*A Tanka Boatwoman*）中的女子形象，应该就是李遐龄所惯见的。④ 在清代澳门诗词中，对"夷

---

① （汉）伶玄著《赵飞燕外传》，吉林文史出版社，1999，第352页，提到赵合德的妆扮时说："为薄眉，号远山黛。"又卓文君亦被赞美为"眉色如望远山，脸际常若芙蓉"，见晋人葛洪撰《西京杂记》卷二，"相如死渴"，中华书局，1985，第11页。有关宋以前女性描眉之分类及使用之颜料等，可参看孟晖《花间十六声》，生活·读书·新知三联书店，2006，"黛眉"章，第98-125页。
② 唐人张籍的诗作《倡女诗》有"轻鬓丛梳阔扫眉"之句，即是例证。见陈延杰注《张籍诗注》卷六，商务印书馆，1938，"国学小丛书"本，第118页。作为图像的证据，可以参考《簪花仕女图》。唐代的眉形名号繁多，不胜枚举，如"却月眉""八字眉"等也经常出现在各种文献中。
③ 周汛、高春明著《中国历代妇女妆饰》，上海学林出版社、三联书店（香港）有限公司，1991，第127页。
④ 该画作为香港汇丰银行藏品，现正在香港艺术馆展览，是"东西共融——从学师到大师"（Artistic Inclusion of the East and West）常设展览的展品之一。相关画作，可浏览以下网页：http：//sc.isd.gov.hk/gb/www.info.gov.hk/ga/general/201109/26/P201109260243_photo_1031637.htm，浏览日期：2012年4月2日。相关的展览图录见香港艺术馆编《东西共融：从学师到大师》，香港康乐及文化事务署，2011，第78页。可将此画作与苏格兰摄影师 John Thomson 的摄影作品《船家女》（*A Boat Woman*）进行对比，见中华世纪坛世界艺术馆编著《晚清碎影：约翰·汤姆逊眼中的中国》，中国摄影出版社，2009，第131页。在晚清的摄影作品中，我们也可以看到这样的细长的眉形，美国摄影师 Milton Miller 在广州拍摄了大量照片，如《广州官员及其夫人》（*Cantonese Mandarin and His Wife, 1861-1864*）当中那位夫人的眉毛即是如此，见 Mary Warner Marien, *Photography: A Cultural History* (London: Lawrence King Publishing Ltd., 2006), p. 121.

女"的眉毛基本上不置一词，若是个别人的作品如此，尚不足为奇，但如此集体"失声"，① 却难免引起读者的兴趣。对此，笔者有以下的猜测。从比较审美趣味的角度来说，我们大概可以推测，清朝的诗人对于女性的"蛾眉"习以为常，以至于形成一种审美的取向，认为女性的眉毛必得是描画得"纤细而弯曲"方具美态。而"夷女"的眉毛崇尚天然，② 故不足入诗也。乍看之下，作如此解释似无不妥。但笔者对此略有疑虑，我们无法从诗人的诗歌中判断"夷女"到底是属于什么族裔，来自何方，她们到底在多大程度上遵循所谓的欧洲崇尚天然的"传统"，因此，对于她们的眉毛的真正形态，是无从判断的。15世纪以后的不少欧洲肖像画中，可以看到，崇尚天然之说

---

① 清代妇女的眉形虽然比较单一，但是不妨碍清代诗人继续在他们的诗歌中继续以"远山眉""蛾眉"等来形容貌美的女子。较著名的如清初诗人吴伟业的《圆圆曲》有句曰"若非壮士全师胜，争得蛾眉匹马还"，见吴伟业著《吴梅村全集》，李学颖集评标校，上海古籍出版社，1990，上册，第78页。又如乾隆年间的诗人沈崿《板桥杂记题词》二首之二用到了蛾眉来形容青楼佳人："杜牧风怀宋玉词，诗人例许惜蛾眉"，见徐世昌编选《晚晴簃诗汇》，退耕堂本，民国刊本，卷一百五。描写远山眉的例子也有一些，如清初诗人梁清标的《画眉》就用了这个典故："淡扫偏嫌螺黛染，晓妆偷取远山图"，见氏著《蕉林诗集》，康熙刻本，七言律三，11b。

② 在欧洲，女性的眉毛去留，也有着不同的阶段性。如17世纪时，不少女性都会把眉毛剃掉后重新描画，或者尽量阻止眉毛的生长，以使眉毛显得比较稀疏。一般而言，当人们追求开阔的额头时，就会剃眉以达到相应的效果。而女性崇尚"天然"的眉毛，是19世纪以后才比较明显地显现出来的。见Victoria Sherrow, *Encyclopedia of Hair: a Cultural History* (Westport: Greenwood Press, 2006), p. 118。18世纪的时候，欧洲某些地方，追求"时髦"的男女会把眉毛剃掉，然后贴上用老鼠毛做的假眉毛。有的时候，甚至会把眼睫毛也拔掉，见Margo Demello, *Faces Around the World: a Cultural Encyclopedia of the Human Face* (Santa Barbara: ABC-CLIO, LLC, 2012), p. 135。可见，关于眉毛的"潮流"，是比较难以把握的。

有偏颇之处。① 当然，从这些画作中我们也不难发现，西欧女性的眉形，尽管经过修饰，但与清朝女性的眉形还是有差异的。

那么，是否可以据此认为诗人们亲眼目睹了这些"夷女"的眉毛与他们心目中的秀丽眉形有着差异，因此刻意予以忽略呢？这里要解决的一个问题是，他们看到的"夷女"，到底在族裔上是归于何种人群中。在有关"女婚男嫁"的问题的讨论中，相关的文献已经指出，真正从欧洲直接到澳门的女性是非常少的，多数在澳门的"夷女"，应该是混血人种。她们在着装上固然会受到欧洲方面的影响，但囿于信息的闭塞及亚洲各地传统的差异等原因，

---

① 从 15 世纪到 19 世纪的有关欧洲女子的画作中，让我们看到不少人的眉毛都重新修饰过，具有细长且弯曲的特点。有的女子几乎没有眉毛，如 17 世纪中叶荷兰画家维梅尔（Johannes Vermeer）的名作《戴珍珠耳环的女孩》（*Girl with a Pearl Earring*）即是。该幅画作被称为是"北方的蒙娜丽莎"，现藏于海牙的 Mauritshuis 博物馆，URL：http：//www.mauritshuis.nl/index.aspx？chapterid＝2343＆contentID＝18308＆SchilderijSsOtName＝Achternaam＆SchilderijSsOv＝Vermeer＆ViewPage＝2，浏览日期：2012 年 4 月 8 日。有意思的是，这幅并非肖像作品，而是画家对于异域风情（奥斯曼土耳其）的表达，故而，画家大概是要反映一个东方女子的形象。有关这幅作品的内涵，可参看 Norbert Schneider, *Vermeer, 1632 - 1675: Veiled Emotions*（Los Angeles：Taschen, 2004），p. 69。比维梅尔稍早的弗莱芒画家鲁本斯（Peter Paul Rubens）的作品《伊莎贝拉·布兰特肖像》（*Portrait of Isabella Brant*，即画家的第一位妻子），可以让我们比较清晰地看到精心修饰过的眉毛。该画作约创作于 1620 - 1625 年，现收藏于美国克利夫兰艺术博物馆，URL：http：//www.clevelandart.org/collections/collection%20online.aspx？type＝refresh&sliderpos＝2&searchoption＝1，浏览日期：2012 年 4 月 8 日。而 100 多年以后，法国女画家 Elizabeth Vigée - Lebrun 的《戴草帽的自画像》（*Self - portrait in a Straw Hat*）也可让我们看到 18 世纪末期西欧女性对眉毛修饰的一些状况。该画作现收藏于伦敦的国家画廊（National Gallery），URL：http：//www.nationalgallery.org.uk/paintings/elisabeth - louise - vigee - le - brun - self - portrait - in - a - straw - hat，浏览日期：2012 年 4 月 8 日。

她们也会有着不一样的妆饰风格。① 因此,不能仅仅以欧洲的潮流作为标准判断她们的眉形特征。我们在钱纳利的一些画作中可以看到,一些在澳门的混血女性,其眉形与在澳门的本土女性并没有明显的差异。② 由于这些欧亚混血的女性占了澳门"夷女"的大多数,或许由于她们的眉形与清朝女性的比较接近,因此,诗人们的著作中没有描写这些"远山眉""柳叶眉"之类的妆扮,并非因为"夷女"的眉形与他们的审美观大异所致。

笔者以为,造成这种现象的原因,大概是与"胡姬""远山眉""蛾眉"等典故背后有着更深刻的内涵有关。翻检若干有关"胡姬""胡女"的诗词作品,不难发现一个有趣的现象,在女性的美态以"远山眉""蛾眉"等作为标准的时代,同样以美貌而吸引文人的"胡姬",其眉毛却没有引起吟诵的兴趣。以笔者

---

① 比如,用棉线开脸、修饰眉毛的方法,有说是从印度起源的,也有说是起源于阿拉伯地区,广州本地也有这样的老传统,也许就是从这些地区传播而来的。在伊斯兰地区,用棉线清理面部毛发意味着从少女向着少妇的转变。参见网络文章"Eyebrow Threading History", URL:http://eyebrowthreadinghub.com/eyebrow-threading-history/。浏览日期:2012 年 4 月 10 日。又见 Sherrow (2006),p.118。

② 钱纳利的一幅画作,题名为 Portrait of a Young Eurasia Lady (《一个欧亚混血少女的肖像》),网页地址:http://www.wikigallery.org/wiki/painting_171905/George-Chinnery/Portrait-of-a-young-Eurasian-lady,浏览日期:2012 年 4 月 10 日。该画作收藏者不详。可留意画中女子经过修饰的细长的眉毛。在另外一些网络资源中,我们可以看到,有一幅也被称作是钱纳利作品的画作,画面与之酷似,画作名称为 A Geisha Girl (《一个妓女》),不知有何根据。两幅画作的背景基本一致,而两位女子的面貌稍有差异。网页地址:http://www.wikigallery.org/wiki/painting_301848/George-Chinnery/A-Geisha-Girl。浏览日期:2012 年 4 月 10 日。细看之下,我们会发现,这两位画中人的眉形,与之前看到的《濠江渔娘》非常相似。

所见，有关胡姬外貌的诗词，基本没有描写她们的眉毛的，① 这当中只有元末明初的诗人张宪的诗作《胡姬年十五拟刘越石》是例外。② 从这种现象我们大概可以认为，观察"胡姬""夷妇"等"非我族类"的女子的外貌时，眉毛一般不作为描画的对象。或者更准确地说，当文本当中明确有"胡姬""胡妇""酒家胡"等字样时，相关的吟咏一般不涉及她们的眉毛。③ 究其原因，正如上文指出的那样，未必是因为她们的眉毛不符合文人的审美趣味造成的。笔者冒昧揣测，"蛾眉"一典未被用到澳门"番女"的身体书写中，大概与这个典故所隐含的"民族性"以及到了清代的时候相关典故所衍生出来的性别书写有关系。

"蛾眉"一典，头绪颇多，最早的是指庄姜之美态，上引《诗经·硕人》即是；后来也有指王昭君的，如白居易的《王昭君二

---

① 有关胡姬的诗歌中，较早的一首当属汉朝辛延年的《羽林郎》，诗中言及胡姬的美貌时曰："胡姬年十五，春日独当垆。长裾连理带，广袖合欢襦。头上蓝田玉，耳后大秦珠。两鬟何窈窕，一世良所无。一鬟五百万，两鬟千万余。"诗句着重描写胡姬的着装与发髻，并无言及她的眉毛。此诗一出，所谓"胡姬年十五"及"当垆"等措辞几乎成了描写"胡姬"的标准语汇。见陈朝徐陵编，清朝吴兆宜注、程琰删补，穆克宏点校：《玉台新咏笺注》卷一，中华书局，1999年，上册，第24页。在辛延年之后的有关胡姬的作品中，比较少描写她们的外貌，较为详细的还有南宋诗人曹勋的《胡姬年十五》一诗："胡姬年十五，媚脸明朝霞。当垆一笑粲，桃叶映桃花……"，但显然这样的描写也是比较大而化之的。见傅璇琮等主编《全宋诗》第1881卷，第33册，第21065页。
② （元）张宪：《玉笥集》卷三，商务印书馆，1935，第41页。诗曰："胡姬年十五，芍药正含葩。何处相逢好，并州卖酒家。面开春月满，眉抹远山斜。一笑既相许，何须罗扇遮。"
③ 由于涉猎所限，笔者无法一一甄别在该范围以外的其余咏妓诗等作品是否指的胡姬，以及这些作品当中是否有词汇是形容胡姬的眉毛的。因此，笔者更愿意认为，胡姬等描写对象有着不一样的意味，而不仅仅是男性观赏的对象。

首》之二的首两句即云:"汉使却回凭寄语,黄金何日赎蛾眉"。①自来咏"蛾眉"的诗作非常多,与昭君有关联者不在少数。于是"蛾眉"隐隐成为了指代"汉人"美女的词汇,似乎约定俗成地给这个词汇染上了"华夷之辨"的色彩,如李白的诗作《王昭君二首》之一即是一例:

> 汉家秦地月,流影照明妃。
> 汉月还从东海出,明妃西嫁无来日。
> 燕支长寒雪作花,蛾眉憔悴没胡沙。
> 生乏黄金枉图画,死留青冢使人嗟。②

李白在诗中用了好几组的对比来凸显胡汉的差异,以强调"蛾眉""西嫁"的悲剧性。于是"蛾眉"逐渐与边患相关联,如唐代诗人刘沧的诗歌《边思》即是以这样的思路来用典的。③唐朝的诗人对以宗女和番的政策表示不满时,往往会用到王昭君的故事来作对比,如李中的《王昭君》中就愤懑地表示:"蛾眉翻自累,万里陷穷边……谁贡和亲策,千秋污简编"。④ 于是,昭君的

---

① 顾学颉校点《白居易集》,中华书局,1999,第一册,第 295 页。
② 瞿兑元、朱金城校注《李白集校注》,上海古籍出版社,1980,第一册,第 298 页。校注者认为这首诗是借王昭君的史事来指"当时公主出嫁异国者"。
③ 《全唐诗》,中华书局,1960,第 18 册,卷五百八十六,第 6790 页,刘沧《边思》。诗云:"汉将边方背辘轳,受降城被是单于。黄河晚冻雪风急,野火远烧山木枯。偷号甲兵冲塞色,衔枚战马踏寒芜。蛾眉一没空留怨,青冢月明啼夜乌。"边患之忧思,是以蛾眉之湮没来衬托的,昭君在某种意义上成为了胡汉关系不协调的象征,"蛾眉"于是指的不仅是美貌的女子,还特指"汉人"的女子。安史之乱以后,胡汉的分野越发明显,于是"蛾眉"不仅指王昭君,也有用蔡文姬的故事来咏当时之事的。参见戎昱的《听杜山人弹胡笳》诗,中有"泪尽蛾眉没蕃客"句,指的是"陷没蕃中身作客"。臧维熙注《戎昱诗注》,上海古籍出版社,1982,第 21-22 页。
④ 《全唐诗》,中华书局,1960,第 21 册,卷七百四十九,第 8534-8535 页。诗中还以"滴泪胡风起,宽心汉月圆"来进行对比,其中反映的族群差异,显而易见。

"蛾眉"成为了胡汉纠纷的象征,把胡汉的差异进行对比是唐代不少咏昭君诗喜用的修辞方式。① 这样的一种观念,到了宋朝的时候也没有消失,在宋人的诗词中,我们仍然看到不少以昭君的故事来喻当时的外敌环伺的局面,而他们对于胡汉之辨的看法也有不少差异。② 这些宋代咏王昭君的诗词当中,也有不少是用到了"蛾眉"的典故的,如吴龙翰的《昭君怨》开篇即说"汉家金屋贮蛾眉"。③ 在一些诗歌中,昭君出塞的悲情逐渐染上了豪迈的色彩,如陈宓的五言绝句《昭君》即是:"永巷锁芳菲,春归入燕泥。粉身能报国,妾不爱蛾眉。"④ 当然,要弱质女子出塞和边,也凸显了主政者的无能,因此,盛世忠在其诗作中也直言不讳地说"蛾眉却解安邦国,羞杀麒麟阁上人"。⑤ 于是,这里逐渐地出现了性别之间对比的意味。

上文已经指出,诗中用典,随时而易,唐宋时对"蛾眉"一词用典的某些指向,到了《番女诗》的清代,又发生了变化,"蛾

---

① 再举数例,如李如璧的《明月》诗有句曰:"……昭君失宠辞上宫,蛾眉婵娟卧毡穹。胡人琵琶弹北风,汉家音信绝南鸿……"引自《全唐诗》,第4册,卷一百一,第1081页。又如汪遵的《昭君》诗:"汉家天子镇寰瀛,塞北羌胡未罢兵。猛将谋臣徒自贵,蛾眉一笑塞尘清。"载《全唐诗》第18册,卷六百二,第6960-6961页。常建的《塞下曲四首》之四也有以胡汉作比:"因嫁单于怨在边,蛾眉万古葬胡天。汉家此去三千里,青冢常无草木烟",载《全唐诗》第4册,卷一四四,第1464页。常建另有《昭君墓》诗,也有用到"蛾眉"之典,此处从略不录。
② 关于这个部分的内容,笔者不再作详细的征引,可参见漆永祥的论文《从〈全宋诗〉中的咏昭君诗看宋人的华夷观念》,《中国典籍与文化》2011年第1期(总第76期),第112-117页。
③ 《全宋诗》第68册,卷三九九〇,《吴龙翰四》,第42895页。
④ 《全宋诗》第54册,卷二八五四,《陈宓三》,第34028-34029页。另外赵汝镱的《昭君曲》也有句曰:"……临时失捐画工赂,蛾眉远嫁单于庭。……若藉此行赎万骨,甘忍吾耻靡一身……"见《全宋诗》第55册,卷二八六四,"赵汝镱一",第34201-34202页。
⑤ 《全宋诗》第63册,卷三三三八,第39857页。

眉"与昭君的联系被弱化了。① 清代咏昭君诗中用"蛾眉"典的也有若干。② 不过，从昭君、文姬等人的故事中衍生出来的以"蛾眉"形容有慷慨豪迈之气的女子的做法还是被沿用了。在笔者所见的清代诗歌中，以"蛾眉"形容女子有豪迈之气的作品，多是出自女诗人之手。如清初女诗人徐德音也写有《出塞》诗，其句曰："六奇枉说汉谋臣，后此和戎是妇人。能使边庭无牧马，蛾眉也和画麒麟。"③ "画麒麟"指的是昭君并非男儿身，却承担了男子的责任，其性别关系之反差于此可见。与之相类，晚清的女诗人赵录缜在其诗作中也称赞《绿窗诗草》的作者、女诗人王恭人"忧国如焚托讽喻，蛾眉真个愧须眉"。④ 也有一些诗词作品没有可以强调"蛾眉"所体现出来的性别反差，而仅是强调"蛾眉"也有不乏"英风侠气"者。⑤ 至于这种英侠之气的最佳体现者，非沙场上的女将莫属。笔者所见的清代诗词，以"蛾眉"来形容女将的，亦多是出自女性作者之手，如沈善宝的词作《满江红·登金

---

① 在个别的诗作中，"蛾眉"不再是秀丽女子所必需的修饰，如清代女诗人孙荪意的诗作《孝烈将军歌》就称"不画蛾眉十三年，归来依旧芙蓉面"，见《晚晴簃诗汇》卷一八六，75a，《续修四库全书》本。察其意，"蛾眉"的性别特征不应在女扮男装的花木兰身上体现出来。
② 但以"蛾眉"来咏昭君的诗篇还是零散可见，如时铭的诗作《题明妃出塞卷子》开篇即曰："塞草茫茫塞雪紫，沙啄蛾眉寒啄指"，见《晚晴簃诗汇》卷一一八，22b，《续修四库全书》第1631册。又如查元称的诗作《无端》中有句曰："蛾眉只合长漂泊，错把丹青怨画工"。引自《晚晴簃诗汇》卷一一九，30b，《续修四库全书》第1631册。
③ 黄秩模编辑，付琼校补《国朝闺秀诗柳絮集校补》第一册，人民文学出版社，2011，第108页。
④ 录自赵录缜的诗作《题绿窗诗草》，载《晚晴簃诗汇》卷一九一，44b，《续修四库全书》第1633册。
⑤ 如乾嘉年间常州女词人杨芸的词集《琴清阁词》中有词作《大江东去·二乔观兵书图用坡仙韵》即有句曰："英风侠气，笑蛾眉也似，江南人物"，见《小檀栾室汇刻闺秀词》第一集，14b。"江南人物"，当指第一等人物之意。

山妙高台》就是其中之一。① 我们看到，"蛾眉"在清代诗人的写作中，不仅延续了原来的族裔差别的特征，而且在特定的语境下，还具有了性别书写的差异。与男性笔下困顿宫闱的或对镜自怜的"蛾眉"不同，清代女作者笔下的"蛾眉"不乏"愧须眉"的气魄。有意思的是，在男性作者已经鲜少触及"蛾眉"一词中涉及族群与性别的反差对比的内涵时，女性作者却以此直抒胸臆。囿于笔者掌握材料的限制，在此谈及所谓"性别书写"等问题，显然缺乏证据，不过，笔者以为，到澳门游历的男性诗人没有以"蛾眉"形容番女的外貌，大概与该词使用时的性别指向差异有关。② 女性诗人所乐于凸显的"蛾眉"的侠气，显然不适用于澳门的番女，何况，男性诗人对于这个方面的话题兴趣阙如。③ 结合上文有关"鲛绡"的讨论，清朝男性诗人更乐于在诗歌中粉饰番女的柔弱气质，那么已然有了侠气的"蛾眉"，显然不是可以随意入诗的。

---

① 其词有句曰："想蛾眉伟绩，才人丽藻"，是描写南宋"梁红玉击鼓战金山"的故事的，引自《小檀栾室汇刻闺秀词》第二集，12a。
② 关于语言的性别区分，持女性主义观点的研究者有许多的成果。较早涉及这个方面的研究著作是 Robin Lakoff 的文章 "Language and Woman's Place", in *Language in Society*, Vol. 2, No. 1 (Cambridge: Cambridge University Press, April 1973), pp. 45 - 80。Lakoff 的文章指出了对词语使用的性别差异，后来有关性别与语言之间的关系的研究颇受其影响。在此，笔者无意于将有关"蛾眉"的讨论引入到女性主义理论的范畴，不过，受到这些著作的启发，笔者以为，性别的差异确实在清代的诗人使用"蛾眉"一词时有所体现。
③ 清代男性作者的诗词中用到"蛾眉"一词的颇多，但多描写貌美女子柔弱无依的一面，至于特立独行的女性，如柳如是，男女诗人皆有吟咏之者，以笔者所见，用到"蛾眉"一词的，都是女性诗人。如王贞仪的《沁园春·题柳如是像》句云："问底事蛾眉，爱才念切，改装巾帻，择士心坚"，载王贞仪《德风亭初集》卷十三，丁 22b，民国刊本。又如辛丝的《半野堂怀古》有句曰："儿女英雄要遭际，蛾眉可惜柳河东"，载《晚晴簃诗汇》卷一八七，8a，《续修四库全书》第 1633 册。这种情况也许只是巧合，但也可能与"蛾眉"一词的使用与作者性别的差异相关联的情况有关。

在清代澳门诗词中，对番女外貌的描写，没有涉及眉毛的部分，笔者认为不能仅从审美趣味的角度去进行解释。或许诗人认为澳门番女的眉毛芜杂，不值一提，但他们的集体"无视"，肯定有着更深层次的原因。应该看到，诗词作品中对女性眉毛的用典，有着十分丰富的内涵。无论是族群的对立抑或是不同性别的作者对于词汇的撷取，都使得"蛾眉"一词无法恰到好处地适用于澳门番女的外貌描述中。由此可见，对澳门番女外貌的描写，在诗词中的表述，不仅与诗人的个人观察有关，也与诗词中要表达的语境及措辞有关。对唐代胡姬与清代澳门番女的眉毛的描写的缺失，也许只是巧合，但其背后所暗示的族群差异与性别区分都说明两者之间未必没有关联。要言之，诗人的主体性是在一定的文化范畴下才得以表现出来的。因此，或许我们可以认为，清诗中对澳门番女外貌的描写，是对唐诗中有关胡姬主题的部分再现。如此，澳门诗就部分地成为了历史的投影，番女的音容笑貌，依然如"镜花水月"般难以捉摸，语言上的藩篱昭示着认知的障碍，成为了后人认知上的局限。①

从"鲛绡"到"鸡头肉"再到见目不见"眉"，清代诗人笔下的澳门番女也许有着各自的"原型"，但对她们外貌的描写却一一被类型化了，个人的肖像变成了"标准像"。除了上文探讨过的诗歌语言的特征所造成的原因外，还因为澳门的番女在诗人的眼中，往往是"张丽华"之属，大概她们身份的特征，也造成了诗

---

① 这不仅是语言学的问题，还涉及了认知科学的领域。如法国认知科学学者 Gilles Fauconnier 指出的那样，"被反复证实的结论是，可见的语言只是我们思考与谈话时的不可见的结构的冰山一角"，见 *Mappings in Thought and Language*（《思维和语言中的映现》），影印本，世界图书出版公司，2010，第 1 页。如果如 Fauconnier 说的那样，我们运用语言时是无意识地进行相关的认知运作，那么清代诗人对澳门番女眉毛的描写的缺失，与唐诗中鲜少提及胡姬的眉毛，应该还是有一定联系的。

人对她们外貌的"观看"有了类型化的倾向。

三 "珠娘佳丽"与"西方美人"[①]

清代广东诗人梁鸾翔在其诗作《澳门竹枝词》中称：

> 地原僻壤属葡牙，谁料人多张丽华。
> 士女冶容难画似，俨然明月照桃花。[②]

以"张丽华"形容澳门的番女，显然不是指她们的身份如张丽华般有"贵妃"之号而显得高贵，而是指她们有着美丽的姿容。据说陈后主叔宝的诗作《玉树后庭花》就是为了张丽华而作的，诗句曰："妖姬脸似花含露，玉树流光照后庭。"史上有如花美貌的女子颇多，为何偏以"张丽华"来形容澳门的番女呢？这与"后庭花"的典故是相关的。《玉树后庭花》在唐代是教坊曲名，歌咏者多是教坊中人，杜牧的诗句"商女不知亡国恨，隔江犹唱后庭花"至今为人称道，"商女"即歌女。[③] 以"张丽华"入诗，是取"后庭花"的延伸意——从宫廷的宴乐到成为歌女的唱曲，而歌唱"后庭花"的"商女"，则是以"后庭花"一曲的缘起——"张丽华"来作为代表了。因此，梁鸾翔诗中的"张丽华"其实指的是在澳门的美貌娼妓。至于"后庭花"一曲中所蕴含的"亡国

---

① （清）梁乔汉：《港澳旅游草》之《镜湖杂咏五十首·夷俗杂咏》句云："冰绡障面盼多姿，腰细湘裳叠雪垂。漫说珠娘佳丽尽，西方原有美人思。"光绪刊本，第10页。该诗集中的作品均作于光绪二十六年（1900），彼时诗人设馆于澳门。

② （清）梁鸾翔：《虫鸣集》，民国铅印本，第27页。该诗作于1898年，彼时梁鸾翔居住在澳门的旅店"泰安栈"，据章文钦的笺注，泰安栈在福隆"三街"附近，此处当时为澳门妓馆集中之地。

③ 吴在庆撰《杜牧集系年校注》，中华书局，2008，第二册，第517-521页，"樊川文集卷第四"。

之音"的意味,"张丽华"所代表的"红颜祸水"的喻义也被诗人所忽略了。

可堪注意的是,梁鸾翔的竹枝词首二句的转折语气:本以为澳门这个葡萄牙人的居留地偏于海隅,(大概无可称道者),谁想这里有这么多貌美的娼妓呢!此语道中了澳门的妓业发达之状况,梁鸾翔的《澳门竹枝词》四首之三也称"舞馆歌楼数里程,家家灯火彻宵明"。本章开篇即指出了清代澳门人口长期存在女多男少的现象,所谓"百千夷女纷成群"即是其写照。男女性别的悬殊,澳门作为贸易港口流动人口的众多等方方面面的原因造成了"十里扬州恐未如"的局面。在此,笔者不打算对澳门的风月史追根溯源,也无意探讨其流变,在史料有限的情况下,难以达成这些目标。倒是在清代澳门诗词中反映出来的文人心态,颇有耐人寻味之处。

清人的叙述中,对澳门风月场所之大概没有非常详细的记录,诗文作品中的片言只语也未必言尽其意,毕竟到了清代,寻花问柳已经不是一个可以"畅所欲言"的话题。因此,才会有上文谈及的《澳门番女歌》中的语焉不详。笔者已经指出,若非诗人无中生有地捏造了一个含情脉脉的"番女"形象,那么这个与他眉目传情的女子应该就是倚栏卖笑之人。则清诗对此话题表达方式之"迂回",可见一二。或问,何以如此?大概是与诗中所描写者为"洋妓"有关。

因为居住人群族裔多样化之故,清代澳门欢场的一大"特色"就是有不少的"洋妓"。清代文人对"洋妓"的品评虽然不详尽,但多数比较"正面",如上引梁乔汉诗作中的描写即是一例。这些"洋妓"的真正族群身份,缺乏明确的界定。但就澳门的人口构成而言,在清朝的时期,"洋妓"乃直接从欧洲前来者应该是非常少的比例。在清人看来,她们身上的异域风情,大概是血统或文化混合的结果。所谓"正面",自是相对于"负面"而言,既然有

"洋妓",那么就有"土娼",在一些诗文作品中,"土娼"是被作为"洋妓"的反衬而存在的。如梁乔汉诗中说"珠娘佳丽尽"已经是很客气的说法,顺德诗人杨增晖的《中秋南湾步月》四首之三对澳门的"咸水妹"的评价极为刻薄:

渔歌唱出镜湖渔,俪白评红夜不虚。
河上近多咸水妹,生憎人唤贺兰藷。①

贺兰藷,即荷兰薯,是马铃薯的俗称,马铃薯的外观平凡无奇,色泽暗淡无光彩,以之点评"咸水妹",当然不会是佳话。从字面上来说,后二句的意思大致是说,水面上近来多了不少卖身的"疍家女",面目无足称道,可目之为马铃薯。貌似这个说法可以与"珠娘佳丽尽"互为佐证,但细审其意,却未必尽然。

以"珠娘""咸水妹"等称妓女,为粤地俗语。清人对她们不乏点评,才子袁枚《随园诗话》中称:"广东珠娘皆恶劣,无一可者。余偶同龙文弟上其船,意致索然……"② 其厌恶之情可谓溢于言表。赵翼也曾说:"蜑女……实罕有佳者。晨起面多黄色。"③ 其实,袁枚及赵翼等人对"珠娘"的排斥,未必是因为她们真的如此面貌可憎,大概也与他们均非粤人,言语不通且无法欣赏粤妓的奇装异服有关。沈复在《浮生六记》中就说过,"少不入广者以

---

① (清)杨增晖:《丛桂山房初集》,第15页。据章文钦考订,这首诗歌当作于光绪十五年(1889),见《澳门诗词笺注(晚清卷)》,第162页。
② (清)袁枚著,顾学颉校点《随园诗话》卷七,人民文学出版社,1982,上册,第230页。又见同书卷十六,下册第563页,袁枚再次强调了广东珠娘无佳者,并吟咏诗句以志之:"青唇吹火拖鞋出,难近多如鬼手馨。"
③ (清)赵翼撰《簷曝杂记》卷四,李解民点校,"广东蜑船"条,中华书局,1982,第62页。

其销魂耳，若此野妆蛮语，谁为动心哉？"① 其实，粤妓的声色未必如此惨淡，之所以风评不佳，有论者以为，是因为"没有屈宋词章为美人鼓吹，所以当时粤妓名闻海内的寥若晨星"。②

以地域关系论，在澳门营生的"土娼"，当以粤妓为主，那么上述诸位的品评，或亦可用至澳门妓女的身上，如此，"贺兰藸"一说便有了"理据"。

拉杂至此，不禁有一问，外来文人对"珠娘"评价不高，尚属"情有可原"，为何广府文人的诗作中，对在澳门的"咸水妹"也给予劣评呢？"咸水妹"，原指"蜑户而为海娼者"。③ 我们注意到了"贺兰藸"一词并非诗人所创，既然是"人唤"，那么就是出自众人之口，这与袁枚、赵翼等人的说法属于个人评价有异。显然，对"咸水妹"的评价并不纯粹是出于审美的个体差异，由于对她们的评价近乎众口铄金，其中必定有除了其面貌之外的原因。"野妆蛮语"对于广府诗人来说不会成为与"珠娘"往来的窒碍，一些诗歌的措辞也表明了对她们色艺的肯定。④ 何况，若是洋妓，

---

① （清）沈复著，俞平伯校点《浮生六记》卷四，"浪游快记"，人民文学出版社，1980，第49页。沈复描写了他在"花艇"上看到的粤帮妓女的"奇特"装扮，表示无法接受，而后其友人又引其至潮帮妓女处，宣称她们"装束如仙"，但沈三白仍"嫌为异服"，于是又去了"皆吴妆"的扬帮处。由这段叙述可见彼时妓女装束之地域差异及文人对之品评的趣味倾向。

② 王书奴：《中国娼妓史》，岳麓书社，1998，第185页。该书的初版在1933年。岭南名花，鼓吹者寥寥无几，有意思的是，比较集中介绍乾嘉之际广府名妓的著作《珠江名花小传》的作者支机生，或言即缪艮，若此说无谬，则连这难得的"屈宋文章"，作者也是来自江南的杭州。《珠江名花小传》载清人虫天子编《香艳丛书》第四册，人民文学出版社，1994，第3673-3686页。

③ 语见清人张心泰撰《粤游小志》，载清人王锡祺辑《小方壶斋舆地丛钞》第九帙，306b，上海着易堂铅印本，光绪十七年（1891）。

④ 如梁鸾翔《澳门竹枝词》四首之三的后二句为"佳人竞唱《杨枝曲》，破晓犹闻玉笛声"，此句若是泛指，则华洋妓女皆可，但若是考虑到《杨枝曲》与玉笛等元素，则更可能指华人妓女。

未必人人通华言，其"言语侏离文字异"，① 与游粤人士相较，哪怕是对"番话"略有所知的粤人，面对不谙华言的洋妓，大概也是无法应付自如的。所以"野妆蛮语"也是广府诗人要同样面对的境况，但为什么他们对此几无"怨言"呢？窃以为，这要么说明"洋妓"中不少人其实并不是那么彻底的"野妆蛮语"，她们大概能够用本地话与这些广府人士交流；要么就是在双方的关系中，语言等有可能造成障碍的层面并非是决定性的评价因素。无论是哪一种情况，都说明了"洋妓"与"咸水妹"的所谓族群差异所造成的社会评价，其实是被放大描摹的结果。

"咸水妹"的词源尚待考，这个词汇起于粤东，② 随着上海开埠，粤人流动，"咸水妹"一词也在上海被应用，不仅指的是"海娼"，而且还专门指为外国人服务的粤妓。清末人言，"粤妓居于沪地者，招待洋人为'咸水妹'，应酬华人为'老举'。簪珥衣饰皆有分别"。③ 同样的说法还见于黄式权的《淞南梦影录》："粤东蜑妓专接泰西冠盖者，谓之咸水妹。门外悉树木栅，西人之听歌花下者，必给资而入，华人则不得问津焉。"④ 从"咸水妹"的待

---

① （清）何绍基《东洲草堂诗钞》，卷二五，同治六年刊本，第6页，《乘火轮船游澳门与香港作，往返三日，约水程二千里》。据《澳门诗词笺注（晚清卷）》第79页，这首诗作于同治二年（1863）夏，何绍基为湖南道州人，曾多次游粤。
② 关于"咸水妹"一词来源的各种说法，可参见薛理勇著《上海闲话碎语》，上海辞书出版社，2005，第129-130页。书中引用了出版于1860年的《墨余录》的记载，说明"咸水妹"一词在上海开埠之初即已传入该处。他比较倾向于"咸水妹"一词来源于"handsome maid"的音译。对于吴研人在《二十年目睹之怪现状》一书中提出"咸水妹"一词与海水有关及起源于香港的说法，薛理勇予以了否定。吴研人的说法见《二十年目睹之怪现状》第五十七回，人民文学出版社，2000，下册，第520页。
③ （清）葛元煦著，郑祖安标点《沪游杂记》卷二，上海古籍出版社，1989，第33页。此书写成于光绪二年（1876）。
④ （清）黄式权著，郑祖安标点《淞南梦影录》卷二，上海古籍出版社，1989，第118页。此书于光绪九年（1883）刊印。

客范围来看，她们应该略谙外语，或至少懂一些广东英语。① 至于说"泰西冠盖者"，未必尽实，从清末到民初，在上海的咸水妹接待的多是外国水手。其在文人心目中的地位，是无法与在书寓的苏州妓女相比的。② 至于"咸水妹"专指接待外国人的妓女这一用法，到底是起源于广东抑或是传到上海以后才发生了相应的转变，现有的资料无法清楚说明。笔者比较倾向于前者，毕竟这个词汇应该是粤东人士"引入"到上海的，他们对之的诠释应有一定的"权威性"。况且在"广州体系"时期，活跃于广州口岸周边地区的外国人已经很多，他们对妓女也应有一定的称呼，这些称呼随着他们的步伐而向上海"迁徙"也很正常。而且这个词汇来自于英语，在华洋杂处的上海，更容易进入"洋场"的圈子，至若广东人比较常用的"琵琶仔""妹仔""老举"等词汇，因为地方方言的障碍，大概就难以在更大的范围内流通了。于是在上海，"咸水妹"俨然成为了粤妓的别称。

上述材料多以为"咸水妹"是专门接待外国人的妓女，其实是过于把这个词汇的含义绝对化了，事实上，"咸水妹"的主顾也

---

① 民初人士罗四峰在他的《汉口竹枝词》中有"长兴如寿等里"一首，诗云："别开香径去寻芳，入座娇声唤失当。个里衾嬉咸水妹，人人都学广东腔。"其中"失当"即 sit down，"请坐"之意也；"衾嬉"即 come in，"请进"之意也。载雷梦水主编《中华竹枝词》，北京古籍出版社，1996，第四册，第 2660 页。
② 〔美〕贺萧（Gail B. Hershatter）著《危险的愉悦：20 世纪上海的娼妓问题与现代性》（Dangerous Pleasures: Prostitution and Modernity in Twentieth-Century Shanghai），韩敏中、盛宁译，江苏人民出版社，1997，第 54-55 页。贺萧认为，"咸水妹"即 handsome maid 的音译。笔者认为，贬低"咸水妹"的地位，其依据未必是她们的声色才艺，而很可能是当地妓馆招徕本地主顾的一种策略，其利用的正是人们坚持"华夷之辨"的心态。顾客的族群差异导致了妓女等级高低的分别。

包括华人。① 那么，为什么要如此分而别之呢？这跟"咸水妹"的内部差异未必直接有关，或许是有着别的更深层的原因。把"咸水妹"名称的内涵加以绝对化，其实是突出了族群的区别。

从清人的作品中可见，澳门"洋妓"的"待客之道"，并无非常与众不同之处。"月琴银甲挑铜线，别是人间幼妇声""花腔答腊调新曲"等均指西洋歌女以演奏乐器及歌咏为招徕之术。② 这非为西洋歌女所独擅，清代末年，梁鸾翔的诗歌中也可见澳门欢场笙歌夜舞之状：

> 舞馆歌楼数里程，家家灯火彻宵明。
> 佳人竞唱《杨枝曲》，破晓犹闻玉笛声。③

就上述的诗句而言，"月琴"与"玉笛"等尚不能说明妓女之间的族群差异。④ 那么，对她们的"观看"，还是要回到观者的角

---

① 1837 年的一份葡方的公文中称："在三层楼地区有一些小渡船停泊，船上的人违法居住在那里，在这些人中还有妓女，她们挑逗士兵和青年，引起很多混乱；除了花柳病外，这些女人还带来了偷窃的行为。"（见吴志良、汤开建、金国平主编《澳门编年史》第三卷，第 1521 - 1522 页）。这条材料也说明，大多数疍妓的主顾，并非所谓的"泰西冠盖者"。至少在清代后期的文献中，我们看到，澳门白眼塘附近的妓院，光顾者也是中外人士都有的。见《镜海丛报》光绪二十年十月廿四日第 5 页"西兵不法"条（澳门基金会、上海社会科学院编《镜海丛报》，上海社会科学院出版社，2000，第 75 页）。据民国 7 年（1918）的一次调查，在上海虹口的广东姐妓（咸水妹）约有 250 人，当中约有 100 人靠广东的游冶子生活。参见李文海、夏明方、黄兴涛编《民国时期社会调查丛编：底边社会卷》，福建教育出版社，2005，第 421 页。
② 前两句诗见清人李遐龄《澳门杂咏》第一首，《勺园诗钞》卷一。可参见《澳门诗词笺注·明清卷》第 206 页的笺注。后一句诗见李遐龄的《洋楼》，《勺园诗钞》卷一，参见《澳门诗词笺注·明清卷》，第 213 页。
③ （清）梁鸾翔：《虫鸣集》，1933 年铅印本，第 27 页。据章文钦考证，这首诗歌作于光绪二十四年（1898），见《澳门诗词笺注·晚清卷》，第 201 页。
④ 梁鸾翔的另外一首诗作《十四日，欧阳可经招同赵子唐并直公往澳门洋楼小酌》有句云："绣幕香中多异服，红灯光里肆华筵"，见《虫鸣集》，第 29 页。这说明"洋妓"与"土娼"在同样的场所拉客的情形是存在的。

度来寻找答案。上文所引《淞南梦影录》称"蜑妓"的主顾是"泰西冠盖者",即令如此,她们在沪上的"地位",也不能与书寓中的苏妓相比。这样一种的分类方法,是以"寻花问柳"者的族群主要构成部分来区分妓女的等级。除了两者色艺的高下之分外,如此品评的依据自然是主顾的构成差异。而如果空间转换到了澳门,"蜑妓"亦即"咸水妹"的主顾华洋之别已经没有那么明显了,但她们的品评没有因此"升级",因为在清人看来,她们与"洋妓"的差异又成了劣评的依据。前文已经提到,在诗文作品中,并没有确定"洋妓"的歌舞乐器等技艺必然要比"咸水妹"高明,而且,很多"洋妓"本身来自于土生人群,"双瞳剪水髻堆鸦"的外貌与华人的差别也没有"金发碧睛"者大。[①] 因此,对她们的评价要比"土娟"高,大概更多的是出于诗人们作为主顾而能满足猎奇的消费心理有关,故妓女间的华洋差别就被放大了。

对族群差别的"观看",不仅涉及被观看者的外貌、技艺等方面,也牵涉她们与社会控制之间的关联,如果社会的控制遭到了威胁,那么这些妓女间的族群差异或者她们与主顾间的族群差异就会被作为问题的根由而由相关方面深究。

19 世纪初期,负有管理澳门事务职责的香山官员行文澳门的葡萄牙理事官,指责"夷人""勾引河下蜑妇,在家宣淫取乐,习以为常,毫无顾忌"。[②] 彼时华人妓女,当不仅是来自于所谓的"蜑妇",不过,当局把矛头指她们,也是沿用着以族群划分来评判高下的思路而采用的措辞。1837 年初,两广总督邓廷桢在奏书中称:"洋夷居住澳门,闻近日多乘内地大轿,用内地民人扛抬,并雇内地妇女奸宿,名

---

① (清)丘逢甲:《岭云海日楼诗钞》卷七,《澳门杂诗》十五首之五,上海古籍出版社,1982,第 157 页。这组诗歌作于光绪二十六年(1900)。
② 《葡萄牙东波塔档案馆藏清代澳门中文档案汇编》上册,第 431 页,《署香山县丞李凌翰为严查蕃人勾引蜑妇宿娼事下理事官谕》(嘉庆九年五月十七日)。

为打番。"① 鸦片战争前澳门紧张的局势在当局的陈述中,只是简单的华洋差异而已。在这样的思路下,把华洋人等分隔开来貌似是最为有效的解决方式,但人员的往来是没有办法用族群的差异作为标准画地为牢的,因此,有关的尝试没有成效也是不难想见的。

　　社会控制的重要方面是流行病的预防,妓女的工作性质,导致了欢场同时也可能是流行病的渊薮。香港开埠初期,在该处的华人女子多被目为卖身之人,于是传播性病的矛头也被指向了她们。② 回到澳门,澳门沦为葡萄牙的殖民地以后,当局对妓女的控制趋于制度化。③ 妓业由私娼转向了更为集中的妓院经营的形式,④ 其中很重要的目的就是为了控制性病,但是这样的制度,最开始的时候,针对的是接待外国人的妓女。⑤ 这就从嫖客族群划分的角

---

① 《明清时期澳门问题档案文献汇编》第 2 册,《两广总督邓廷桢等奏报遵旨查明住澳夷人并无毁坟抗殴等情片》,第 295 – 298 页。
② 据 1876 年香港的一份人口调查称,在当地 24387 名中国妇女中,约有 5/6 的人从事性交易。见 Christopher Munn, *Anglo – China*: *Chinese People and British Rule in Hong Kong*, *1840 – 1880*,(Hong Kong: Hong Kong University Press, 2009), p. 459, note 145。但这样的一种估计大概是夸大了事实,现在的研究者对此持保留意见,见该书第 322 页。港英当局将社会风气败落的矛头指向了中国女性,海军当局说士兵感染梅毒的情况比其他的"大不列颠港口要严重",见该书第 324 页。
③ 关于近代澳门妓业的研究,可参见伊莎贝尔·努内斯(Isabel Nunes)的论文《舞女和歌女:澳门妓业面面观》,澳门《文化杂志》第 15、16 期,1993,第 35 – 56 页。另见郑默《近代澳门娼妓业研究(1849 – 1949)》,硕士论文,中山大学历史系,2010。
④ 据施白蒂《澳门编年史:19 世纪》第 145 页,1862 年澳门只有 2 家妓院。这显然与妓业的"发达"状况不相符,比较合理的解释应该是,为制度所约束的妓院只有这 2 家,而其他的妓女经营相对比较"自主"。
⑤ 《舞女与歌女》一文引用澳门的葡文《宪报》指出,从 1873 年起,澳门规定为外国人服务的妓女与为华人服务的妓女要严格区分。见澳门《文化杂志》第 15、16 期,1993,第 50 页。1887 年 5 月 19 日颁布的《宪报》规定"所以各娼寮独係常接华人者,该妓不必验身,但该寮之鸨婆必须到政务厅明该寮妓妇若干名,以便挂号"。见汤开建、吴志良主编《〈澳门宪报〉中文资料辑录(1850 – 1911)》,澳门基金会,2002,第 159 页。

度来确定了妓女的等级差异。当局对疾病的控制从这个角度来着手，显然违背了疾病传播的自然法则，于是，在10多年以后，澳门当局重新制定相关章程的时候，就没有继续强调以接待华人为主的妓女不必验身的说法，而是规定"所有寮主须随时查其寮内娼妓曾否生有花柳、疳毒病症"。① 不管怎么说，先前1887年的《章程》已经推行有时，其背后所反映的族群等级观念在社会上难免产生影响。

笔者留意到，1887年的《章程》规定接待华人主顾的妓女不必验身，而到了1889年，杨增晖的诗作中提到了"咸水妹"被称作"贺兰藷"的现象。笔者没有办法证明这两者之间的关联，但不揣冒昧，试提出自己的猜测：对于接待华人"咸水妹"的鄙夷态度，除了可能是出于对她们色艺的否定外，很可能是因为葡澳当局的有关规定，使得社会上的人对接待华人的妓女产生了歧视，以至于目之为"贺兰藷"。而有关西娼的治疗规定，是在1887年、1898年及1905年所制定的数个《章程》中最后一个才出现的，这

---

① 1898年葡澳当局颁布了第三十二号宪报的附报，当中包括了《新订澳门娼寮章程》，当中就有5个条款涉及疾病防控治疗的方面。引文见《〈澳门宪报〉中文资料辑录（1850－1911）》，第282－283页。我们留意到，这份章程中规定，要在镜湖医院比较僻静之处专门辟出房间来收治患有性病的妓女。镜湖医院在1892年之前只提供中医的治疗，该《章程》也指出需要镜湖医院收治的是中国娼妓，见《〈澳门宪报〉中文资料辑录（1850－1911）》，第284页。不过该《章程》没有明确规定"洋妓"的治疗场所，毋论她们的人数究竟有多少，这样的一种"忽略"，也可见澳门当局制定《章程》的主要目的是为了规范对华人妓女的管控。而到了1905年澳门当局再次颁布有关娼寮的《章程》时，"西娼"的医疗地点也有了明确的规定："凡系中国娼妓均送镜湖医院，西娼则送西洋民医院，而两医院均须于距别病房较远处另开房位，与住专为医此等送院之花柳症娼妓而设。"见《〈澳门宪报〉中文资料辑录（1850－1911）》，第424页。

或许与西娼人数的规模到了彼时才为人瞩目有关,① 那么说明上引多首关于"洋妓"的诗歌,其指向的对象未必具有那么鲜明的族群特色；这也或许是与葡澳当局的观念有关,也就是说,西娼的"纯净性"在相当的时期内,至少在观念的层面没有遭到质疑。那么清代诗人对洋妓的描摹,除了有惊艳餐色及猎奇的缘由外,也不排除他们可能认同了这样一种"纯净性"的存在。而假如这种理解成立的话,一定意义上就是对于他们认知传统的某种颠覆。②

　　清代文献对澳门妓女的族群划分,并没有真正考虑到她们的血统及文化的身份,而是以观看者偏向性为准则。所谓"珠娘佳丽"与"西方美人",本应各胜擅场,在这些具有偏向性的陈述中,却逐渐变成了具有族群划分意味的话语,并且逐渐反映到了人们的观念当中。这种将"土娼"与"洋妓"加以对比的说法,流行于晚清时期,这不是说人们先前不会将二者加以比较,但在诗文中出现,显然说明相应的说法已经有了树立"典故"的氛围了,也就是说,族群的观念已经固化下来了。虽然"华夷之辨"早已有之,但笔者相信这样的观念在更大的程度上应该是来源于殖民当局的区别对待策略。毕竟,梁鸾翔、杨增晖、梁乔汉、丘逢甲等人的诗作均作于1889－1900年这10年间,肯定不是偶然的

---

① 笔者不谙葡文,无法了解当中是否有对"西娼"或曰"洋妓"的数量的统计。可以作为参照的是,根据法国学者安克强（Christian Henriot）的研究统计,1946年,上海的外国人妓女有91名,虽然较日据时期1942年的10名有了"大幅增长",但在所有统计在册的1307名妓女中也只是占相对较小的比例（7%）。见安克强著《上海妓女：19－20世纪中国的卖淫与性》（*Prostitution and Sexuality in Shanghai: A Social History*, 1849－1949）,袁燮铭、夏俊霞译,上海古籍出版社,2004,第134－135页。上海的情况当然不能与澳门等同类比,但这样的统计数字显然是有一定的参考意义的,至少,在交通条件更为困难、消费者群体相对有限的19世纪中叶的澳门,真正的"洋妓"的数量是不可能达到"可观"的程度的。

② 按照玛丽·道格拉斯的说法,"我们对于肮脏的观念由两个部分构成：对卫生的关注及对传统的尊重"。见 Mary Douglas (2005), p. 8。

巧合。貌似在诗人的陈述中，与"洋妓"交接，就算不是可以大肆张扬，但至少不必为了"华夷之辨"而闪烁其词，"洋妓"一词，赫然入诗了。比较韩鹄诗中相对隐晦的描述方式，清代后期诗人在讨论这个话题时的"挥洒自如"大概是因为，"华夷之辨"是华优夷劣，而到了葡萄牙管治时期，"夷""蕃"的地位得到了抬升。在澳门的空间下，"蕃""夷"等概念已经被弃用，"洋""西"等说法为与娼妓的往来添加了保护色，与"洋妓""西娼"的交往显得优越起来了。是否能够说，这种具有"东方主义"色彩的观念，纯粹是受殖民者的影响形成的呢？关于这一点，笔者颇觉踌躇。毕竟相关的"证据"，只是些蛛丝马迹，但联系到后来人们社会心态的变化轨迹，所谓见微知著，也许后期变化的滥觞即在这些细小的方面吧。

　　本章讨论了清代诗歌作品中对澳门妇女形象的"观看"问题，从视觉上的观看到观念上的比照，清代的诗人们对澳门"夷妇""蕃女"的服饰、声色的"观看之道"（way of seeing），不是全息图景的展现而是对文化记忆的某种再现（representation）。诗歌的文本性使得它们可以互相转引佐证，中文诗歌对用典的强调也使得相关的作品成为了对传统"模仿"的载体，个体的创造因而具有了社会性。[1] 这种"再现"，不能简单地运用二分法解释为"现实"的反映或者是"浪漫情怀"的呈现，笔者以为，这更多地应该是固有的认知与现实之间的某个节点。现实的政治与认知的塑造密切关联，晚清时期的澳门诗中反映出来的认知的变化，适可佐证。

---

[1] Gunter Gebauer, Christoph Wulf, translated by Don Reneau, *Mimesis: Culture, Art, Society*, (Berkeley and Los Angeles: University of California Press, 1995)。在该部著作中，两位作者将文艺评论理论中"摹仿"（mimesis）的概念延伸到了社会的层面。

后　记

　　本应秋高气爽的日子里，却遭遇连绵阴雨，不过本书的四位著者都心情愉快，本书即将付梓所带来的喜悦，已然使人觉得湿冷的天气也不是那么难耐了。本课题起于 2006 年春天钱乘旦老师的一次中山之行，终于深秋之际，也算是"得时之获（禾）"了。"得时"之说有一解，指机缘巧合，本书的著者得以参与其中，可谓恰逢因缘。所谓得机缘者，一则是我们四位著者原来各有研究的专题，因共同参与了这个项目而与澳门研究结缘，在此"新天地"中互相砥砺，得证"新义"；再则既证新义，毋负玄音，在整个的研究过程中，钱乘旦老师为我们指出了研究的方向，如空谷足音，倍显珍贵，澳门科技大学许敖敖校长嘉言以待，寄予厚望；三则知音之人，同侪雅赏，各个项目组的成员多次聚首，各抒己见，若非得此机缘，何来此等乐事？我们虽未必聆音察理，但求证缘法之心，始终如一。是故得时之获，绝非空言。

　　陈春声、刘志伟两位老师多次垂询本项目的研究，我们铭感在心。澳门科技大学的多位行政人员工作效率很高，提供了非常有力的支持。特别是周江明先生一直与我们保持联络，为我们解决各种问题。社会科学文献出版社的编辑徐思彦女士和赵薇女士为本书的刊行付出了大量的心血。在此，本项目组的成员谨借书末一页，向所有对本课程研究给予了帮助的人士表示衷心的谢意。

所谓恰逢因缘，尚有一解。项目组的四位成员在本项目进行的过程中都有"弄璋之喜"，如今本书写成而童稚渐渐成长，个中乐趣，非"欢喜"二字所可道尽。他日小儿们念及父母这些年的忙碌，而能无怨念，已足以让为人父母者感恩。

著者　谨志

图书在版编目（CIP）数据

蚝镜映西潮：屏蔽与缓冲中的清代澳门中西交流／周湘等著．—北京：社会科学文献出版社，2013.3
（澳门研究丛书·"全球史与澳门"系列）
ISBN 978-7-5097-4310-2

Ⅰ.①蚝… Ⅱ.①周… Ⅲ.①文化交流－文化史－研究－澳门、西方国家－清代 Ⅳ.① K296.59

中国版本图书馆 CIP 数据核字（2013）第 029755 号

澳门研究丛书·"全球史与澳门"系列

蚝镜映西潮：屏蔽与缓冲中的清代澳门中西交流

著　者／周　湘　李爱丽　等

出 版 人／谢寿光
出 版 者／社会科学文献出版社
地　　址／北京市西城区北三环中路甲29号院3号楼华龙大厦
邮政编码／100029

责任部门／近代史编辑室（010）59367256　　责任编辑／赵　薇
电子信箱／jxd@ ssap.cn　　　　　　　　　　责任校对／刘　静
项目统筹／徐思彦　　　　　　　　　　　　　责任印制／岳　阳
经　　销／社会科学文献出版社市场营销中心（010）59367081　59367089
读者服务／读者服务中心（010）59367028

印　装／北京鹏润伟业印刷有限公司
开　本／787mm×1092mm　1/20　　　　印　张／15.6
版　次／2013年3月第1版　　　　　　　字　数／253千字
印　次／2013年3月第1次印刷
书　号／ISBN 978-7-5097-4310-2
定　价／49.00元

本书如有破损、缺页、装订错误，请与本社读者服务中心联系更换
▲ 版权所有　翻印必究